BARRERAS PARA AMAR

EN ARMONIA CON MI IDENTIDAD BISEXUAL

MARINA PERALTA

BARRIERS PRESS

Los Angeles

BARRERAS PARA AMAR
En Armonia con mi Identidad Bisexual

Autor: Marina Peralta

Derechos de Autor
Ninguna parte de esta publicación incluido el diseño de la portada puede ser reproducida, almacenada o transmitida de manera alguna o por medio alguno, ya sea electrónico o mecánico, sin permiso previo del editor.

Aviso de Responsabilidad
El autor no asumirá ninguna responsabilidad relacionada a cualquier pérdida o daño causado o presuntamente causado directa o indirectamente a cualquier persona o entidad por el contenido de este libro.

Nota del Autor
El contenido de esta historia está basado en mis recuerdos y en los recuerdos de otras personas, así como en experiencias que sucedieron a lo largo de toda una vida. La identidad y ciertos detalles y características de las personas incluidas en este libro han sido cambiadas para respetar su privacidad

Publicado por:
Barriers Press
Los Ángeles

ISBN 978-0-9899007-4-4

Portada y diseño: Marty Safir, Double M Graphics

DEDICATORIA

*A mis hijos Armando, Jaime y Gabriela por su amor
incondicional y su apoyo a través de todos estos
años. Ellos han sido mi motor y mi fuerza interna
para seguir adelante en momentos difíciles.*

Índice

BARRERA UNO
Las Consecuencias de Acciones Pasadas 1

BARRERA DOS
Un Recuerdo Oculto 5

BARRERA TRES
La Pérdida de Mi Rey 8

BARRERA CUATRO
Una Relación Simbiótica 14

BARRERA CINCO
Me Quedo Sola 18

BARRERA SEIS
Desarrollo Sexual Interrumpido 25

BARRERA SIETE
Los Deseos Sexuales Son Malos 30

BARRERA OCHO
El Príncipe Azul Equivocado 38

BARRERA NUEVE
Enamoramiento Hacia Una Mujer 46

BARRERA DIEZ
Culpa Católica 54

BARRERA ONCE
Amar a Una Mujer 60

BARRERA DOCE
El Matrimonio Como Solución 74

BARRERA TRECE
Casada Pero Amando A Otra Mujer 87

BARRERA CATORCE
Buscando Un Padre Para El Hijo de Mi Amante 94

BARRERA QUINCE
Un Conflicto Emocional 99

BARRERA DIECISÉIS
Traición 107

BARRERA DIECISIETE
Reconocimiento de Orientación Sexual
En La Edad Mediana 118

BARRERA DIECIOCHO
Un Hombre Poderoso 124

BARRERA DIECINUEVE
Una Realidad Diferente 134

BARRERA VEINTE
Una Vida Heterosexual 139

BARRERA VEINTIUNO
Una Mujer Heterosexual 148

BARRERA VEINTIDÓS
Las Complicaciones de Amar A Otra Mujer 157

BARRERA VEINTITRÉS
Diferentes Caminos 166

BARRERA VEINTICUATRO
Mi Hija Perdida Regresa 175

BARRERA VEINTICINCO
Patrones Repetitivos 178

BARRERA VEINTISÉIS
Separándome De Mi Madre 189

LA ÚLTIMA BARRERA
Mi Lucha Por Ser Auténtica Con Mi
Identidad Bisexual 194

Mitos y Verdades Sobre La Bisexualidad 198

Notas De Terapia 201

Las Consecuencias de Acciones Pasadas

San Diego, California
Julio 2011

Manejo hasta mi casa, apago las luces del coche pero me quedo adentro. La emoción del baile me mantiene en un deleite total. Mi cuerpo vibra y el alegre ritmo de jazz aún zumba en mis oídos. Mantuve el ritmo durante una hora, moviéndome, girando, balanceándome, inclinándome, meneando las caderas y zapateando. Me perdí en los movimientos, entré a otra dimensión y toqué el infinito. Bailar es mi forma de orar, es como un ritual de "limpia" después de seis horas de dar terapia familiar y escuchar los problemas de los demás.

"¡Marina!" La voz de la maestra me sacó de mi trance y me hizo detenerme. Regreso a la realidad del salón y de las otras alumnas más jóvenes, quienes me observaban con admiración. Una de ellas me preguntó si era yo bailarina profesional. "En mis sueños", le contesté. Otra dijo: "¡No puedo creer que una mujer de su edad se mueva de esa forma!".

"Desde mucho antes de que tú nacieras", le dije sonriendo.

Enfrento mi realidad al sentir mi cuerpo empapado en sudor con la ropa interior pegada a mi piel con el agridulce olor del agotamiento físico. Debo entrar, quitarme esa ropa sudada y bañarme.

Al entrar, escucho que suena el teléfono. Mi hija Gabriela generalmente me llama por las noches. Me hundo en una silla y tomo el aparato. "¿Adivina quién me contactó?", me pregunta, y sin esperar respuesta, añade: "Karla, mi media hermana".

En tan sólo unos segundos, la mitad de mi vida pasa volando por mi mente.

"¿Karla? ¿Nuestra Karla?"

"Sí mamá, nuestra Karla de cuando vivíamos en la Ciudad de México."

Instintivamente volteo a la puerta como esperando que entre en cualquier momento, mientras pregunto: "¿Dónde está?"

"En Nueva York, ahí vive."

Karla, mi niña perdida. Los pensamientos revolotean en mi cabeza, sentimientos del pasado se desentierran y, girando a gran velocidad, regresan como un excitante baile a seducirme.

Con una voz que refleja mi asombro y mi desaliento, le pregunto: "¿Cómo nos encontró?" Ha pasado tanto tiempo... Años atrás, Gabriela y yo la habíamos buscado por medio del internet sin resultado alguno.

"Por Facebook. Quiere acercarse, conocernos."

"¿Después de treinta y cinco años?"

En todo este tiempo no supimos nada de ella. ¿Cómo y dónde creció? ¿A qué se dedicaba? ¡Ni siquiera sabíamos si estaba viva! Entró en nuestras vidas, dejó su huella y desapareció.

"Somos su familia", dice Gabriela.

Fuimos su familia. Pero no la corrijo. Karla fue el miembro más joven de esta familia. Hija de mi corazón... hija de mi amante... hija de mi esposo... ¡Qué desastre hicimos de su tan joven vida!

Mientras Gabriela habla sin parar, sólo la mitad de mi mente la escucha. La otra mitad está impregnada con un recuerdo que he almacenado en lo más recóndito de mi memoria durante largos años, como una maleta vieja que no desecho por si la vuelvo a necesitar. En este momento ha sido arrastrado al presente para que aprecie su valor.

Envié lejos a Karla, una niña a la cual crié como propia. Legalmente yo no tenía derechos sobre ella. Si la hubiera mantenido a mi lado en México, hubiera sido equivalente a secuestrarla, separándola de su madre biológica. No tuve alternativa, la dejé ir con una mujer desquiciada.

"Por favor, deja que se quede con nosotros", me suplicaba mi hijo Armando. "Es nuestra hermanita. Si no, déjame ir con ella para que la pueda traer de regreso."

Mis ojos se nublaron de lágrimas con su súplica. Sentí mi cuerpo tan frágil como una hoja de otoño aplastada por el peso de mi decisión.

"Se va con su mamá a vivir a España", le dije. "Ella es parte de nuestra familia y te prometo que volverá pronto". No estaba en mis manos cumplir esa promesa, pero atrapada en esa telaraña de engaños, ¿qué más podía decirle?

Me despedí de Karlita en el aeropuerto. Tenía tres años, pelo negro corto, nariz respingada y los labios carnosos como los de su madre. Esbozaba una sonrisa temblorosa debido a la ansiedad que le provocaba el viaje en avión y sus ojos oscuros denotaban su confusión. ¿Por qué tenía que dejar a su hermana, a sus hermanos y a su hogar? Armando le había dicho lo afortunada que era al irse en ese largo viaje y cómo él deseaba poder ir. Esto ayudó un poco, pero en su mente infantil, ella parecía no entender.

Llevaba puesto su vestido favorito, azul marino con vivos rojos rodeando las mangas y la falda. Siempre insistía en usar vestidos. "No quiero pantalones", decía. "Los pantalones son para niños, como mis hermanos."

Me arrodillé y abracé su firme cuerpecito con tanta fuerza que me empujó. "Recuerda que te quiero", le dije, tratando de disimular mi llanto.

"¿Cuándo va a regresar Oki?", preguntó, refiriéndose a sí misma en tercera persona.

"En unos cuantos meses", le contesté. Otra falsa promesa. "Te vamos a extrañar mucho." Un último abrazo y una idea espontánea. Fingiría que el vuelo se había cancelado, regresaría con ella a casa y me la quedaría para siempre. No la llevé en mi vientre pero Karla fue también mi creación, mi hija.

La solté y vi como desaparecía en el túnel que la llevaría al avión. Sus piececitos con sus calcetines rojos y zapatos azul marino giraron para ir al paso de la mujer que la llevaba de la mano, una amiga, quien la llevaría sana y salva a Madrid.

Sentí un hueco dentro de mí y su vacío creció hasta que la relegué a la tierra de las personas perdidas.

La emoción se desborda en la voz de Gabriela. "¡Karla tiene una hija de diecinueve años!"

"¿De verdad?", pregunto, pero mi mente está en otra cosa. "¿Y su mamá?" Esta pregunta me la había hecho constantemente sin esperar nunca una respuesta. Mi cuerpo se tensa en espera de ella.

"¿Claudette?" Está viviendo en Suiza."

"¿Y Karla la ve?"

"No lo sé. Dice Karla que no tienen una buena relación."

Llegan a mi memoria imágenes de la preciosa Claudette interpretando con gran emoción una canción de amor; la divertida y cariñosa Claudette jugando con los niños; Claudette con los ojos vidriosos cubierta en sangre; y el cuerpo desnudo de Claudette en nuestra última noche. Me encuentro perdida en el daño emocional que me dejó. ¿Por qué querría yo volver a verla? Puede ser porque los problemas del pasado ya no existen, ya no somos jóvenes y ella debe haber cambiado. O tal vez en el ocaso de nuestras vidas queda por descubrir un poquito del amor que nos tuvimos.

Gabriela dice: "Voy a invitar a Karla a venir a San Diego. ¿Qué te parece?"

Pienso en la pequeña niña alejándose hacia lo desconocido. "Me parece una gran idea", respondo. Quiero verla con todo mi corazón pero no quiero abrir esa puerta.

Demasiado tarde... ya se abrió y una ola de recuerdos me inunda, convirtiendo el pasado en presente.

BARRERA DOS
Un Recuerdo Oculto

CIUDAD DE MÉXICO
1972

Con extrema delicadeza, los dedos de Claudette rozan mis mejillas trazando el contorno de mi mandíbula, buscando dibujar el perfil de mi rostro. Se deslizan juguetones a través de mis labios, acariciándolos hasta saciarlos. Siguen explorando, dirigiéndose hacia la tierna piel debajo de mis lóbulos, haciendo unos suaves movimientos sobre mi cuello, de un lado al otro, provocando que mi cuerpo se retuerza en deleitante respuesta. Dibujan círculos sobre mis pechos y ondas de sensaciones me recorren mientras ellos van bajando por todo mi cuerpo. Sus dedos se posesionan de cada partícula de mi ser, el cual les permite encontrar su camino.

Nuestros cuerpos, entrelazados en un abrazo, se funden en un mismo movimiento.

Sus pechos son frondosos, su oscura areola se endurece al frotarla contra mí, una y otra vez, excitándome al límite. Inesperadamente, aparece una imagen perturbadora en mi mente.

Un seno como un gran globo suave y húmedo, con el pezón semejante a una pasita, me está frotando entre las piernas por donde hago pipí.

Tengo cuatro años de edad, percibo un olor a polvo, a pies sudorosos, a ropa vieja y rancia. Hay una oscuridad casi total en donde apenas se filtra un rayo de luz por un lado de la ventana. Mis nalguitas desnudas yacen sobre el piso frío, estoy debajo de mi cama con la sirvienta.

No me molesta lo que su seno me está haciendo, es más, me gusta la sensación que me da. Es como un cosquilleo rico que me estremece toda y quiero que se prolongue. Puedo ver su cara con la boca abierta, jadeando, y sus ojos vidriosos como los de mi muñeca. Mueve su seno de arriba a abajo de modo tal, que la pasita presiona mi pipí como si quisiera meterse.

Lanzo un grito. Con lo que me está haciendo, siento que estoy en el cielo y que los ángeles me están besando.

"¡Shhhhh!", me dice en tono de enojo.

"Por favor no pares", le suplico.

De un empujón me quito de encima a mi amante. "No puedo más", le digo mientras me acurruco en posición fetal en la orilla de mi cama, como una niña asustada. Eso es lo que soy, una niña asustada, impresionada y confundida. A los treinta y dos años de edad estoy teniendo relaciones sexuales con una mujer, experimentando sólo placer y esta imagen del pasado lo ha arruinado.

¿Realmente sucedió ese episodio en mi vida? ¿Realmente había bloqueado ese recuerdo durante todos estos años? Con repentina claridad, rememoro.

Traigo puesto mi vestido rosa con puntos azul marino. Estoy volteando hacia arriba, observando a una bonita joven como de veinte años. Es una sirvienta de nuestra casa, quien me pregunta si quiero aprender un juego. "Nos tenemos que meter debajo de la cama", me dice. Me divierte estar debajo de la cama, es como estar en nuestro propio mundo, donde nadie nos puede ver, es como jugar a las escondidas. Ella baja mis calzones y me sube el vestido. "Ahora viene la mejor parte del juego", me dice, entonces besa sus dedos y los empieza a frotar en forma circular alrededor del lugar por donde hago pipí hasta que grito, y entonces me enseña cómo hacérselo a ella.

Me gusta tanto este juego, que lo jugamos todos los días. "No se lo puedes decir a nadie", me dice, "es nuestro secreto. Tienes que jurar sobre mi medalla". ¿Nuestro secreto?, eso me hace especial. Yo no estoy acostumbrada a guardar secretos. ¿Por qué tengo que prometer no decirle a nadie de nuestro juego? ¿Será porque cuando nos escondemos ella hace que sienta muy rico en mi pipí?

Alguien entra en la recámara y alcanza a ver las piernas de la sirvienta salidas por debajo de la cama.

Pregunta: "¿Qué estás haciendo ahí?" La sirvienta miente hábilmente diciendo que está buscando un broche que se le cayó. Se sale y se para de ahí y yo guardo silencio, no quiero ser descubierta. Cuando no hay nadie, la sirvienta regresa por mí. "¡Shhh! No queremos que nadie descubra nuestro juego." Su cara se transforma y parece una bruja perversa. Pellizca mi brazo con tanta fuerza que me hace llorar. "Si se lo dices a alguien, va a venir el coco en la noche y te va a llevar."

Estoy tan asustada que no quiero irme a la cama. Le pregunto a mi abuela, Nona, si puedo dormir con ella porque no quiero que me lleve el coco. "¿Quién te dijo eso?", me pregunta. Negando con la cabeza le digo que no lo puedo decir, que es un secreto, pero ella insiste. No puedo tener secretos con ella. Su mirada se endurece y su cara adquiere una expresión de rabia que yo nunca había visto antes. Me dice que mi pipí es una parte privada de mi cuerpo y que no debo permitir que nadie me toque ahí abajo.

Al día siguiente, la sirvienta se va y nunca regresa.

Nuestro jueguito se desvanece de mi mente o tal vez yo lo bloqueo.

La Pérdida de Mi Rey

MAZATLÁN, MÉXICO
1946

Una mañana de primavera, mi papá me lleva a su lugar de trabajo. Toma mi mano con firmeza mientras caminamos por la plaza principal en el centro de la ciudad. Yo voy saltando para emparejarme a su paso, a pesar de que él no camina rápido. Sus pasos son tan largos que cada uno equivale a dos o tres de los míos. Es un hombre alto, más alto que casi todos los demás, y muchos tienen que levantar la mirada para verlo.

El aire es fresco antes de ser sofocado por el calor. Se percibe la fragancia de buganvilias y la promesa de la primavera en Mazatlán, esta ciudad caliente en la costa mexicana. El aroma mañanero que emana de los puestos de comida llena mi nariz con la casual colección de olores a aceite hirviendo, carbón, fruta licuada de las aguas frescas y el impetuoso olor de nuestro café local. Por encima de todo esto, se impone el fuerte e inconfundible olor a cigarros Delicados, que tanto irrita la garganta de quienes los fuman.

Mi mano embona perfectamente en la palma de la mano de mi papi, como si le perteneciera, como si realmente fuera parte de él. A mis seis años le llego a la cintura, pero orgullosa levanto mi cabeza lo más que puedo para que todo mundo me vea caminando al lado del hombre más guapo del mundo. Portando su traje blanco y con su hermosa cabellera rubia brillando con el sol, parece el rey salido de uno de mis libros de cuentos. En la vida real, la gente lo trata como si lo fuera. Al verlo, hacen una reverencia o inclinan la cabeza o su sombrero.

Todo tipo de gente se acerca a decirle lo maravilloso que es, por todas las cosas buenas que hace para ayudarlos. "Gracias, don

Marcos." Hombres de sombrero y huaraches, viejitas con sus chales grises, mujeres jóvenes cargando o jalando niños pequeños, dueños de tiendas, vendedores de puestos de la calle, el hombre que vende coca cola y seven-up, hombres en trajes oscuros, hombres sucios y desaliñados con olor a cantina; todos se acercan a él y, por la expresión en sus caras, me doy cuenta de cuánto lo respetan.

Yo soy su princesa, siempre me lo hace sentir. Nunca suelta mi mano, lo cual debería mostrarle a todos lo importante que soy para él. Sin embargo, pareciera que no se dan cuenta. Todos ellos siguen deteniéndonos, agarrándolo del brazo, buscando su atención y rogándole que los ayude. ¿Por qué tiene que compartir nuestro día con ellos?

Debe haberse dado cuenta de mi impaciencia, puesto que con una risita se agacha hacia mí y levanta mi barba de modo que lo pueda ver a los ojos. "Tú, mi princesa, eres la persona más importante para mí en todo el mundo, pero también tengo que atender a la gente. Es mi deber."

Yo asiento con la cabeza pero no puedo evitar ponerme de malas. "¿Te importa tu deber más que yo?"

Está a punto de contestarme cuando una mujer vestida de negro se aparece ante nosotros y con las manos abiertas, con gesto de gratitud y lágrimas rodando por sus mejillas, le dice: "Don Marcos, ¿cómo le puedo pagar por haber ayudado a mi hijo?" Yo me pregunto, ¿por qué está llorando? "Usted le hizo justicia y lo salvó de esos verdugos en la cárcel."

Alzo la vista hacia mi padre, quien levanta una ceja como tratando de recordar.

"Se llama Juan Álvarez", dice la mujer. "Lo acusaron de abusar de la hija de un hombre rico a pesar de que mi hijo estaba en otro lugar. Usted nunca les creyó y ordenó que encontraran al verdadero culpable y lo metieran a la cárcel."

Él asiente sonriéndole y sus ojos verdes se tornan más claros. "Solamente hice lo correcto, tu hijo no tiene por qué pagar por el crimen de alguien más."

"Que Dios me lo bendiga, Don Marcos, y que la virgencita siempre le proteja a su hijita", dice la mujer, limpiándose las lágrimas con el dorso de la mano.

Su mano aprieta la mía como diciéndome que él siempre me protegerá. Mientras seguimos caminando, le pregunto: "¿Por qué lloraba esa mujer al darte las gracias?"

Voltea a verme y su mirada tiene una dulzura diferente, una ternura destinada sólo para mí. No para mis hermanos ni para mi mami, exclusivamente para mí. Me contesta: "Porque yo fui la única persona que creyó en la inocencia de su hijo."

Mi papi no es un rey de verdad. Usa sombrero en lugar de corona, pero mi mami me dice que él representa la ley y la justicia en nuestra ciudad. Vamos a su palacio y llevo puesto mi mejor vestido, el azul marino con cuello y puños de encaje blanco, zapatos blancos haciendo juego y un gran moño también blanco que mi mami puso sobre mis caireles rubios.

Emocionada, subo los veinte escalones que dan al Palacio Municipal, contándolos uno por uno. Voy a conocer el lugar donde mi papi ejerce como juez sobre la gente.

En la noche, cuando mi papi regresa a casa, me siento en sus piernas y le platico cómo estuvo mi día. Él huele a limón dulce y fresco. Deslizo mis dedos entre su cabello claro y ondulado y encuentro una cana. Me dice "Arráncamela para enseñársela a tu mami." Cierro los ojos y jalo. Veo un mechoncito de pelo en mi mano.

"Mami, mi papi tiene una cana."

"Apenas tienes treinta y seis años, eres demasiado joven para tener canas. Es por tantos problemas que la gente te echa encima", dice mi mamá molesta.

"Carmen, mi trabajo significa mucho para mí, como juez es mi deber ayudar a la gente y hacer lo correcto para ellos."

Ya es muy noche y me despierta el ruido fuerte y agudo del teléfono. Oigo que mi mami grita. Me percato de que se tapó la boca intentando ahogar su grito para no despertarnos ni a mis hermanos ni a mí. Algo terrible ha sucedido. Quiero ir a averiguar pero me vence el sueño.

Al día siguiente mi mami nos dice que mi tía vendrá a cuidarnos puesto que mi abuelita invitó a unas amistades y va a estar ocupada ayudándola a atenderlas.

Desde una ventana del piso de arriba, observo cómo va llegando gente a mi casa. En lugar de verse emocionados y alegres por venir a una fiesta, están serios. Todos visten ropa negra y las mujeres usan velos como cuando van a la iglesia. A escondidas bajo a echar un vistazo. La sala está repleta de gente pero no parece estarse divirtiendo. Muchos guardan silencio o hablan en voz baja, otros repiten el Ave María. Están rezando el rosario, tal vez es una fiesta religiosa. Alcanzo a ver a mi mami, su cara está paralizada, pálida y sin expresión.

Escucho parte de las conversaciones.

"¿Qué vas a hacer, Carmen?", dice una mujer en voz alta. "¿Cómo te las verás con cinco niños y uno todavía bebé?" Mi hermano menor tiene tres meses.

Alguien más exclama: "¡Pobrecitos, quedarse sin papá a tan tierna edad!"

"Son demasiado pequeños para entender", afirma otra persona.

Los "pobrecitos" debemos ser mis cuatro hermanos y yo, pero no entiendo qué quieren decir con esto. ¿Por qué pobres? Como necesito averiguarlo, entro a la sala y me dirijo a mi mami.

"¿Dónde está mi papi?", le pregunto.

Todos guardan silencio, hasta los que estaban diciendo el rosario.

"Tu papi se ha ido", dice mi mamá apuntando un dedo hacia arriba, hacia el techo, hacia el cielo. "Jesús lo llamó a su lado para poder ayudar a toda la gente necesitada de México, era demasiado trabajo para él aquí en la tierra."

"¡No es cierto!", grito mientras golpeo el piso con mi pie. "Nosotros lo necesitamos más que ellos." Volteo y toda la gente está boquiabierta mirándome con asombro. Necesito alejarme de ellos.

Me salgo corriendo y busco una señal en el cielo, la que sea. Al no ver ninguna, le mando un mensaje a mi papi. "Por favor, regresa con nosotros, yo te necesito, nosotros te necesitamos. Te necesitamos mucho más que toda esa otra gente en México."

Mis tías me jalan hacia adentro, me dan un té para calmarme y me meten a la cama. De tanto llorar, me quedo dormida. Más tarde, oigo que mi hermanito de tres años toma la fotografía de mi papi y habla con ella durante horas diciéndole que lo extrañamos y que por favor regrese a casa pronto.

La verdad la supe años después. Mi papi había ido de negocios a la Ciudad de México y al final de un largo día, estando ya en su cuarto de hotel, empezó a sentir retortijones por una indigestión. Bajó las escaleras y cruzó la calle para ir a la farmacia a comprar sal de uvas para asentar su estómago. De regreso, un taxi que venía a toda velocidad no logró frenar lo suficiente para evitar atropellarlo. Lo golpeó con tanta fuerza, que murió instantáneamente.

"¿Por qué Diosito nos lo tuvo que quitar?", pregunto una y otra vez.

"Cuando te toca, te toca", dice mi abuela. Un suceso repentino e inesperado: el destino.

Si ya le tocaba a él, de una vez que me toque a mí.

Lo pienso un buen rato. Me salgo a la calle y cuando veo venir un coche, me bajo de la banqueta, atravesándome en su camino. "¡¿Qué estás haciendo?!", grita mi prima mientras me agarra firmemente de los brazos.

"Me quiero ir con mi papi al cielo." Trato de zafarme de ella, pero tiene diez años y yo tan sólo seis, no es justo. Me retuerzo como lagartija pero ella es más fuerte. "No puedes detenerme", le grito, "estoy decidida". A jalones me empieza a quitar de en medio de la calle y gente que escuchó mis gritos y sus alaridos sale y la ayuda a cargarme de regreso a mi casa, a pesar de que yo me resisto todo el tiempo.

Mi prima les advierte a mi madre y a mi tía que se aseguren de que no vaya a intentarlo de nuevo. Mi tía me lleva a mi cama y me da una cucharada de *pasiflorina* para que me calme. La cucharada me tranquiliza y me adormece. Desde ese momento, mi mami se asegura de que alguien me cuide muy de cerca.

No me pueden detener para siempre. Papi, algún día te encontraré.

La familia de mi papi se ofrece para ayudarnos, pero mi mami prefiere ser independiente. ¿Cómo lo logrará con cinco hijos, desde seis años hasta tres meses de edad? Mis tías solteras, quienes tienen una casa grande aquí en Mazatlán, sugieren que mi hermano, el de dos años, se vaya a vivir con ellas hasta que mi mami arregle su vida y se asiente. Ella accede de forma temporal.

Nos vamos a vivir a Tijuana a una casa junto a la de Nona, mi abuela paterna. Mi mami se asocia con uno de mis tíos en el negocio farmacéutico.

Como mi mami se encarga de la farmacia, Nona es quien me cuida. Ella entiende lo que sucede dentro de mi corazón. Delgada, alta y erguida, anda por toda la casa, ya que también atiende a todos los demás miembros de la familia. Sus facciones delicadas esconden su carácter fuerte. Orgullosa y amable, es una gran anfitriona. Amistades, políticos, gente importante y sirvientes la admiran por igual. Mi papi heredó esta característica de ella.

"Tu padre era un hombre justo y equitativo", me dice mientras cepilla mi pelo. "Él creía en darle el mismo trato a toda la gente, rica o pobre. Él nunca hubiera favorecido al rico sobre el pobre, ni hubiera aceptado sobornos o dejado que gente con dinero culpara a otros por sus malas obras."

Subo al ático de la casa de mi tía en busca de los libros que pertenecieron a mi papi. Tienen su firma en la primera página. Los toco, los huelo y los sostengo contra mi pecho tratando de encontrar su esencia dentro de esas páginas. Son pesados, están forrados en piel roja y tienen el título en letras doradas. Empiezo a deletrear: l-e-g... reconozco la palabra: "legal". Lo escuché decirla muchas veces, por eso sé que tiene que ver con su trabajo.

"Tía, ¿mi papi usaba esos libros para gobernar a la gente?"

"No, mi amor, son los libros que usaba cuando era estudiante de leyes."

Papi, ¿qué pasaba por tu cabeza cuando leías estos libros? Te imagino de estudiante, inclinado sobre ellos, leyendo hasta altas horas de la noche. Yo quiero ser como tú. Leer y aprender para ser lo que mi mami llama "una intelectual". Quiero seguir tus pasos y ayudar a los necesitados en la forma que tú lo hiciste.

Después de que se me fue tan repentinamente, muchas veces pienso que la vida está en deuda conmigo porque su estancia aquí fue demasiado corta. Sigo adelante con mi vida, pero en mi mente soy su princesa. Mi rey abandonó a su princesa y a su reino antes de que estuviéramos preparados para seguir sin él. Todo lo que me queda por hacer es tratar de vivir a su altura y aprender todas las cosas que él sabía para que, como él, yo también pueda ayudar a la gente.

BARRERA CUATRO
Una Relación Simbiótica

Mazatlán, México 1946
Veracruz, México 1939

Días después de que mi papi muere, mi mami me lleva a dormir a la camota donde ella dormía con él. Me dice que no quiere dormir ahí solita. Nos quedamos dormidas, ella dándome la espalda y yo rodeándola con mis brazos, abrazándola por detrás. Cuando me despierto, ella está del otro lado de la cama. Me acerco y me le acurruco. Ella se voltea y abriendo los ojos me dice: "¡Ay, Marina, me asustaste, se me olvidó que estabas durmiendo conmigo!". Le doy un beso y cuando la voy a abrazar, se sienta y estira los brazos. "Es la primera vez que duermo tan bien desde que se murió tu papi. Me ayudó que compartieras la cama conmigo, es demasiado grande para mí sola. Tal vez deberías dormir conmigo todas las noches." Me le lanzo y le doy un gran abrazo. Es la primera vez que me siento feliz desde que se fue mi papi.

A mis seis años, siento que soy la confidente, amiga y protectora de mi mami y que ella es mi protectora que me defenderá como un ángel guerrero de todas las situaciones dolorosas de la vida.

Durante nueve años dormimos en la misma cama. De pequeña yo creía que era porque ella me necesitaba ahí, en el lugar de mi papá, y yo necesitaba que ella me necesitara y me protegiera.

Conforme voy creciendo, me doy cuenta de que en realidad es más una solución práctica, puesto que mis hermanos duermen en la otra recámara.

Algunas veces, cuando estamos acostadas en la cama, mi mami me cuenta historias. Me gustan más que las de mis libros de cuentos porque las hace sonar reales. De alguna forma, me transporta a sus relatos como si realmente estuviera ahí, viendo todo lo que sucede.

"Cuéntame cómo conociste a mi papi."

Suspirando dice: "Ay, Marina ¿quieres volver a oír esa historia?"

"Es que cada vez que la cuentas, parece una historia nueva."

Recarga su cabeza sobre su mano como pensando cómo contarla. "Esta historia empieza cuando un atractivo y joven príncipe de cabello rubio y ojos verdes llegó a trabajar a una pequeña ciudad llamada Minatitlán. Todas las jovencitas se lo querían pescar y sus madres urdían planes para que lo conquistaran pero, para la mayoría, él era inalcanzable puesto que pertenecía a la élite de este país."

"¿Qué quiere decir *élite*?"

"Alta sociedad, una familia de noble abolengo, gobernantes", dice orgullosa.

"¿Por qué era inalcanzable para las jóvenes?"

"Porque no venían de una familia de clase alta."

"¿Eso es justo?" No entiendo, si eso es cierto, Cenicienta no hubiera podido casarse con el Príncipe Valiente.

"Sí, así ha sido siempre. La gente mejor educada gobierna sobre la gente sin educación y se casa con gente educada, como ellos."

"¿Y si una persona humilde quiere ser de clase alta, puede?"

"Si se casa con alguien de una buena familia."

"¿Cómo tú?"

"Mi padre era un hombre importante en nuestra ciudad", contesta indignada.

"La gente quería a tu papi porque era un juez justo que no hacía distinciones entre ricos y pobres. Sigamos con la historia." Me deja con la duda de por qué se impresiona tanto con la gente de clase alta.

Su recuento se desarrolla como un cuento de hadas donde el deslumbrante príncipe conoce a su hermosa prometida, quien cae rendida a sus pies y él se la lleva, aunque no para vivir felices por siempre. Pensar en mi papi trae lágrimas a mis ojos, pero como no quiero que mi mami se detenga, me las aguanto.

"Minatitlán es una ciudad portuaria en el estado de Veracruz, en donde hace tanto calor durante el día, que la gente no sale sino hasta la tarde para refrescarse. A Carmen y a su mamá les gustaba caminar en la plaza del pueblo, donde las grandes palmeras se mecían al ritmo de la brisa del mar y el aire era más fresco."

Carmen es mi mami, pero lo cuenta como si Carmen fuera otra persona.

Conforme se acercaban, Carmen podía escuchar la música desde una cuadra antes. Las brillantes luces de colores le daban a la plaza una apariencia festiva. Sobre un tablado cubierto y rodeado por barandales de hierro forjado, los músicos tocaban melodías románticas.

El aire estaba impregnado con el olor de fritangas y nueces garapiñadas. Sin embargo, en las noches cálidas, Carmen prefería ir a donde estaban todos los jarrones de aguas frescas de atractivos colores y sabores: sandía roja-rosada, tamarindo color ámbar, horchata blanca y cremosa, y jamaica morada. Pasaban vendedores ambulantes ofreciendo bebidas frías, raspados y algodones de azúcar. Ella trataba de ignorar los puestos rodeados de hombres que emanaban olor a alcohol. Su madre los miraba con desprecio. "Algunos de esos hombres tendrán que irse a confesar mañana", dijo señalando hacia la ya oscurecida catedral ubicada a un lado, como si fuera un párroco que desaprueba pero cuida a su congregación.

Era tradición que la gente joven se paseara alrededor de la plaza. Las mujeres en una fila y los hombres en otra, al lado opuesto de ellas. Las muchachas iban ataviadas con sus mejores vestidos, puesto que este era el lugar preciso para presumirlos ante sus amistades y el lugar ideal para encontrar marido. Carmen traía puesto su vestido nuevo. Era verde oscuro, ceñido a la cintura con un cinturón de hebilla dorada y una falda larga como de bailarina que giraba alrededor de sus piernas. Ninguna otra joven tenía uno como el de ella, puesto que lo había mandado pedir a un gran almacén de la Ciudad de México.

Todas le preguntaban: "¿Dónde compraste tu vestido? Es el modelo que usa la actriz americana que baila. ¿Cuántos metros de tela se llevó esa falda?"

Su mamá se unió a las otras mamás que estaban sentadas en unas bancas de piedra labrada desde donde podían supervisar a los jóvenes y chismear sobre los últimos acontecimientos.

A sus diecinueve años, Carmen ya estaba en edad de encontrar marido, aunque la decisión final con respecto a con quién se casaría estaba en manos de sus padres. Ella no coqueteaba como las demás, puesto que se sabía una de las más bonitas. Su piel tan blanca hacía que destacara y además la gente la encontraba graciosa e ingeniosa, mientras que las otras muchachas no tenían conversación.

Tomó del brazo a su mejor amiga y caminaron alrededor de la plaza. En el momento que iban dando la vuelta, un hombre pasó frente a ellas. Carmen y él intercambiaron miradas por uno o dos segundos. Él inclinó su sombrero y siguió su camino.

"¡Qué guapo es! Es el abogado que viene de la capital. Dicen que tiene muy buen puesto en Pemex y además es soltero", exclamó su amiga.

Carmen sólo asintió pero se dijo a sí misma: *éste es para mí.*

"Empezaba la batalla", dice mi mami, "mejor dicho, era la guerra entre todas para ver quién se quedaba con él. Cada vez que me lo topaba, le brindaba mi mejor sonrisa. Todas las demás hacían lo mismo, pero tu papi me devolvió la sonrisa a mí y solamente a mí."

La sonrisa de mi mami es mágica. He visto cómo atrae a la gente hacia ella. Contagia gusto y alegría estar a su lado.

"En la siguiente ronda, me preguntó mi nombre y me dijo el suyo. Mi mamá, quien nos estaba vigilando como águila, gritó: *¿Carmen, con quién estás hablando?* Lo llevé con ella y se lo presenté. Él le pidió su autorización para caminar conmigo. Ella no dudó en dársela. ¡Imagínate lo que la gente dijo cuando nos vio juntos! Después, él preguntó si podría tener el honor de visitarme, a lo que mi mamá, por supuesto, accedió. Era el soltero más codiciado de la ciudad y ella era la envidia de todas las otras mamás. Ya sabes lo que pasó después."

"Se casaron y se fueron a vivir a Mazatlán. Ahí nací yo y como fui la mayor, mi papi y tú me quisieron más que a mis hermanitos."

"Eso no es verdad", dice riendo con su risa tan única. "Los queremos a todos por igual". Le tiembla la voz, guarda silencio por un momento y después de pensarlo, dice: "Marina, tú eres mi gran consuelo en estos días oscuros."

BARRERA CINCO
Me Quedo Sola

Tijuana, México, y Ciudad De México
1950

Mi abuela Nona tiene una expresión de orgullo al sentarse a la cabecera de la mesa para nuestra comida familiar del domingo. Es una tradición de mis tíos, tías y primos juntarse este día de la semana en casa de Nona en Tijuana. Mis hermanos y yo venimos a verla cuando queremos porque vivimos en la parte de atrás. Todo lo que tenemos que hacer es cruzar su gran jardín.

Esta no es una típica comida dominical. A pesar de que todos platican y ríen, se siente una tristeza en el aire. No me puedo quedar callada por más tiempo. A mis diez años y medio tengo que decir lo que todos están pensando.

"Mami, ¿nos tenemos que mudar a la Ciudad de México? ¿No nos podemos quedar aquí?" Se lo pregunto a propósito porque el resto de la familia está presente y la pueden convencer para que cambie de idea.

¿Por qué nos tenemos que ir de nuestra linda casa que está junto a la de mis tíos y primos? ¿Por qué tenemos que dejar el jardín con sus grandes árboles que trepamos y la casa en el árbol que mi tío construyó para que jugáramos en ella? Además, me gusta cruzar la frontera todos los días para ir a la escuela en San Diego. Lo que me choca de la escuela, es Sor Mary Ann con sus ojos saltones. Es mala y siempre me agarra de los hombros para sacudirme por hablar en clase.

Todos los que están sentados a la mesa dejan de comer y se le quedan viendo a mi mami. Levanta las manos como indicando que no tiene otra opción. "Tanto esta familia como tú Nona, se han convertido en mi familia, aún más que la mía. Sin embargo, como nuestro negocio de la farmacia quebró, tengo que buscar otros medios para mantener a mis hijos."

"Seguramente puedes encontrar algo aquí, mami", contesto y muchos asienten.

"¿Como qué? Tijuana es una ciudad pequeña que vive del turismo. Yo no puedo trabajar en un denigrante puesto en un hotel o restaurante. La Ciudad de México es mucho más grande, creo que tiene casi tres millones de habitantes. Mi hermana vive ahí y dice que hay muchas oportunidades para alguien como yo. Además, los amigos de tu papá han prometido ayudarme a encontrar trabajo y a conseguir becas en buenas escuelas." Conozco de sobra ese tono definitivo. Ya tomó la decisión y no hay forma de que la cambie.

Uno de mis tíos dice: "Estoy seguro que aquí nos podemos hacer cargo de ti y de los niños. Vivir en la Ciudad de México será un gran reto para ustedes."

Mi mami hace una mueca y mueve la cabeza. "Gracias, pero no."

Nunca había notado las arrugas de Nona, pero ahora puedo ver grandes líneas a través de su frente y otras más pequeñas en las comisuras de su boca, que le dan una expresión triste. Cuando sonríe, sus comisuras no se elevan, se nota su dolor y, de pronto, se ve vieja y cansada. "Está bien, Carmen", dice mi abuela con la voz quebrada y titubeante, "me entristece profundamente perderlos, pero creo que estás tomando la decisión correcta." Viéndome a mí, dice: "Vamos a extrañar muchísimo a los niños pero lo más importante es hacer lo necesario para darles lo mejor a ellos."

¿Esto es lo mejor para nuestra familia? ¿Este deprimente departamento donde vivimos en la Ciudad de México? Mi mundo entero fue cambiado en contra de mi voluntad.

Me alejaron de mi hogar, de mi gente, de mis lugares, de mi escuela y de mis amigos, y esperan que esté conforme con todo este cambio. Lo peor de todo es que también he perdido a mi mami. Ella nunca está en casa, siempre está trabajando o con sus amigas.

Trabaja como secretaria ejecutiva en Pemex. Cuando regresamos de la escuela, sólo Teresa, la sirvienta, está en casa para recibirnos y darnos de comer. Se supone que debe cuidarnos, pero siempre está en la cocina escuchando sus radionovelas. Mis hermanos son mi única compañía. Me peleo mucho con Pepe, que a sus nueve años, es el más cercano a mi edad. Nos golpeamos hasta que Roberto, de siete años y el más sensible, nos ruega que paremos.

Ninguno de nosotros queríamos venir a vivir aquí, somos infelices y cada uno lo demuestra de diferente manera. Pepe se ha vuelto más agresivo, Roberto se la pasa llorando y Fabiancito, de tan sólo cuatro años, está confundido y extraña toda la atención que recibía en Tijuana. Aquí, yo soy la única que le presta atención; sin embargo, está creciendo y quiere parecerse a sus hermanos. Todos nos salimos a la calle y nos hacemos amigos de los vecinos.

Al final del día, me pongo en la ventana a esperar que mi mami regrese a casa. A pesar de que sale del trabajo a las tres de la tarde, nunca llega para recibirnos a las cinco, hora en que llegamos en el camión después de haber andado en él durante dos horas por toda la ciudad. En lugar de estar ahí, ella sale con sus amigas y casi siempre llega tan tarde a la casa, que yo ya estoy dormida. ¿Por qué prefiere estar con ellas que con nosotros? Pareciera que, a excepción de los domingos, ya ni nos quiere ver.

Me consuela que todavía compartimos la misma cama, pero siempre está demasiado cansada para que platiquemos. Nos dice que está muy ocupada en su trabajo y saliendo con esas "buenas amistades" que le servirán para ascender en la vida. También nos repite una y otra vez que esas personas nos ayudarán cuando seamos mayores. Sin embargo, yo creo que me deja sola porque prefiere estar con ellas, especialmente con su amiga Iris, quien también trabaja en Pemex.

Cada vez que trato de darle un beso, un abrazo o acurrucarme con ella, me quita diciéndome: "Marina, siempre estás de encimosa." Sin embargo, es cariñosa con la demás gente.

Un día, llega temprano a cenar a la casa con su amiga Iris. Mi mami me ha dicho que todos le dicen "La Güera" por su pelo largo y güero que casi siempre trae recogido en un chongo. Cuando viene a nuestro departamento, se lo suelta para que yo vea lo largo que lo tiene. Le llega hasta la cintura. Lo toco y se siente como paja. Yo creo que se lo pinta, pero como las señoritas decentes no se pintan el pelo, todos fingen creerle que es su color natural. Mi mami e Iris comen juntas todos los días, por eso no entiendo por qué también tienen que salir juntas en la noche. Es por eso que Iris no me cae bien a pesar de que es buena y nos invita a mami y a mí a cenar a Sanborns, donde me como una rebanada de pastel de chocolate. Me le quedo viendo, esperando que se dé cuenta de que está alejando a mami de mí.

Sigo esperando en la ventana a que llegue mami a la casa y algunas veces la veo subir las escaleras. En realidad me siento decepcionada, es como si me hubiera abandonado desde que llegamos a la Ciudad de México, dejando que me las arregle por mí misma.

* * *

La comida de Teresa no me está cayendo bien. No se parece nada a la suculenta y bien preparada comida de la casa de Nona. Puedo ver la grasa flotando en mi consomé de pollo y brillando en el arroz rojo que prepara todos los días. En la noche me duele el estómago. Al principio, es un dolor débil, pero se empieza a intensificar. Aunque me recueste, me sigue doliendo. Mami llega más temprano y me encuentra llorando a gritos por el dolor tan agudo. Al día siguiente, regresa temprano y me lleva al doctor.

La dieta líquida no está funcionando. Mis dolores de estómago no paran. Me empieza a salir urticaria en los párpados, en las corvas de las piernas, en las axilas y en mis partes privadas. No puedo evitar rascarme y mi hermano se burla de mí. "Pareces un perro con pulgas." Tal vez sí tengo pulgas, porque siento bichos caminando por todo mi cuerpo. En la escuela no puedo salir a deportes ni a recreo porque el sol hace que mi urticaria empeore.

En lugar de ir a trabajar, mami me lleva al doctor. Me receta lociones y cremas para la comezón y durante algún tiempo, me ayudan. Sin embargo, la urticaria regresa. El doctor dice que debo tener la piel muy sensible, por lo tanto, tengo que usar jabón para bebé.

Mami está tan preocupada que busca otro doctor. Este dice: "Los niños que frecuentemente cambian de lugar de residencia, muestran síntomas sin motivo aparente. Puede ser una reacción física generada por un problema emocional."

Aunque se me quita, regresa recurrentemente cuando estoy estresada o triste. Mis misteriosos problemas estomacales persisten durante muchos años.

* * *

Mis hermanos y yo nos hacemos amigos de un grupo de niños de la cuadra. Siendo yo la única niña, me siento muy importante. También, como soy atlética, les aguanto el paso y corro tan rápido como ellos.

A todos les encanto porque dejo que me den besos de verdad.

Todo empieza cuando el chistoso y travieso José me dice: "Hay que besarnos como lo hacen en las películas." Entonces, juntamos nuestras bocas durante algunos segundos.

"¿Qué tiene esto de maravilloso?", le digo cuando las despegamos. Lo intentamos de nuevo para ver, si como María Félix y Jorge Negrete en *El Peñón de las Ánimas*, logramos ese sentimiento raro que le da a la gente en las películas después de besarse.

"Yo creo que todo es inventado", me dice. Al día siguiente, regresa y me dice que no lo hicimos bien, que su hermano mayor le dijo que tenía que meter su lengua en mi boca. ¡Guácala! No quiero intentarlo pero me dice que si lo hacemos bien, me compra un helado. Mete su lengua en mi boca, la mueve un poco y ya. Qué forma tan fácil de ganarme un helado. José le cuenta a su amigo Luis, y él también quiere hacerlo. Después, los demás niños también quieren. Todos ellos me besan y les empiezo a caer mejor que Pepe, y como ahora se la pasan conmigo y no con él, hace su berrinche.

La mayoría de los besos no están tan mal aunque algunos se sienten babosos. Unos niños me meten la lengua tan profundamente que casi me ahogan; otros pasan sus lenguas por dentro de toda mi boca como si la estuvieran limpiando; y hay uno al que apodé "La Manguera" por tanta baba que deja en mi boca, y por eso no dejo que me vuelva a besar. Los besos que más me gustan son los de José, porque aprendió a mover la lengua como me gusta, y los de Luis, porque es alto y para besarme se tiene que inclinar sobre mí, lo cual me hace sentir protegida.

Pepe está tan celoso de toda la atención que estoy recibiendo, que le cuenta a mami lo que estoy haciendo. Ella se pone como loca, chillando, levantando los brazos y gritando que su hija no es una cualquiera y que si se entera que estoy jugando con los niños, aunque sólo sea patinando, se lo dirá a mi tío para que los reporte a la policía.

"Con razón te dan tantas enfermedades", me dice enfrente de Pepe. "¿Qué no sabes que la boca de la gente está llena de gérmenes? Especialmente las de los muchachos, porque se meten una cantidad de cochinadas a la boca y si te besan, te pueden contagiar todo tipo de gérmenes y enfermedades. Te van a salir llagas en la boca y todo mundo se dará cuenta que has estado haciendo cosas malas. Ninguna niña decente va a querer ser tu amiga."

Más tarde, me dice: "Ay hijita, eres tan inocente."

¿Cómo iba yo a saber que besar a los niños tendría esas aterradoras consecuencias?

* * *

Toda mi vida, el aroma de Chanel número 5 me ha recordado a mi mamá y a la elegancia de aquellos tiempos en los cuales ella siempre se arreglaba. El olor de su perfume permanecía durante mucho tiempo, aun después de que ella se había ido a trabajar.

Cuando me entero que sus amigas, mujeres de sociedad en la Ciudad de México, usan ese mismo perfume, para mí, sigue siendo el aroma único de mi mamá. En sus amigas huele presuntuoso y exagerado como su maquillaje; en ella, parece parte de su personalidad. Le da un aura de seducción y brillo. Años más tarde, me confiesa que nunca fue su perfume favorito, que era demasiado fuerte y abrumador. Me siento tan decepcionada como si hubiera desconocido a su amiga más íntima. Sin embargo, siendo nueva en "la sociedad", tiene que seguir las tendencias para ser aceptada en los círculos de la clase alta.

"Todavía uso Chanel número 5, me acostumbré a él", me dice.

Todo lo hace con el propósito de ser aceptada en la cerradísima sociedad de la Ciudad de México, lo cual no es una tarea fácil para una mujer provinciana. Cambia su manera de vestir, de expresarse y adopta nuevos modales. Ya no es mi mami de antes, ahora su trabajo y su sociedad van primero.

Atesoro los momentos que sólo nos pertenecen a ella y a mí y que ahora son tan escasos.

Durante algunos minutos, temprano por la mañana, todavía es ella misma antes de convertirse en esa otra persona que se está arreglando para irse a trabajar.

Se viste de traje sastre. Dice que le da una apariencia formal, categoría y también lo puede usar para compromisos después del trabajo. Su favorito es uno azul marino entallado y con una falda recta hasta los tobillos. Como los de las revistas de moda. Lo combina con una blusa de seda italiana de un rojo profundo que le encanta porque resalta su cabello negro y ondulado y sus ojos penetrantes. La gente me dice que yo los heredé. Espero aprender a mirar a la gente como ella lo hace. Dirige la mirada de sus ojos negros hacia los demás de forma tal que no puede ser ignorada.

Presumiendo, se pone un juego de collar y aretes de perlas que papi le regaló cuando yo nací y dice: "No como las baratijas que usan las otras secretarias." Ella cree que es muy importante vestirse como la dama que aparenta ser. "Tal vez no tengamos mucho dinero, pero nuestra familia es de abolengo y eso nunca lo debemos olvidar aunque yo tenga que trabajar para mantenernos."

Parece que debido a su trabajo y a sus nuevas amistades la estamos perdiendo. He escuchado que le dicen cuánto admiran su valor y determinación, que es una viuda valiente luchando por mantener a sus cuatro hijitos. Mi hermanito todavía vive con mis tías. He oído que la apodan "La Simpática" porque es encantadora y chistosa.

Le pregunto por qué sale tanto con sus amigas.

"Estoy haciendo relaciones públicas para ustedes. Tengo que mejorar nuestro nivel de vida, conocer gente importante y hacer buenas relaciones, las cuales los van a beneficiar en el futuro."

"¿Qué son *buenas relaciones*?"

"Gente en posición de poder y autoridad."

"¿Por qué ellos?"

Duda antes de contestar mi pregunta. "Porque ellos son importantes para mí y algún día lo serán para ustedes."

Yo desearía que ella no se impresionara tanto, especialmente con la familia de mi papá. Actúa como si ellos fueran su verdadera familia, en lugar de sus propios padres. Trata de encajar, hablando como ellos, estando de acuerdo con todo lo que dicen, compartiendo las opiniones de ellos como si fueran propias y buscándolos constantemente. Casi nunca ve a su propia familia.

"Conocer a la gente correcta los puede ayudar a escalar en la vida", nos repite. A mis hermanos les dice: "Niños, tengan las amistades correctas porque los papás los ayudarán en el futuro." Después se dirige a mí: "Marina, quiero que te cases con un hombre de buena familia, alguien que se haga cargo de ti y de tus hijos y que nunca tengas que trabajar para mantener a tu familia."

Desarrollo Sexual Interrumpido

Ciudad De México
1950

Suena el timbre, una, dos, tres veces. Después de unos minutos, vuelve a sonar. Empieza a anochecer y Teresa seguramente está metidísima oyendo una de sus radionovelas. Suspiro con frustración mientras voy a ver quién es.

"¡Miguel, qué sorpresa!" Es mi primo, el adolescente alto que nunca había venido a la casa. "No está mi mamá." Sus ojos saltones me hacen recordar a la grosera Sor Mary Ann. "Vengo a ver a tus hermanos." Me sorprende que Miguel, de quince años, se moleste en venir a ver a unos niñitos. Tiene esa desgarbada forma de caminar para llamar la atención que los muchachos están copiando de James Dean en *Rebelde sin causa*.

Mis hermanos no parecen emocionarse al verlo, pues nunca antes les había prestado atención. Yo me regreso a mi recámara a leer mi libro. Después de un rato, oigo que azotan la puerta.

Estoy sentada en mi cama, cuando de repente, Miguel se aparece en la entrada de mi recámara.

"Les di cinco pesos para que se fueran a comprar dulces y les dije que se tomaran su tiempo", me dice.

¿Qué le puedo decir? Casi ni nos conocemos, él es cinco años mayor que yo, sin embargo, me está prestando atención. Sus carnosos labios se abren en lo que supongo es una sonrisa, pero se alcanza a ver la malicia detrás de ellos. "Te ves bien con tu uniforme de la escuela."

¿Qué? Es una falda café con blanco y una blusa beige.

Se sienta sobre la cama y me dice: "Marina, a ti te gusta jugar, ¿verdad?"

Asiento con la cabeza, pero ¿por qué querría jugar conmigo un niño mucho mayor que yo?

"¿Juegos como Turista Mundial?"

"Juegos de niños mayores. Te voy a enseñar." Se me acerca. "Se juega así." Con un ágil y rápido movimiento, desliza su mano por mi pierna, mete sus dedos por debajo del resorte de mis calzones y empieza a frotar mi entrepierna, mi sucia parte privada. ¿Por qué ahí?

Me contraigo y me le quedo viendo atónita. No sé qué hacer. Él dijo que era un juego y no quiero parecer demasiado niña para jugarlo.

Sus dedos tocan una zona tierna y mi estómago se alborota y da un vuelco. No me muevo ni digo nada. Me quedo ahí sentada como una muñeca y dejo que sus dedos me acaricien.

Una voz interna me dice que no lo permita, que esto no está bien. Sin embargo, no quiero que pare. Es como si un lugar que ha estado escondido dentro de mí, de repente, empezara a florecer. Mi cuerpo vibra a un ritmo desconocido y tiembla mientras las pulsaciones ahí abajo aumentan a una fuerza casi insoportable. Gimo, no de dolor sino de placer. Me baja los calzones y abro las piernas induciéndolo a que continúe invadiéndome para satisfacer este inmenso deseo dentro de mí. Gimo de nuevo y lloriqueo. No puedo contener un grito de deleite total.

Jala mi mano y la pone bruscamente sobre mi boca. "No nos deben oír", susurra de forma áspera. Cuando el impulso de gritar es demasiado fuerte, me muerdo la mano.

Se oyen voces llamándonos. "Marina, Miguel, ya regresamos."

"¡Mis hermanos!" Aviento su mano y brinco de mi cama. Miguel se tarda más en reaccionar. Su otra mano se mueve de arriba hacia abajo dentro de sus pantalones. "Apúrate", le digo, y renuentemente saca su mano y se queda ahí parado, jadeando, como si hubiera estado corriendo. Mientras me subo los calzones y enderezo mi falda, dejo salir unos pequeños suspiros porque sigo teniendo una sensación de cosquilleo ahí abajo. "Salte", le digo, "tengo que usar el baño".

Me gustaría ponerme hielo en la entrepierna para calmar la sensación, pero me tengo que conformar con agua fría. Lleno el lavabo y me siento en él, deseando que no se vaya a zafar y caer con mi peso. El agua fría ayuda a disipar la sensación. Estoy lista para reunirme con los niños.

Salgo y me como algunos dulces de mis hermanos porque Miguel les dice que los compartan conmigo. Dice que nos visitará otra vez y les da dinero a mis hermanos para que compren más dulces. Me ignora y yo me voy a mi recámara. Trato de concentrarme en mi libro, pero sólo puedo pensar en lo que me hizo. No me molestaría que lo volviera a hacer.

Lo hace… Viene a la casa dos veces a la semana y jugamos. Cada vez lo hago mejor y él también se lo hace a su *cosa*.

Una tarde me dice: "Vamos a jugar de otra forma". Me empuja contra la pared y con movimientos toscos, levanta mi falda y me baja los calzones con tanta prisa que casi los rasga. Saca su *cosa*. Nunca había visto una de ese tamaño, del largo de mi antebrazo. ¿Dónde la traía escondida? La sacude como si fuera un títere y puedo ver en la punta el horrible agujero rojo por donde hace pipí. Después me toma por los hombros y trata de meterla entre mis piernas. Me duele y grito "¡no!" y lo empujo.

Con rapidez, intenta de nuevo meterme su cosota a la fuerza. Lanzo un alarido penetrante hasta para mis oídos, y da un paso hacia atrás.

"¡Lárgate, déjame en paz!", le grito. Pero no lo hace. Sus ojos están fijos, sin expresión, como los de un zombi. Se me pega y empuja su cosa hacia mí, como si fuera un arma.

Lo esquivo por debajo y, como yo soy mucho más pequeña qué él, y él es grande y torpe, logro escaparme.

Me subo los calzones y corro fuera de la recámara, fuera del departamento, hasta la calle, a cualquier lugar con tal de alejarme de él y de su cosa. Me escondo atrás de la puerta hasta que veo que se va. Entonces me regreso a mi casa, a mi recámara. Cierro la puerta y me tiro a llorar hasta que es casi hora de que mami regrese. Veo en el espejo que mi cara está roja e hinchada de tanto llorar. Me la lavo con agua fría, pero como esto no ayuda, me hago la dormida, pero algo la hace sospechar. Me conoce de pies a cabeza, conoce hasta mi forma de respirar. "Marina, ¿por qué finges estar dormida?" Me da una palmada en el hombro pero yo no me muevo. La oigo caminar alrededor de la cama y sé que me está observando porque puedo sentir su aliento en mi mejilla. "Sé que estás despierta."

Renuentemente, hago lo que me dice. Como siempre, la tengo que obedecer.

Analiza mi cara. "¿Te pegó uno de tus hermanos?"

"No."

"Estabas llorando. ¿Qué tratas de esconder?"

"Nada." No puedo decirle lo que Miguel me hizo.

"No te creo."

Hundo mi cabeza en mi almohada, pero mami es implacable y no se detiene hasta que le contesto.

"Miguel… él… trató de… meterme… su cosa", le dije entre sollozos.

Me va a regañar, va a decir que es mi culpa y que no debería haber dejado que mi primo de quince años entrara a nuestra recámara.

En lugar de eso, parece como si alguien hubiera prendido un cohete debajo de ella. Levanta las manos, encogiendo los dedos como si quisiera sacarle los ojos. "Ese depravado te hizo algo asqueroso y..." grita palabras que yo nunca antes había oído, deben ser muy malas palabras puesto que está sumamente enojada. En seguida, sale disparada hacia la casa donde vive Miguel con Gladys, su mamá, a dos cuadras de nuestra casa.

Cuando regresa, todo lo que me dice es que Miguel tiene prohibido volver a poner un pie en nuestra casa.

Por su parte, ahí termina todo este asunto y no vuelve a ser mencionado nunca. El incidente se queda guardado en nuestras memorias como un secreto. Es mejor olvidar algo tan vergonzoso.

La palabra "asqueroso" se graba en mi mente. Yo soy asquerosa y lo que él me hizo es asqueroso. Pero aún más asqueroso es mi propio secreto, que mi madre ni siquiera sospecha. Yo permití y disfruté su jueguito. Lo peor de todo es que quiero que me lo haga otra vez. Sueño con la sensación que me daban sus dedos. Tan sólo pensar en ello, hace que el deseo regrese.

Mis dedos exploran y me doy cuenta de que hasta tocándome yo sola puedo llegar al límite de la intensidad. Moviendo mis dedos como él lo hacía, me puedo estimular a mí misma casi tanto como lo hacía él. No lo necesito a él ni a nadie para excitarme ahí abajo.

Al principio me siento aliviada por haber encontrado la solución por mí misma. Después quiero más, y me estimulo hasta satisfacerme, una y otra vez, hasta que estoy saciada, mojada y deseando no haber aprendido a hacer esto. No voy a ser capaz de parar.

¿Cómo puedo querer hacer algo que me hace sentir tan sucia como el pordiosero más sucio de la calle? Estoy tan sucia que nada en el mundo puede limpiarme.

* * *

En mayo nos vamos a pasar un tiempo con mi abuelita. Nona me lleva a la catedral a ofrecerle flores a la Virgen. Desde que era la niña más pequeña de aquí, he participado en este ritual religioso. Ahora, me uno a la multitud de niñitas con vestidos blancos largos, cargando canastas llenas de flores y soy la más alta. Como tengo once años, es el último año que puedo participar en esta ceremonia.

Los enormes candelabros están encendidos y el coro canta el *Ave María* mientras desfilamos por el pasillo central de la iglesia. Las niñas más pequeñas van al frente y las mayores atrás para dejar nuestras ofrendas en el altar.

Siempre he disfrutado este ritual. Por ser una de las elegidas de la Virgen María, este día soy especial y estoy santificada.

No. Después de lo que pasó con Miguel, ya no soy su elegida. Observo su hermoso rostro y le ruego que me haga pura otra vez. Pero no hay respuesta y yo sigo confundida. Veo que todas las otras niñitas en sus vestidos blancos se secretean entre ellas. Dicen cosas que no quieren que yo oiga. *Manchada*, o tal vez, *malvada*. Tengo que salirme de aquí, alejarme de ellas, alejarme de la Virgen María y de este lugar sagrado a donde ya no pertenezco. Me salgo corriendo y me paro en las escaleras jadeando de miedo, puesto que todos parecen saber lo sucia que estoy por dentro.

Nona me sigue, cariñosa y preocupada. "Ya no le quiero ofrecer flores a la Virgen", le digo. Ella piensa que es porque me considero demasiado grande para seguir haciéndolo.

Cuando la acompaño a misa, el padre habla en su sermón sobre lo fácil que es caer en tentación y salirnos de la gracia de Dios. "¿Tienen idea de lo que les sucede a los pecadores?", pregunta apuntándonos con su dedo a todos los de la congregación. Me encojo en mi asiento, tratando de hacerme lo más pequeña posible para que su dedo no me señale como una pecadora.

"Se queman en las flamas eternas del infierno", afirma. "¿Alguno de ustedes se imagina cómo se debe sentir eso? Tomen una vela y pongan su dedo sobre la flama y lo sabrán."

Todos permanecen en silencio. Las caras de algunos muestran interés, otras muestran terror, el mismo terror que siento dentro de mí. ¿Me va a castigar Dios por lo que hice? ¿Por qué tendría piedad de mí?

* * *

Ya no vuelvo a jugar con los niños, ni siquiera me les acerco. Sé que lo que realmente quieren es meterme su cosa. Si un niño llega siquiera a tocarme, grito y huyo de él. Si veo un grupo de niños, me alejo. Si un niño muestra interés en mí, huyo de él. Prefiero quedarme en casa, hacer mi tarea y leer mis libros.

Algo curioso me sucede. Cada vez que pienso en lo que Miguel me hizo, me regresa la misma sensación ahí abajo. Ese sentimiento sucio dentro de mí vuelve y se escurre como lodo entre mis piernas, ensuciándome a mí y a mi cuerpo.

Estoy tan sucia que nada en el mundo puede limpiarme.

Los Deseos Sexuales Son Malos

CIUDAD DE MÉXICO
1955-57

"Por favor, ven a mi fiesta", me pide mi mejor amiga, Adriana. "Habrá música, baile y muchos muchachos lindos."

No me interesa su nuevo grupo de amigos con los que se ha estado juntando mucho desde que cumplió quince años. Tal vez sea porque yo todavía tengo catorce y ellos tienen entre dieciocho y diecinueve. Me llevan muchos años.

"Te vas a divertir. Necesitas salir más, salirte de tu concha. Lo único que quieres hacer es quedarte en tu casa leyendo libros."

"Mis libros son mi compañía."

¿Por qué no puede entender? Solíamos compartir nuestros pensamientos, nuestros deseos y nuestros libros. También nuestras cosas íntimas... Paso mis dedos por su preciosa melena negra, acariciando cada mechón.

Una tarde en su casa, estábamos recostadas en su cama platicando y me dijo, "me pregunto qué se siente besar a alguien".

Sin pensarlo, me incliné sobre ella y la besé en los labios, "¿así?"

Con una risita me contestó: "No, más bien así". Presionó sus labios sobre los míos y permanecimos así por todo un minuto.

"Esa no es la forma correcta de hacerlo", le dije. "Para que sea un beso real, tienes que abrir los labios y dejar que tu lengua juegue con la mía."

Estuvimos experimentando hasta que nos salió bien. Besar a una niña era más placentero que besar niños. Sus labios eran más suaves, sus movimientos más delicados y brindaba placer en vez de demandarlo.

Ya no tenemos nuestras largas pláticas, ella sólo piensa en los muchachos que le gustan y en cómo ligárselos. Ya no está interesada en libros ni en besarme, pues dice que todo eso fueron fantasías infantiles. Ahora, ella quiere vivir su realidad. "¡Me estoy divirtiendo tanto!" Exclama orgullosa, mientras me presume todos sus conocimientos recién adquiridos.

Mi idea de diversión es pasarme la tarde leyendo una novela romántica de Corín Tellado, en donde la heroína siempre encuentra a su hombre y viven felices para siempre. También me empecé a interesar en la conducta humana después de leer *El arte de amar* de Eric Fromm. De ahí brinqué a leer a Freud y a Maslow. Prefiero profundizar con Freud que conocer a un muchacho tonto. Sin embargo, como me encanta bailar y quiero que todos vean lo bien que lo hago, acepto ir a la fiesta.

Me pongo un vestido de tafeta verde con falda plisada que se va meciendo con mis movimientos.. Mami me ayuda a peinarme. Me hace unos simpáticos rizos que caen sobre mis hombros y además me da permiso de ponerme lápiz labial. Si algún muchacho me pregunta mi edad, diré que tengo quince años.

Cuando entro a la sala de Adriana, veo que sacaron todos los muebles de ahí para la fiesta. Las muchachas están súper arregladas. Algunas traen faldas tipo bailarina con crinolinas y otras traen vestidos muy pegados al cuerpo con fajas apretadas por debajo. Muchas parecen haberse pasado la tarde en el salón de belleza, pues ostentan complicados peinados esponjados y engomados que parecen panales de abejas. Además, traen los ojos excesivamente maquillados. Adriana trae el pelo suelto, como yo.

"Pareces una estrella de cine con ese vestido", le digo. Se puso un vestido de seda italiana, estampada en blanco y rojo, que se mandó a hacer especialmente para este evento.

Voltea a ver el mío y me dice: "Te ves muy atractiva. Qué gusto que vinieras, te prometo que te la vas a pasar muy bien". Me toma del brazo y me lleva hacia un grupo de gente. "Todos conocen a mi amiga Marina. Atiéndanla por favor, es su primera fiesta de baile."

Yo sólo reconozco una de las caras.

Adriana se apresura a recibir a otros invitados. En mi cabeza resuenan las palabras: "Te ves muy atractiva, qué gusto que vinieras".

Observo a las parejas que están bailando. Sus movimientos se ven torpes y estudiados. Sólo un par están bailando despegados *El rock de la cárcel*. Un muchacho que conozco me saca a bailar y antes de que pase su brazo por mi espalda, empiezo a girar y a bailar. Después de unos minutos, él también se contagia del ritmo de la canción. Toda la gente nos mira como si fuera un concurso y nosotros los mejores. Otras parejas nos empiezan a copiar y, de repente, la pista está repleta de gente sacudiéndose, agitándose, brincando y riéndose al descubrir lo que se siente bailar así. Nunca me falta pareja mientras bailo sin parar y los demás siguen mi paso y mi estilo.

* * *

La mayoría de los muchachos quieren bailar, menos uno... Un muchacho engreído, con el pelo relamido hacia atrás, con las líneas del peine marcadas por el gel. Me saca a bailar una canción lenta que se baila pegados. Le contesto con monosílabos cada pregunta que me hace. No estoy interesada en él. La música cambia y empieza la balada romántica *El amor es una cosa esplendorosa*. Él se me acerca lo más que puede, hasta donde yo se lo permito. Empuja su pelvis hacia adelante para que yo pueda sentir su cosa dura presionando en mí.

Contengo un grito. Suspiro emitiendo un sonido extraño. Se me cierra la garganta por la repulsión que siento, aunque al mismo tiempo me recorre una ola de placer y el cosquilleo ahí abajo hace que sienta ganas de que me la pegue más y más a pesar de que él no se me antoja.

Trago saliva y casi sin poder respirar, como un claustrofóbico en un espacio cerrado, me alejo de él. Corro a la recámara de Adriana, cierro la puerta y me trato de calmar. Rechino los dientes y cruzo las piernas tratando de resistir las ganas de frotarme ahí abajo. Aquí no, alguien puede entrar y descubrirme. ¿Por qué me sucede esto con los muchachos? ¿Qué hice yo para que él reaccionara así? ¿Por qué su excitación me excita a mí?

Finalmente, salgo de la recámara. Mi angustia debe ser muy notoria. Cuando le digo a Adriana que ya me voy, me dice que no me veo bien. Antes, hubiera mostrado preocupación o me hubiera rogado que no me fuera, pero está muy ocupada organizando una fila de baile de conga.

¿Qué dice Freud acerca de sentirte excitado en contra de tu voluntad? Busco en sus libros pero no encuentro la explicación. ¿A quién le puedo preguntar? ¿A mi mamá? No. ¿A mis tías? Tampoco. A mis catorce años, tengo muchísimas preguntas acerca del sexo, acerca de mis sentimientos y reacciones hacia él, pero no tengo alguien en quien confiar para hablarlo. Ni siquiera en Adriana, y de todas formas, ella se impresionaría mucho.

* * *

Mi amor por el baile empezó cuando yo tenía diez años y estaba recién llegada a la Ciudad de México. Mami me metió a clases de baile dos veces a la semana. Me entusiasmó tanto, que lo practicaba en mi casa durante horas.

La escuela presenta espectáculos en Bellas Artes, la gran sala de conciertos en la cual se han presentado primeras bailarinas de todo el mundo como Margot Fonteyn. Mi primer encuentro con el escenario es cuando bailo un solo en puntas del vals *La viuda alegre* de Johann Strauss. A partir de ese momento, tengo solos en todos los espectáculos. Mi mamá me apoya en el baile todo lo que puede. Compra boletos y se los vende o regala a la familia o amigos diciéndoles "mi hija es una gran bailarina" Siempre hay un grupo de personas para aplaudirme. En un concierto de la escuela, yo pongo la coreografía para la popular canción cubana *Las clases del cha-cha-cha*. Ese baile se ha convertido en toda una sensación en México y este espectáculo se vuelve el más memorable de todos. Me obsesiono por sobresalir en el baile, en mis estudios y en los deportes, como compensando mi timidez en el área social.

El verano en el que cumplo catorce años, mami decide presumirle mi habilidad para el baile a la familia en Mazatlán. Organiza todo para que yo dé una función de baile frente a cientos de personas en El Casino, un exclusivo salón de eventos. Bailo el *Jarabe tapatío* en puntas, como lo hizo Tamara Toumanova, la famosa bailarina rusa, en el escenario del Auditorio Nacional de la Ciudad de México. Me elevo por encima de mí misma, por encima del mundo, entrego mi corazón para que todos vean y compartan la gloria de mi cuerpo moviéndose con la música. Al terminar, me siento extasiada. El aplauso es tan ensordecedor y entusiasta, que los ojos se me llenan de lágrimas. Me encanta la atención, la ovación, el reconocimiento. Esto es lo mío. Quiero oír a la gente aplaudiéndome una y otra vez.

Sueño que la gente me reconoce en la calle, honrándome como si fuera una reina, como lo hacen cuando ven a Alicia, una famosa actriz de cine que se ha convertido en una amiga muy cercana de mami. También es viuda; su esposo, también un famoso actor de cine, murió recientemente de un infarto al corazón y ahora ella vive con su mamá y sus dos hijitos. Alicia es como mi tía favorita. Me lleva a tantos espectáculos que su brillo y su glamour se me pegan. Me presenta con actores famosos, artistas, y políticos. Hablo con ellos como si fuéramos viejos amigos. Algunos me dicen que debería ser actriz. Ella también me invita a las locaciones donde está filmando una película, cerca del volcán Popocatépetl. Un productor y director de cine muy reconocido se me acerca y me pregunta si me puede hacer una prueba cinematográfica. Le digo que por supuesto que sí, pero como soy menor de edad, necesito el permiso de mi mamá.

"Por favor, mami. Es la oportunidad de oro para realizar mi sueño."

"No lo puedo permitir. Solamente mujeres de clase baja se meten al mundo del espectáculo", me contesta.

"¿Y Alicia? ¿O Dolores del Río? Son actrices de buenas familias."

"Sólo Dios sabe por qué accedieron sus familias. Si tú te conviertes en actriz, la familia de tu papá te va a dar la espalda y te va a cerrar las puertas. ¿Vale la pena sacrificar tu reputación y a tu familia?"

Con excepción de Nona, quien nunca me rechazaría, estoy dispuesta a hacer el sacrificio. Sin embargo, antes de que pueda contestar, mami dice: "De cualquier forma, yo no te lo voy a permitir y aquí se acaba este asunto."

No tengo opción. Su palabra es ley.

* * *

Cuando tengo dieciséis años, mis hermanos y yo pasamos parte de nuestra vacación con nuestras tres tías sesentonas y solteronas, en la ciudad natal de mi papá. Hace ya mucho tiempo que ellas decidieron usar ropa negra todos los días porque constantemente le guardaban luto a algún familiar, y tenemos muchísimos. Ya se habían cansado de ponerse de luto durante un año, quitárselo, sólo para tener que volver a ponérselo por la muerte de otro pariente.

Nos gusta especular sobre por qué nunca se casaron. Deben haber tenido pretendientes, puesto que son muy ricas. Tal vez veían a todos los hombres por debajo de ellas. Mami dice que tal vez hicieron un pacto para estar juntas y dedicar sus vidas a Dios. Esto era muy común entre las jovencitas que crecieron en la época de la persecución religiosa en México. Los únicos hombres en sus vidas son su viejo y solterón hermano mayor y mi hermanito, quien ha vivido con ellos desde que era casi un bebé. Se suponía que iba a ser un arreglo temporal, pero las tías se la pasaban diciéndole a mami que una u otra seguro se moriría si se los quitaba, y que por favor se los dejara un poco más. Después de algunos años, hubiera sido demasiado doloroso para ellas separarse de él. Así, él se convirtió en el principito de esa familia.

Nosotros sólo lo vemos cuando vamos a visitarlos. Es más como un primo y no es nada divertido jugar con él porque es muy egoísta con sus juguetes. Como es el único niño en esa casa, no le gusta que vayamos.

La casa de las tías es estilo colonial, tiene más de un siglo y está decorada con el lujo de tiempos pasados. La amplia sala tiene muebles franceses Luis XV importados forrados en terciopelo rojo. También hay un enorme candil de cristal cortado y retratos de ancestros con expresiones duras que nos recuerdan que, alguna vez, ellos gobernaron esta tierra y a su gente. Las recámaras están alrededor de un gran patio de piedra, iluminado por una cascada de buganvilias moradas y con una fuente en el centro. La casa no es nada cómoda ni moderna. Para ir al único baño, tenemos que cruzar todo el patio. Ni de broma me atrevería a ir al baño en la noche. Me preguntaba cómo lo lograban las tías viejitas hasta que me enteré que debajo de sus camas tienen bacinicas de porcelana con dibujos de rosas.

Otra tía y su hija, una prima de mi edad, me invitan a un baile de jóvenes en el famoso *Casino*. Después del baile me puedo quedar a dormir con ellas.

El Casino está muy iluminado y lleno de gente de todas las edades. Las mujeres brillan como árboles de Navidad por los pesados collares y aretes que llevan puestos. Yo creo que están compitiendo entre ellas para ver quien lleva las joyas más impresionantes. El collar de mi tía tiene doce esmeraldas del tamaño de la uña de mi dedo pulgar y en el centro, otra en forma de pera. La gente mayor se sienta en mesas alrededor de la pista de baile, donde cerca de cien muchachos y muchachas bailan al ritmo de la música de una gran orquesta.

Esta noche me siento muy atractiva. Mi prima me ayudó a peinarme y me enseñó cómo ponerme delineador. Una pincelada negra en el párpado de arriba y otra abajo para que los ojos se vean más grandes y más oscuros. Traigo puesto un vestido verde olivo. Está ajustado en la cintura y resalta mis pechos. Su falda ondulada hace parecer que me deslizo al moverme.

Al poco tiempo de haber llegado, un joven se acerca a nuestra mesa para sacarme a bailar. Tiene pelo negro ondulado y ojos azul oscuro. Está tan guapo, que de inmediato le digo que sí. Alcanzo a ver la cara de desaprobación de mi tía. Se me olvidó que aquí la costumbre es que los muchachos le pidan permiso primero a ella.

La música es la lenta balada italiana, *Como antes*. Esto nos permite decirnos nuestros nombres, edades y a qué nos dedicamos. Él es Óscar, tiene diecinueve años y va a la universidad.

"¿Eres de la Ciudad de México?", me pregunta. "Nunca te había visto."

"¿Conoces a todas las personas de aquí?", le contesto con una pregunta.

"A casi todas", contesta. "Por eso me gusta conocer gente nueva."

La siguiente canción es *El cha-cha-cha* y de inmediato la gente mayor frunce el ceño. Nos separamos para bailarla, tratando de ir al mismo paso y llevando el ritmo. La mayoría de los adultos parecen preocupados, pues no saben cómo bailarla y se retiran de la pista de baile.

Precisamente cuando estamos brincando al ritmo de la música, la orquesta cambia a la canción *El amor es una cosa esplendorosa*.

La bailamos y Óscar me dice, con sus ojos azules viendo directamente a los míos: "Marina, me gustas mucho y no quiero dejarte ir. ¿Me permites la siguiente canción?" Sé lo que eso significa. Usualmente, uno baila una o dos veces con la misma persona, tres veces significa que son pareja para toda la noche.

"A mí también me gustas, Óscar, vamos a bailar otra." También me gusta cómo me jala hacia él, tan cerca que siento su calor y aun a través de la crinolina, puedo sentir su cosa dura contra mi cuerpo. La noche está llena de un deleite sensual. Puedo oler su deseo, apenas escondido detrás del aroma de su colonia. Mi cuerpo vibra con el suyo. Cada nervio me tiembla y ahí abajo, la sensación es abrumadora. No quiero huir. Quiero que este baile dure para siempre.

"Marina, me siento muy atraído hacia ti", me dice con una voz enronquecida por la emoción. "Nunca me imaginé encontrarme a alguien como tú, aquí. ¿Te puedo volver a ver? ¿Qué tal mañana?"

Una imagen rápida cruza por mi mente. Él y yo paseando por la plaza como lo hacen otras parejas.

"Te quiero ver", le digo.

"Dame tu teléfono."

Le doy el teléfono de mi tía y lo repite. "Te hablo a primera hora."

Bailamos hasta que la música termina. Me siento mareada por esta noche tan excitante y por las ganas de que me siga abrazando lo más fuerte que pueda. Siento un calor que me va quemando por todo el cuerpo. Estoy tan mojada que mis calzones están empapados. Al menos mi crinolina sirve de protección para que mi vestido no se manche.

Ya es muy tarde cuando regresamos a casa de mi prima. Esta noche la he pasado mejor que nunca. Podría fácilmente ponerme a cantar, pero despertaría a toda la familia.

Mi tía nos está esperando y con expresión dura y voz severa me dice: "Marina, esta noche hiciste el ridículo. ¿Quieres que toda la gente piense que eres una niña fácil?"

"Pero... pero... yo... ¿qué hice?"

"Ni siquiera conoces a ese muchacho con el que estuviste bailando. Lo acabas de conocer hoy y le permitiste que se tomara libertades contigo, libertades que ninguna jovencita decente debe permitir."

"¿Libertades?"

"Sí, la forma tan pegada en la que estabas bailando era escandalosa. ¿Qué tu madre no te ha enseñado cómo comportarte con los jovencitos? Sólo las parejas de novios formales o comprometidos bailan cachete con cachete y hasta ellos mantienen una pequeña distancia entre sus cuerpos."

"Yo no sabía", le digo. ¿Cómo podría saberlo?

"Es cuestión de decencia, algo que deberías saber sin que se te dijera. No pegas tu cuerpo al de un muchacho, especialmente al de uno que acabas de conocer, a menos que estés tratando de tentarlo a cometer actos indecentes contigo. Más te vale ir a confesarte mañana."

Agacho la cabeza y asiento. Parece que pecar es mi segunda naturaleza.

Me acuesto en la cama sin poder dormir. Le doy vueltas en mi cabeza a lo que me dijo mi tía y a todos los detalles de cómo bailamos Óscar y yo. La forma en que presionaba su cosa dura contra mí y mi reacción ante ello. No me alejé con repulsión. Me llega una súbita imagen de Miguel y su cosa que me trató de meter hace unos años. Por supuesto que Óscar no me asusta ni es tan feo, pero no quiero que suceda lo mismo..

¿Por qué me excito tan fácilmente? ¡Jadeo por un muchacho al que casi ni conozco! Mi tía tiene razón. Debe pensar que soy una mujer fácil, de las que se excitan cada vez que un hombre las toca. ¿Por qué me comporté así, empujando mi cuerpo contra el suyo?

La mañana siguiente, cuando él llama, le digo a mi prima que le diga que no estoy.

"¿Por qué? Pensé que te gustaba. Óscar es un muchacho bueno y decente, y muchas muchachas quisieran salir con él." Noto que está confundida y un poco contrariada.

"No me importa. No quiero volver a verlo." Pongo una almohada sobre mi cabeza para no oír sus argumentos, pero alcanzo a escuchar: "Realmente le gustas".

Estoy teniendo la misma reacción de siempre. La diferencia es que él me gustó. Sin embargo, la manera en que me comporté con Óscar en la pista de baile fue sucia. Si mi tía no me hubiera dicho nada, ¿me habría dado cuenta? Cada vez que siento placer sexual, me siento sucia. Aun al pensar en ello. Ahora ya sé que sentir placer en mi cuerpo es malo.

Nunca más permitiré que un muchacho se me acerque.

El Príncipe Azul Equivocado

CIUDAD DE MÉXICO
1958

Es una lluviosa tarde de domingo. Estoy sentada en mi cubículo, en la oficina de reservaciones de Aeronaves de México, esperando a que suene el teléfono. La oficina, que normalmente es bulliciosa, ahora está tan silenciosa y vacía que cuando entra el conserje, me hace dar un salto.

Apliqué para este trabajo después de terminar la secundaria, cuando vi un anuncio en el periódico. Yo creía que iba a ser emocionante, internacional y que conocería a gente interesante. La verdad es que lo único que hago es contestar las llamadas telefónicas de los clientes y ayudarlos a reservar sus vuelos.

El trabajo tiene su lado positivo. Acaricio la lana sedosa de mi traje nuevo de El Palacio de Hierro y mis zapatos italianos de punta y tacón alto. Mi paraguas es importado de Inglaterra. Es bueno ganar mi propio dinero, comprarme lo que me gusta, y además, poder ayudar a mami.

Por enésima vez, echo un vistazo alrededor de la oficina y suspiro. Falta el murmullo de todas las voces, la camaradería alegre, e incluso los teléfonos sonando constantemente. Me caen bien mis compañeros de trabajo y he hecho una buena amistad con mi jefa, Romina.

Con ella, el trabajo aburrido se convierte en uno lleno de retos. Tiene tan sólo veinticuatro años y es tan competente, que ya tiene un puesto de supervisora. De pelo corto y rizado y rostro y actitud alegres, ella es bonita e inteligente. Tiene esa duplicidad pues viste elegantemente y aparte tiene una plática muy interesante.

Desde que empecé a trabajar aquí, ella siempre pasa a mi cubículo. Al principio era para ayudarme a aprender el proceso de hacer reservaciones, pero ahora que ya lo domino, más bien tenemos conversaciones rápidas entre una llamada telefónica y otra. Salimos a comer con frecuencia y yo me siento halagada, ya que aparte de que es mi jefa, yo sólo tengo dieciocho años y este es mi primer trabajo.

La primera vez que salimos, me dijo: "Vamos a tener una buena conversación". Habló todo el camino hasta el restaurante y siguió hablando hasta que nos acabamos el primer platillo. Me platicó que, a diferencia de muchas mujeres de su edad, ella no quería casarse sino que aspiraba a tener una carrera. También me habló acerca de su familia de escritores y políticos, y de que su hermano, piloto de Mexicana de Aviación, también era actor de cine.

"Ahora que te he hablado acerca de mí, cuéntame de ti. ¿Qué te gusta hacer?"

Le dije que llegué a la Ciudad de México después de que murió mi papá, que mi mayor placer era la lectura y que no tenía novio.

"Sospeché que te gustaba leer", dijo. "Todos en mi familia aman la lectura y he descubierto que prefiero a las personas que también aman los libros. Yo no tengo novio porque no quiero que me distraiga de mis planes para el futuro. ¿Y tú?"

Me moví en mi asiento, incómoda por la pregunta. Era perfectamente normal viniendo de otra joven, pero ¿qué podía responderle? Yo tenía miedo de estar cerca de los hombres, mi reacción ante ellos era tan intensa que rayaba en lo vergonzoso. "No he encontrado a nadie que me interese lo suficiente."

"Te entiendo. Los jóvenes son muy ególatras y la mayoría no tienen nada aquí arriba", dijo tocándose un lado de la frente. "Deberías conocer a mi hermano. Él es diferente."

Es un domingo lento, desearía que Romina estuviera aquí. No hay nadie con quien hablar y estoy aburridísima. Las otras dos personas que trabajan en reservaciones ya terminaron su turno y se fueron. Sus relevos no han llegado. El supervisor de fin de semana nunca regresó de su almuerzo. Se supone que no debo leer en el trabajo, pero no hay nadie que me descubra.

Estoy leyendo una novela de Corín Tellado, cuando por fin suena el teléfono y contesto.

"Hablo para ver cómo estás", dice Romina con su seria voz de mando.

"Casi no ha habido llamadas hoy", le digo.

"¿Ya llegó el turno de la tarde?"

"Veo que uno de ellos viene entrando."

"Entonces quiero que te tomes un descanso", me dice.

"Mmmh, está bien."

"Acompáñanos a mí, a mi madre y a mi hermano a tomar un café en Sanborns."

Me sorprendo gratamente. ¿Salirme de aquí y aparte conocer a su hermano? Cuando ella me dijo que él tenía el papel principal en la película *Un mundo maravilloso*, fui a verla. Allí estaba él, un hombre muy atractivo en traje de baño, buceando en Cozumel. Después de todo lo que había oído hablar de él, sentía como si lo conociera personalmente.

Esta es mi oportunidad para conocerlo. Incluso con la lluvia cayendo a torrentes y aunque tenga que caminar por las calles inundadas, voy para allá. Paso primero al baño para checar cómo me veo.

¿Qué ángel bueno estuvo a mi lado esta mañana y me ayudó a decidir ponerme mi blusa de seda verde? Ese color me sienta muy bien.

Afuera, me cubro con mi paraguas y camino tan rápido como puedo, con mi falda ajustada y mis tacones altos. Evito los charcos para no arruinar mis zapatos nuevos de punta, tan frágiles e incómodos. El viento sopla la lluvia hacia mí y un coche pasa y me salpica pero logro cubrirme. Voy a conocer a este hombre guapo, piloto y actor. ¿Le gustaré?

Llego al Sanborns de Los Azulejos, un hermoso edificio colonial, y entro al gran comedor con su alto techo de vidrio en el centro. Busco entre la multitud y veo a Romina saludándome con la mano. Está junto a un mural de un jardín con pavorreales.

Su madre es idéntica a ella, pero mayor y con el pelo blanco. Mientras nos saludamos de mano, tengo la sensación de que detrás de su sonrisa me está revisando de pies a cabeza. Desde mis zapatos y medias mojadas hasta mi blusa de seda. Carlos, el hermano de Romina, es exactamente como me lo imaginaba. Alto, con ojos color avellana y apariencia elegante. Su voz es profunda y tranquila, como me la esperaría de un piloto o un actor. Está vestido de forma casual, camisa blanca con el cuello desabrochado y su chamarra en el respaldo de su silla.

¿Qué voy a pedir? "Café", porque es lo que todos están tomando. Carlos dice: "¿Estás segura?" Y levanta su taza del famoso café Sanborns. "Un americano", le digo. La mamá de Romina me pregunta acerca de mis padres. Yo le platico de mi papá, le digo a qué se dedicaba y cómo murió. Su expresión es comprensiva al enterarse de que mi madre se quedó viuda con cinco hijos que mantener.

"Ella parece ser una mujer admirable", dice la mamá de Romina. "Curiosamente, mi historia es similar. Yo también me quedé viuda, pero con diez hijos. Por desgracia, mi esposo perdió todo su dinero en malas inversiones, así que tuve que trabajar como maestra. Después me convertí en crítica literaria y escribo para *Jueves de Excélsior*."

Sé que es una revista política, lo cual significa que debe escribir sus opiniones. El hecho de que también sea una mujer que trabaja, hace que me agrade más. Le pregunto sobre su trabajo y me dice cuáles libros me recomienda y cuáles debo evitar.

Carlos ha estado escuchando y tomando su café. Se termina uno y pide otro. No parece ser tan extrovertido como su hermana y su mamá. Es más bien serio, hasta retraído. ¿Será porque no le atraigo?

"Carlos", dice Romina, "¿por qué no le platicas a Marina de ti?"

Levanta las manos, con las palmas hacia arriba, en un gesto como diciendo, ¿para qué? "¿Qué puedo decirle? Me imagino que mi hermanita te ha contado todo sobre mí. De hecho, soy su orgullo y su motivo de preocupación", dice mientras la voltea a ver cariñosamente.

"No es cierto", dice Romina juguetona.

"Ah, pero le hablas de mí a todo el mundo." Voltea a verme. "¿Te dijo que soy piloto?"

"Sí y actor de cine. Te vi en Un mundo maravilloso." No había sido mi intención decir eso y sonar como una adolescente que se impresiona con las estrellas de cine. Cientos de personas le deben haber dicho lo mismo.

"Ah… sí, la película", dice, como dándole poca importancia. "Solamente me dieron ese papel debido a circunstancias muy tristes." Voltea a ver a Romina. "¿Le dijiste por qué?"

Ella niega con la cabeza.

"Lo que pasó", dice con resignación, "es que yo fui al rodaje en Cozumel acompañando a un amigo que tenía el papel principal. Yo realmente iba porque era una oportunidad para bucear. Sin embargo, una mañana mi amigo se despertó y le dio un infarto mortal. Murió ahí mismo, en medio del rodaje. Los productores estaban desesperados. Tenían que encontrar un actor que pudiera hacer escenas bajo el agua como él, para sustituirlo. Alguien les dijo que yo era buzo y me convencieron para hacer una prueba. Les debe haber gustado, porque me pidieron que hiciera el papel de mi amigo. Eso fue todo."

"¿No querías seguir una carrera como actor de cine?", pregunto.

"Esa nunca fue mi intención", dice. "Fue uno de esos trabajos que me llegaron por sorpresa. Mi productor empezó a hacer planes para mí en el cine pero le dije que no. Prefiero ser piloto."

Una vez dada la explicación, se recarga en su silla y el caso queda cerrado. Fue un relato breve e impersonal de cómo consiguió el papel. Todo el mundo debe preguntarle lo mismo y él probablemente está harto de contar esa historia. Será mejor que me calle y no le pregunte más. Los tres conversan rápido, haciendo comentarios inteligentes sobre temas de los cuales yo sé poco o nada, como de política y los políticos en ascenso. La mamá lleva la conversación y

41

Romina participa ávidamente. Carlos opina de vez en cuando, enfatizando algo sobre lo que están diciendo y su madre mueve la mirada de uno a otro asintiendo con la cabeza. Yo no soy tan conocedora en temas de actualidad o de política, por lo que lo único que puedo hacer es escuchar.

Romina nos observa a Carlos y a mí como evaluando qué tal nos estamos llevando. Más tarde, me dice que desde que entré a trabajar en su departamento decidió que yo podría ser un buen prospecto para su hermano soltero.

"¿Por qué yo?", pregunto.

"Porque eres inteligente, bonita, de buena familia y a los dos les gusta leer. Un hombre de treinta años como él debería tener novia y estar pensando en sentar cabeza." Es raro que un hombre como él sea soltero y aparentemente sin novia. Ni Romina ni yo tenemos la menor idea de que un piloto tiene un atractivo con las mujeres similar al de una estrella de cine.

"Jefa, tengo que regresar a trabajar", digo. La mamá de Romina me da un beso y me dice que espera volver a verme. Carlos se ofrece a acompañarme a mi oficina y me toma del brazo con mucha seguridad. Mientras caminamos juntos, una sensación agradable me invade. Me siento segura y cómoda con este hombre a mi lado.

Unos días más tarde me llama para invitarme a salir. No puedo creer que un hombre guapo y maduro como él esté interesado en volver a verme.

Vamos a cenar a un restaurante francés, y yo pruebo los *escargot*, caracoles en salsa de ajo y perejil, acompañados por un Chateau no sé qué que Carlos ordena después de estudiar la extensa carta de vinos. "En Francia recorrí los viñedos de Borgoña y Burdeos", dice.

"¿Vas a París a menudo?" Yo sé que no es una de las rutas de Mexicana, pero un piloto puede viajar en otras aerolíneas. Me dice que sí, y yo le hago preguntas acerca de lo que ha visto y hecho ahí.

Compartimos el amor por los libros, aunque cuando me pregunta lo que leo, me ruborizo al pensar en las novelas románticas. "Casi de todo, especialmente psicología."

Él levanta una ceja y menciona un interés leve pero superficial en Freud. Sé que estoy a salvo. Sus intereses se centran más en otras áreas, tales como deportes y destinos culturales.

"Ser piloto debe ser emocionante."

"Volar es meramente rutina. De vez en cuando suceden cosas inesperadas. Alguna tormenta, aterrizajes forzosos, una vez a un hombre le dio un infarto en pleno vuelo."

"Romina me dijo que te preguntara de la vez que te estrellaste."

Suspira con fuerza como dejándome saber que preferiría no hacerlo. "¡Ufff!, mi hermanita habla demasiado. Una vez hace años, antes de ser piloto comercial, iba volando solo, en un avión pequeño, desde la frontera hasta la ciudad de México. Tuve que aterrizar de emergencia en el desierto de Sonora."

"¿Saliste herido?"

"No, sólo unas cortadas y moretones, pero el avión quedó muy dañado. Yo no sabía si quedarme ahí en el calor infernal, en medio de la nada, o ir a buscar ayuda."

"¡Qué difícil decisión!"

Él asiente con la cabeza. "Me quedé en el avión, pues me protegía un poco y ahí era más visible para los aviones de rescate. Cómo no tenía comida, atrapé lagartijas para comérmelas."

"¿Lagartijas vivas?"

Él sonríe. "Primero las maté. Haces lo que sea para sobrevivir." No puedo evitar verlo con admiración, como si estuviera ante una gran estrella de cine. Es doce años mayor que yo y ha vivido y visto mucho. ¿Cómo podría pensar que soy interesante?

Toda la noche pienso en lo que puede suceder cuando él me lleve a mi casa. ¿Me va a besar? Un hombre como él esperará que yo responda, pero no sé si podré. Al estacionarnos afuera de mi edificio, me estremezco al pensar en lo que viene. Me sonríe y dice: "Disfruté platicar contigo." Se baja, me abre la puerta, me ayuda a bajar y me da la mano. "Gracias por una noche maravillosa. Espero que haya otra pronto."

Me pregunto por qué sale conmigo. No le puedo decir nada a Romina, ella está encantada de que nos llevemos tan bien. Tampoco a mi mamá, ya que desaprueba que salga con él por ser mucho mayor que yo.

En nuestra siguiente cita, él me toma de la mano al entrar y salir del restaurante y me da un beso de buenas noches en el cachete. ¡Esto no progresa! Después de un mes ni siquiera ha intentado besarme. Tal vez no soy atractiva para él en ese sentido.

Una noche, me lleva a cenar al restaurante *El Mirador*, que tiene una vista panorámica de la ciudad. Después de cenar, salimos a contemplar las estrellas y la luna llena. Él me toma entre sus brazos y me besa.

Mi cuerpo se tensa cuando sus labios presionan los míos y su lengua se mueve en mi boca.

Es mi primer beso, ya como mujer, y no sé cómo responder. Este es el resultado de todos esos años de rechazos y culpas.

"Relájate", dice separándose. "Ya puedes respirar."

Yo estaba aguantando la respiración como si estuviera bajo el agua. "No hago esto con frecuencia", le digo.

"No importa. No quiero una muchacha que ande besando a todo el mundo. Tu inocencia te hace mucho más deseable."

Voy mejorando, pero nuestros besos nunca son fogosos ni me dejan sin aliento como los de las novelas de Corín Tellado que dejan a sus heroínas mareadas y flotando.

Durante tres meses salimos un par de veces a la semana, cuando no tiene vuelo. Carlos es perfecto, excepto por una cosa: no es confiable. Debe ser porque es piloto y vuela de un lado al otro. Me dice que me va a llamar y no lo hace. Promete que va a pasar por mí y me deja plantada. Yo puedo estar enojada u ofendida, pero no parece afectarle. Ni siquiera cuando me deja vestida y alborotada, con ropa nueva que compré especialmente para esa ocasión. Siempre tiene una excusa, generalmente relacionada con el trabajo. Al principio, le creo, pero lo hace con tanta frecuencia que le pregunto qué es lo que está pasando.

"Fue una llamada de último momento. Tuve que reemplazar a otro piloto."

"¿Por qué no me hablaste para avisarme?"

"Yo me enteré en ese momento", me dice en tono molesto. "Fue una emergencia. Necesitaban a alguien de inmediato. No tuve tiempo para llamarte."

Siempre me da esa misma excusa. "¿Por qué tiene que cubrir a otros pilotos con tanta frecuencia?", le pregunto a Romina.

"La vida de un piloto es como la de un doctor", me dice. "Carlos nunca sabe si lo van a necesitar. Será mejor que te acostumbres a ello."

Tal vez soy demasiado inocente o espero demasiado. Voy a hacer lo que ella dice. De todos modos, ya viene mi cumpleaños. Voy a cumplir diecinueve años y estoy segura de que lo veré ese día. No hemos hecho planes, pero vamos a hacer algo especial. Después de todo, él es mi novio.

En vez del festejo, recibo una carta...

Leo cada renglón y grito como loca: "¡No, no, no!" Él no puede haber escrito esto. No es cierto. No lo puedo creer, me niego a creerlo. Mis gritos se convierten en gemidos. Una cortina de lágrimas nubla mi vista y apenas alcanzo a ver las palabras delante de mis ojos. Tengo que leer la carta de nuevo para asegurarme de que no hay ningún error en cuanto a su intención.

Querida Marina:

Eres maravillosa y pura. Tu conducta es impecable. Pienso que eres muy inteligente, culta, y una buena compañera, pero por estas

razones en especial, así como por otras más, no me atrevo a conti-
nuar nuestra relación. Mi mayor preocupación es que puedas creer
que vamos a llegar al matrimonio. No creo que eso sería lo correcto
para ninguno de los dos.

Yo creía que éramos pareja y que yo le importaba. Lo que más me duele es su crueldad. Sabía que esta carta me llegaría hoy, en el día de mi cumpleaños. ¿No podía haberse esperado o decírmelo él mismo?

Tal vez es mi culpa porque no puedo responder a sus besos apasionadamente.

Temblando como si estuviera enferma, camino arrastrando los pies hasta llegar a mi recámara. Cierro la puerta y lloro hasta que los ojos me duelen y me arden. No hay forma de detener mis lágrimas.

La imagen de Carlos y de mis ilusiones perdidas provoca en mí una lluvia de lágrimas tan fuerte como la lluvia de aquél domingo en que lo conocí. Encontré a mi Príncipe Azul, pero no hay final felíz para nosotros.

BARRERA NUEVE
Enamoramiento Hacia Una Mujer

MAZATLÁN Y CIUDAD DE MÉXICO
1959

La sobrecargo me ofrece algo de tomar y yo niego con la cabeza. Déjame sola. Por eso escogí un asiento hasta atrás del avión.

Durante cuatro días me he estado atormentando mentalmente por ser tan ingenua. Estaba convencida de que había encontrado el romance de cuento de hadas que he leído en las novelas. Debería haber escuchado las advertencias de mami, diciéndome que Carlos era demasiado viejo y mundano para una joven de dieciocho años como yo.

"Me da gusto que hayas terminado con él. No es más que un piloto aviador vividor y mujeriego."

Esa es la reacción de mami ante la carta de despedida de Carlos.

"¿Por qué querría salir conmigo?"

"Probablemente para complacer a su hermana y a su madre... Además eres joven, guapa e inteligente."

Tan sólo de pensarlo, empiezo a llorar. Llorar se ha convertido en algo cotidiano. Cuando estoy sola lo dejo fluir, pues me da una sensación de liberación. Pero no aquí, en el avión. Unas lagrimitas ruedan por mis mejillas y las limpio con mi mano. Tengo que mantener la compostura en público.

"¿Quieres algo de beber?"

Vuelvo a negar con la cabeza y saco un libro de psicología. Nunca vuelvo a leer otra novela de Corín Tellado. Todo en esos libros es mentira.

Una vez más, la sobrecargo me pregunta si quiero algo, y cuando le digo "no, gracias", en lugar de irse, se sienta en el asiento del pasillo junto a mí.

"Me llamo Laura, ¿y tú?"

"Marina" murmuro.

"Marina, ¿puedo preguntarte por qué vas a Mazatlán?"

Estoy a punto de darle una respuesta cortante, pero tiene una cara amable.

"A ver a mi abuelita, que está enferma en el hospital."

"Lo siento, la has de querer mucho."

"Si" empiezo a llorar… es tan repentino. Nunca pensé"…

"Siempre es doloroso perder a un ser querido."

Las palabras brotan de mi boca.

"Mi novio me cortó el día de mi cumpleaños. Cumplí 19."

"Ah, ya veo."

Ella parece sensible y muestra interés en platicar conmigo. Me ofrece una sonrisa cálida.

"Si quieres que hablemos, tengo unos minutos" se inclina hacia mí." Algunas cosas son más fáciles de hablar con un desconocido que con tu propia madre."

Tal vez porque es una extraña y parece interesada, me abro con ella acerca de Carlos.

"Mi mamá está cansada de verme llorar, por eso me está mandando con mi familia a Mazatlán."

"El cambio te puede ayudar a superarlo."

"Si puedo hablar con mi abuela Nona, ella lo entenderá, pero está en el hospital."

"¿Y tu mamá?"

"A ella no le gusta… no le gustaba mi novio porque es doce años mayor que yo y es piloto. Dice que soy demasiado ingenua para él. Él me dijo que yo era demasiado inocente y pura."

Ella levanta una ceja.

"¿Pura? Si eso es lo que él piensa, tienes suerte de librarte de él. La mayoría de los pilotos son unos mujeriegos descarados, piensan que son el regalo de Dios para las mujeres. Me choca ver a todas las jovencitas tratando de ligárselos."

Laura no parece una de esas cazadoras de hombres. Estoy segura de que tanto los pilotos, como los pasajeros la invitan a salir. Es una belleza de pelo negro rizado, pestañas largas y un brillo especial en los ojos cuando sonríe.

"Yo también tengo diecinueve años" dice ella.

Esta mujer inteligente y sofisticada, vestida con su uniforme azul marino, ¿tiene mi misma edad? Comparada con ella, yo soy una niña de escuela. Ella ha estado trabajando desde que tenía dieciséis años y se hizo sobrecargo a los dieciocho. Desde entonces ha viajado y conocido a todo tipo de personas.

Ella mira alrededor.

"Tengo que regresar a trabajar" dice. "Hay que mantenernos en contacto."

Saca una libretita y anota algo en ella.

"Aquí está mi dirección. Vamos a escribirnos."

La observo mientras se aleja. Con esa cara y ese cuerpo, podría concursar para Miss México.

Nos escribimos durante tres meses. Sus cartas me parecen muy cariñosas, tal vez demasiado, viniendo de una mujer a la que apenas conozco. "Querida Marina", se convierte en "Queridísima Marina", luego en "Mi más preciosa", y al final, en "Mi adorada Marina." Ella escribe cuánto desea volver a verme y las ganas que tiene de abrazarme. Cuando nos reunimos, me abraza como si fuera una vieja amiga. Esa primera reunión es repentina, inesperada y apresurada. Su avión se queda en tierra porque se le reventó una llanta. Además, tiene una escala de dos horas. Tenemos como una hora para ponernos al día.

Le hablo de Nona, de que su salud empeoró y de cómo antes le confiaba todo a ella. Le cuento sobre mi trabajo en Aeronaves de México. También le digo que ya me recuperé de la pérdida de Carlos y ya tengo otro novio. No menciono que cuando este novio me besa, físicamente me prendo mucho más, comparado con Carlos, con quien no me pasaba eso.

Laura me avisa cada vez que hace escala en Mazatlán y voy al aeropuerto a verla. Me arreglo muy bien para ir a nuestros encuentros porque ella siempre se ve muy bien, como si se retocara antes de vernos.

Una tarde, llego vestida de negro.

"¿Tu abuela?" pregunta.

Trato de hablar pero se me atoran las palabras y asiento con la cabeza. Laura toma mi mano.

"Por lo menos la viste y hablaste con ella."

"Me alegra"... logro decir, aunque mi voz se empieza a quebrar." Me alegra haber estado ahí... para cerrarle sus ojitos"...

Ella pone su brazo alrededor de mí para consolarme.

"Ahora que tu abuela se ha ido, ¿para qué te quedas en esta ciudad? ¿Por qué no vuelves a la Ciudad de México? Podríamos pasar la noche en Guadalajara y volar allá al día siguiente."

"Déjame pensarlo."

¿Qué estoy haciendo aquí? Carlos estaba equivocado acerca de mí. Soy desinhibida y libre. Me gusta cachondear con mi novio. Me llena de besos y mientras sus manos exploran mi cuerpo, siento el calor que sube dentro de mí. Él quiere llegar hasta el final, pero no voy a perder mi virginidad en un coche.

Esa noche, cuando salgo con él, me pregunto si todo lo que quiero son esas pláticas superficiales acompañadas de un refresco y después cachondear en el coche. Laura, con sus conocimientos y experiencia, me está abriendo el mundo. Voy a extrañar los besos de mi novio, pero no su boba conversación. Después de tres meses en Mazatlán, estoy lista para regresar a la Ciudad de México con Laura.

Esa noche nos quedamos despiertas hasta muy tarde, platicando sin las usuales limitaciones de tiempo y de su trabajo. Cuando finalmente nos vamos a dormir, compartimos una cama y ella se acomoda atrás de mí, de "cucharita", y me abraza. Se queda dormida casi de inmediato, pero a mí, a pesar de mi cansancio, su cercanía me mantiene despierta. Los sentimientos corren por mi cuerpo como circuitos eléctricos y chocan entre sí. Demasiados pensamientos conflictivos llenan mi mente. ¿Tendremos una buena amistad... o algo más?

Al día siguiente me entrega una nota con el nombre del libro, *El pozo de la soledad*, y me dice que lo lea.

Mi mamá me está esperando en el aeropuerto y le presento a Laura.

"¿Cómo está?" le dice mami en un tono de desaprobación que ya conozco.

Laura se da la vuelta y me da un beso rápido en la mejilla.

"Te recojo mañana a las dos" me dice.

Ya en el coche, le digo a mi mamá:

"Voy a comer con su familia."

"¿Dónde viven?"

¡Claro!, tenía que hacer la pregunta con la que establece el nivel socioeconómico de Laura para determinar si su amistad me conviene.

"Creo que cerca del aeropuerto" le digo en tono casual. "Laura va a venir por mí."

Yo nunca había estado en la colonia donde viven sus papás, y si no fuera por ella, me perdería en el laberinto de callejones sin nombres. Hay una mezcla de casas baratas nuevas de colores brillantes, y otras tan viejas que se están desmoronando. La mayoría no tiene número y las que lo tienen, es casi imposible vérselo porque está en lugares muy poco visibles. La numeración no lleva un orden, el número 1000 puede estar junto al 27.

Cuando llegamos a su casa —que está en uno de los edificios más nuevos—, un grupo de niños sale corriendo a saludarnos. Son los hermanitos menores de Laura y sus dos hermanas. Viven en el tercer piso. Me dice que hay que subir por la escalera, pues el elevador nunca sirve. En la mesa, todos hablan al mismo tiempo, interrumpiéndose constantemente. Me preguntan qué música me gusta, dónde vivo, qué artistas de cine prefiero. Preguntas, preguntas y más preguntas.

La mamá de Laura se lució con una comida de cuatro tiempos en mi honor. Consomé de pollo, pasta con salsa de tomate y queso, chiles rellenos, ensalada y flan de caramelo.

Después de comer, Laura dice que vamos a visitar a su novio, Rolando. No entiendo por qué nunca me lo mencionó.

"¿Se acaban de hacer novios?" le pregunto mientras nos subimos al coche.

"Ya verás cuando lleguemos."

Jamás he visitado a un hombre en su departamento, a mi mamá le daría un ataque si supiera. Sin embargo, en cuanto veo a Rolando, entiendo. Trae puesta una de esas camisas con holanes, azul pálido, que están de moda entre cierto tipo de hombres y unos jeans súper apretados. La manera en que mueve los hombros y sus ademanes con las manos son tan obvios, que hasta yo me doy cuenta de su inclinación sexual.

"Rolando es mi mejor amigo y sabe todo sobre mi vida" comenta Laura.

Ella me guía hacia una habitación que tiene una televisión grande, un estéreo y un sofá en el cual nos sentamos. Me besa. Siento sus labios suaves y llenos de dulzura. Su beso toca mis emociones como una suave sonata de piano.

"Estoy enamorada de ti" me dice.

La miro fijamente, sin saber qué decir o hacer. Me ha besado una mujer y me está diciendo que me ama de la misma manera que un hombre. Sin embargo, no me sorprende. Inconscientemente, lo percibía y lo propiciaba.

"¿Me veras de nuevo?" pregunta. El significado de sus palabras es claro.

"Sí."

La quiero ver y explorar lo que podría ser algo más que una amistad. No sé lo que nuestra relación es, pero tiene una cualidad emocional que me atrae hacia ella.

En cuanto abro la puerta, mi mamá se abalanza sobre mí. Aprovechando mi ausencia, se puso a esclucar mis cosas personales y descubrió las cartas de Laura. Yo las había guardado descuidadamente en el cajón de mi buró, junto con la nota del libro *El pozo de la soledad*, la cual también vio.

"No sé de qué se trata" le digo.

"Ahora resulta que no sabes que se trata de relaciones antinaturales entre dos mujeres."

Hasta esta tarde yo no sabía que una mujer puede amar a otra mujer.

"¡¿Qué haces saliendo con una lesbiana?! ¡¿Quieres convertirte en una machorra como ella?!"

"Es mi amiga."

Trato de convencerla, pero es difícil ocultar la verdad. Ella no se traga mis tontos argumentos.

"¡Te prohíbo volver a ver a esa mujer o tener cualquier contacto con ella en el futuro!"

Quiero llamar a Laura para advertirle, pero mi mamá me descubre cuando estoy marcándole y arranca el cable de teléfono. Después, me encierra en nuestra recámara y no hay forma de escapar de su verborrea.

Durante dos días, mi mamá taladra en mi cerebro que mi amistad con Laura está mal, que la sociedad y mi familia me van a dar la espalda y que me quedaré sola. Se le une su amiga, la madre de Alicia, que es una vieja bruja con una ronquísima voz de fumadora, quien no para de sermonearme, advirtiéndome que tenga cuidado con los degenerados que van a tratar de forzarme a ser como ellos.

¿Qué puede estar mal con dos mujeres que se quieren? Mi mamá y la vieja bruja me dicen que esta clase de amor está prohibido por Dios y por las leyes de la naturaleza.

"Es algo malo, diabólico, tener esos sentimientos hacia otra mujer, vienen directamente de Satanás" dice la vieja. Pero mis sentimientos hacia Laura son puros. ¿Por qué debo ser acusada por sentirlos?

"Algo anda mal contigo" me dicen las dos, una y otra vez.

A pesar de que nunca admito haberle dado el "beso prohibido", acepto que tienen razón en que mi amistad con Laura está mal. Agotada emocionalmente, e incapaz de defenderme contra ellas, mi mente está en blanco. Me siento como un soldado norteamericano zombi, al que le lavaron el cerebro en Corea.

Al día siguiente, cuando Laura llega por mí, mi mamá la está esperando junto con la vieja bruja, quien se hace pasar por mi abuela. Laura parece desconcertada y cuando no me acerco a saludarla, me ve con una mirada inquisitiva. A pesar de esto, ella permite que mi mamá y su amiga la lleven a mi recámara. Yo las sigo como niña regañada.

"Marina, ¿qué está pasando?" me pregunta.

"Ya verás" contesta mi mamá por mí.

Le dicen a Laura que se siente en la cama y la vieja bruja se acomoda en el sillón. Mi mamá saca el paquete de cartas que Laura me escribió y se las sacude en la cara.

"¡Pervertida, degenerada, estás tratando de seducir a mi hija!"

Laura echa la cabeza hacia atrás y hace una mueca de dolor, como si mi mamá le hubiera pegado. La vieja bruja es aún más salvaje con sus insultos, acusándola de actos obscenos que yo ni siquiera sabía que existían.

"Yo no he hecho nada malo con su hija" sigue insistiendo Laura.

Sin embargo, ellas no se detienen y, como inquisidoras forzando una confesión, la siguen amedrentando a pesar de que ella empieza a llorar y jura por la sagrada virgencita de Guadalupe que es inocente.

Yo observo desde atrás, incapaz de hacer algo para defender a Laura de la rabia de mi mamá y de los insultos de la vieja bruja. Lo que me hizo estuvo mal, así como sus intenciones y ahora las dos estamos siendo castigadas. Ya no me importa, sólo quiero que esto termine, que desaparezca. La vieja bruja se une a mi mamá.

De pie, forman una barrera junto a Laura, cercándola en la cama. Laura dirige su mirada hacia mí y me habla con los ojos: *"Te quiero. ¿Por qué me estás traicionando?"*.

Su cuerpo se encoge ante esta flagelación verbal y agacha la cabeza.

"Sí señora" contesta como niña regañada.

Cuando se sienten satisfechas y seguras de que han acabado con cualquier deseo que Laura tuviera de volver a verme, mi mamá la lleva hasta afuera de la casa. La vieja bruja me bloquea el paso hacia ella con su cuerpo y su ira.

Posa sus horribles ojos en mí y su voz rasposa de fumadora empedernida taladra mi cerebro.

"¡Es mejor ser puta que lesbiana!"

* * *

Las palabras de la vieja bruja me impactan. Su significado se me hace demasiado cruel para considerarlo. Una puta se acuesta con muchos hombres por dinero, mientras que una lesbiana, según yo, tiene una relación y no cobra. Sin embargo, ser lesbiana se considera como la forma más despreciable de la sexualidad, mientras que ser prostituta es aceptado como un desahogo sexual necesario para los hombres.

Tal vez como Laura me comprendió en un momento en el que me sentía vulnerable, eso me atrajo de ella y no el hecho de que sea lesbiana. Si mi mamá tiene razón, es una perversión amar a otra mujer de esa manera. Sin embargo, cuando me di cuenta de que

Laura estaba interesada en mí, eso no me disuadió, más bien, me estimuló. Dejé que me besara. Yo elegí estar con ella en lugar de con mi novio. ¿Eso me hace lesbiana?

Mi mamá me repite una y otra vez que la iglesia y la sociedad consideran pecado mortal sentirse atraído físicamente hacia alguien del mismo sexo.

"Si sigues por ese camino, te vas a convertir en una rechazada social en esta vida. Además en la próxima, te condenarás en el infierno" afirma.

¡Habla y habla y habla! No para, ni siquiera cuando le digo que ya entendí el mensaje. Lo que me da miedo, son las consecuencias de esta amistad tan peligrosa.

"Tengo que dejarlo grabado en lo más profundo de tu ser para que nunca lo olvides."

Me doy cuenta de que tiene miedo de que yo tome un camino que me llevaría a mí, y posiblemente a ella, al rechazo total de esa "gran sociedad" a la cual le da tanta importancia.

Culpa Católica

Cuernavaca, Morelos
1959

"Despierta."

Oigo una voz suave mientras una mano me toca el hombro ligeramente. Abro los ojos a medias, el cuarto está oscuro, a excepción de una pequeña luz que entra a través de la angosta ventana.

"Son las cinco y media y la misa es a las seis" dice la monja.

"No, gracias."

Me volteo y me vuelvo a dormir. Sueño que Laura esta junto a mí, pero mi cuerpo está tan rígido que me impide tocarla, acariciar su delicioso pelo negro, hablar con ella o explorar los secretos de su mente. Más tarde, ya entrado el día y sin poder dormir, oigo las campanas repicando. Me quitan el sueño, pero no me levanto.

Estoy siendo castigada por mi afecto hacia una mujer, cuando mi único pecado fue el beso que Laura me dio. ¿Dejaría que me besara otra vez? Probablemente... y ese pecado que no he cometido me convierte en pecadora. No puedo recibir la comunión teniendo deseos impuros.

Nadie me molesta. Ocasionalmente una monja asoma la cabeza. Tengo mi propio cuarto amueblado, es uno de los cuartos con baño para la gente que viene a los retiros. Sólo tiene cinco muebles, maltratados: la cama, un buró, una silla, una mesa y un ropero. La única decoración es una imagen del Sagrado Corazón.

Mi mundo se ha vuelto oscuro. Esa terrible agresión verbal hacia Laura aplastó mi espíritu y me dejó vacía y sin esperanza. Estoy en mi casa mirando el techo durante horas. Rechazo la comida que mi mamá y la sirvienta me traen. Después de tres días, mi mamá me obliga a tomar una taza de consomé de pollo. Me tardo dos horas para pasármelo con mi mamá forzándome y tratándome como una niña rebelde.

"Algo te pasa. Te voy a mandar un tiempo a un convento para que entiendas por qué no puedo permitir que sigas con esas tendencias anormales."

La segunda noche en el convento, tengo los mismos sueños tormentosos sobre Laura. La tercera noche, caigo en un sueño ligero y tranquilo. En la mañana me levanto temprano, voy a misa y después me uno a las monjas. Desayunamos café con leche, conchas, orejas y polvorones. Estaban riquísimos.

"Nosotras horneamos nuestro pan, ¿te gustaría aprender?" me dice la monja que está sentada junto a mí. Es joven, tiene alrededor de 25 años, una cara muy bonita y una sonrisa dulce.

"Claro que sí, el pan es mi alimento favorito."

"Aquí en el convento puedes comer todo el que quieras, excepto los días de ayuno" me dice pasándome la canasta de pan.

Mi mamá solo me dijo que empacara ropa ligera porque iría a un convento en Cuernavaca, "la ciudad de la eterna primavera", donde generalmente hace calor.

Camino alrededor de esta casa colonial donde las paredes gruesas mantienen fresca la parte interior y me doy cuenta de que una puerta alta y pesada protege la entrada y la salida. Las paredes están cubiertas por buganvilias carmesí y escarlata. El jardín tiene helechos, arboles de naranjas y aguacates. Macetones con flores de colores adornan los pasillos. El ambiente de serenidad llena mi espíritu de tranquilidad. Dios perdona pero todavía tengo que corregir mis pensamientos impuros. Rezo de rodillas por horas hasta que me salen ampollas. Le rezo a la Virgen, a Jesús, a los santos y a Dios para que me ayuden a buscar una salida a esta confusión.

Poco a poquito, siento que hay respuesta. Vine aquí en estado de confusión y encontré paz entre estas paredes. Quizá esta es la forma de escuchar una voz que me dice que tengo vocación y es una llamada para servir como esposa de Cristo.

Diario me levanto a las cinco de la mañana, me doy un regaderazo de agua fría, me voy a misa y comulgo. Estoy pura y sana otra vez. Trabajo en la panadería del convento, donde aprendo a preparar bolillos y pan de dulce. Una porción es para nuestro consumo, otra para vender en los restaurantes y cada fin de semana mandamos otra más a un orfanatorio.

Juego soft-ball con las monjas. Como soy buena en deportes, me hacen capitana de mi equipo y les ganamos a los demás. Cuando jugamos, la única diferencia entre estas mujeres y las demás es que las monjas viven en el convento. Son muy amigables y relajadas y parecen no tener que enfrentar los problemas que las otras mujeres tienen en el mundo de afuera. Hasta las monjas viejas parecen estar contentas de haber dedicado sus vidas a Dios.

Me hago amiga de sor Rosenda, la monja joven que me introdujo a la panadería. Ella usa un hábito negro, así que lo único que puedo ver es su cara bonita. Tenemos la costumbre de buscarnos mutuamente para platicar, caminar por el jardín u hornear pan.

"En estos meses que has estado entre nosotras, he notado un gran cambio en ti."

"Estoy muy contenta aquí, esta es una vida tranquila y sin exigencias."

"¿Has pensado en"... hace una pausa y me estudia sin poder terminar la pregunta.

"¿Entrar al convento? Sí, creo que sí."

"¿Piensas que has escuchado el llamado? Es como una voz en tu cabeza."

"¿Entonces eso es lo que escucho? Sí, creo que la he escuchado y sí quisiera ser esposa de Cristo, así como tú."

Cuando mi mamá me viene a recoger, le digo que quiero entrar al convento y ser monja.

"¿Monja? ¿Estás loca?" su voz denota horror. "No tienes ni idea de lo que quieres. ¡Te voy a sacar de aquí!"

"Mami, no voy a cambiar de idea, ni voy a permitir que me convenzas de lo contrario ahora que he descubierto mi vocación. Ya hablé con la madre superiora y me dio una lista de las cosas que necesito comprar para entrar aquí."

"¡No lo puedo creer! ¡No lo permitiré! ¡Te han lavado el cerebro!" dice levantando la voz.

"He escuchado el llamado de Dios" digo tranquila.

"¿Qué llamado? ¿Es esta tu forma de vengarte de mí?" su tono es agudo y suspicaz.

"Es lo que yo quiero."

Parece que esto es lo peor que le pude haber dicho; que quiero algo que ella no quiere para mí. Frunce la cara como si la hubiera golpeado.

"Creo que necesito hablar con la madre superiora" dice.

En cuanto la madre entra, mi mamá le dice:

"Le dije que cuidara a mi hija, no que me la quitara."

"Lo que ella decida será por su propia voluntad" dice la madre superiora.

Mi mamá empieza a llorar y a alegar conmigo acerca de mi decisión.

"Cálmese" le dice la madre superiora, " no aceptaremos a su hija hasta que ella se tome un tiempo para considerar su decisión de convertirse en monja" y, dirigiéndose a mí: "Vete a tu casa con tu mamá y en unos meses, si todavía tienes la vocación, te aceptaremos con mucho gusto."

Mi mamá ha triunfado de nuevo, pero sólo por un tiempo. En cuanto pueda regresaré al convento, y esta vez será para quedarme.

Sigo yendo a misa y a comulgar todos los días. No uso maquillaje y me visto de forma muy sencilla, con faldas negras y blusas blancas. Nada cambiará mi modo de pensar, Dios me ha llamado y lo seguiré.

Mi mamá llama al hijo de una vieja amiga y le pide que me invite a salir. Me imagino que le dijo que quiero ser monja y que me trate de disuadir.

Tito tiene 21 años, es encantador y amigable y hace un gran esfuerzo para que yo la pase bien. Yo sé que mi mamá le pidió que me haga olvidar lo que considera "mi loca idea".

"Ándale, Marina" me dice, "diviértete, hay grandes cosas que ver y hacer."

Un día me lleva al cine y después a cenar a Sanborns de Reforma, donde la gente joven se junta en la noche.

Otro día me invita a ver una obra musical con Silvia Pinal y después a cenar al elegante restaurante *Normandie*.

Los dos somos ratones de biblioteca y nos encanta leer. A él le gustan los libros de misterio y las novelas de aventuras. Sin embargo, en lugar de cambiar mi decisión con respecto al convento, las citas con él reafirman más mi decisión. Ninguna presión o persuasión está dando resultado.

Después de cuatro meses, con disgusto mi mamá cede y me lleva a comprar la ropa que necesitaré en el convento. Cuando la empleada de la tienda me trae los calzones, los veo con horror. Nunca me imaginé que las monjas usaran calzones diferentes. Son rosas, de lana áspera y hasta la rodilla. ¿Cómo pueden aguantar eso en Cuernavaca, donde el clima tropical alcanza una temperatura de treinta grados centígrados?

"¡Yo no me voy a poner esas cosas!" grito.

Este tipo de ropa debe ser lo que sor Rosenda una vez mencionó como "la cruz que todas cargamos."

Por primera vez en meses, me estudio en el espejo. Veo mi cara brillosa, sin maquillaje y la ropa anticuada que traigo puesta. ¿Quién es esta persona? Un poco de lápiz labial y delineador no me va a hacer daño, lo mismo que algo de base de maquillaje para cubrir unas manchitas. Esta es más como la persona que soy y recuerdo. También cambiaré mis blusas y faldas.

Llamo a Mexicana de Aviación para checar el horario de Laura. Cuando llega, la estoy esperando en la parte de abajo de las escaleras. Cuando me ve, titubea y trata de irse. La detengo y le digo:

"Laura, por favor, quiero que me escuches, te quiero explicar."

Sus ojos me ven con incredulidad.

"No me debes ninguna explicación. Eso pasó hace meses, olvídalo."

Trata de irse y la detengo tomando una de las mangas de su blusa.

"Por favor, vamos a tomar un café al restaurante de arriba."

"Júrame que esto no es otra trampa" voltea a su alrededor como esperando que mi mamá esté por ahí para confrontarla otra vez.

Le cuento todo. Cómo mi mama y la vieja bruja me sermonearon tanto que, para cuando ella llegó, yo ya estaba casi "descerebrada" y por eso no hice nada para parar el ataque contra ella. Le digo que después mi mamá me mandó al convento y yo decidí hacerme monja.

"Eso no funcionó, pero ahora ya me siento más segura y tranquila."

"Creo que tú la pasaste muy mal, Marina, pero no tienes idea de cuánto dolor pasé después de ese día. Tu mamá y tu abuela me humillaron y me hicieron sentir que estaba enferma y sucia. Me llamaron degenerada."

"Lo siento" murmuré.

"¡Pues sí, deberías sentirlo porque yo me enamoré mucho de ti y tú me traicionaste!"

"No es verdad, ellas lo hicieron todo."

"Te quedaste callada y nunca dijiste una sola palabra para defenderme. Eso es traición. Dejé de comer, bajé de peso, no podía trabajar y caí en una depresión."

Se notaba su desdicha en su cara pálida con los ojos hundidos y ojeras.

"Lo último que hubiera querido hacer era lastimarte."

"No sólo me lastimaste, me diste la espalda con tu silencio."

"Por favor perdóname, Laura. Quise avisarte pero mi mamá no me dejó usar el teléfono o salir de la casa. Ella y la vieja bruja controlaron todos mis movimientos."

Esboza una ligera sonrisa y me dice:

"Después de verlas en acción, te comprendo. De cualquier modo, ya estoy bien. Tengo una novia que también es sobrecargo."

"¿Podemos ser amigas otra vez?" le pregunto.

"Nunca dejamos de serlo. Tú fuiste una víctima inocente de la cual se apoderaron esas dos mujeres controladoras. Te tenían bajo su puño y tenías que hacer lo que ellas te dijeran."

"Sí, pero no sé cómo escapar de mi mamá."

Se queda pensando.

"Parece que el convento te sirvió para escaparte de ella. También encontraste un grupo de mujeres con las cuales la pasaste muy bien. Vamos a ver" tamborilea sus dedos sobre la mesa… "¿Qué tal si te presento a algunas de mis amigas? Ellas te ayudarán a entender por lo que estás pasando."

"¿Otras mujeres?"

"Sí, mujeres como yo. Tienes que descubrir qué es lo que realmente quieres en la vida."

Amar a Una Mujer

CIUDAD DE MÉXICO
1960

A primera vista, el grupo de mujeres reunidas parece igual que cualquier otro. De repente, veo a una pareja de la mano y a otras dos que traen el pelo tan corto y ropa tan masculina que parecen hombres. Estamos a principios de los años sesenta y para mí, que tengo una experiencia mundana limitada, es fascinante entrar en este mundo lésbico, socialmente inaceptable.

Laura me explicó que para guardar las apariencias, la mayoría de los homosexuales y las lesbianas se quedan "en el closet" y fingen llevar una vida normal. Por lo general, las mujeres se reúnen en casas donde no hay esposo o familia para no ser descubiertas.

Me siento a la orilla de un grupo que rodea a una muchacha joven y atractiva. Escucho sus divertidos e ingeniosos comentarios acerca de un escándalo político reciente. Noto cómo todas están compitiendo para atraer su atención y tratar de acercarse a ella. Yo también quiero compartir, ya sea su aura o su sombra.

Manón toma un cigarro y lo enciende. Sus labios sensuales lo acarician mientras ella lo sostiene entre sus dedos. Se recarga hacia atrás como estudiándonos a todas. Sus ojos color miel me observan con tal intensidad que atraen mi mirada hacia ella.

"Muchachita, ¿es tu primera fiesta con mujeres?"

"Sí" le digo sonrojándome. "Laura me trajo para que conozca amigas nuevas."

Las otras mujeres voltean y me miran. La recién llegada está recibiendo la atención de Manón.

"Ven, siéntate aquí y cuéntame de ti" dice, dándole unas palmadas al asiento junto al de ella. Reanudaremos la conversación más tarde, quiero conocer a esta joven.

La mayoría de ellas se alejan y forman un grupo aparte. Otras cuantas se quedan, guardando la esperanza de que las incluya. Luego, al ver que eso no va a suceder, se reúnen con las demás.

"Me llamo Manón y soy cubana, ¿qué me cuentas de ti?"

Es fácil abrirse con ella, hablarle de los problemas que tengo con mi madre, de cómo a los veinte años nunca he tenido una experiencia sexual real y que, a excepción de Carlos, casi no he salido con hombres.

"Los hombres pueden ser muy crueles" me dice, "por eso yo prefiero a las mujeres, nos entendemos mejor."

Ella me dice que tiene veintisiete años y que cuando Castro tomó el poder en 1959, huyó de Cuba y llegó a México. Su familia se quedó en Cuba.

Se pone seria y con expresión triste.

"Después de que el gobierno comunista decretó que nadie podía poseer propiedades, confiscó nuestra casa y nuestras tierras y obligó a mis padres a trabajar por casi nada. Salieron de Cuba y se fueron a Florida, pero todavía esperan volver algún día. Yo también, cuando Castro sea derrocado. Cuba era un país de felicidad y música, pero ahora la gente no tiene motivos para celebrar. Por eso me encanta la ciudad de México, está llena de vida."

"¿Es como Cuba?"

"Tienen muchas cosas similares y me gusta este país y su cultura."

Cuando mueve su hermosa cabellera color cobre profundo hacia atrás, brilla como metal recién bruñido. Muero por tocarla, por pasar mis dedos a través de ella, por sentirla entre mis manos. Manón es una mujer de oro. Sus ojos brillan, su piel se ilumina y su pelo emite reflejos dorados.

"Nuevas amigas" se ríe libre y espontánea, abriendo mucho la boca. " Me gustas, Marina, eres muy joven y bonita. Si tú quieres, yo te puedo enseñar muchas cosas."

Me siento halagada y un poco asustada al ser elegida por esta mujer carismática.

"Manón, quiero conocerte mejor pero no tengo nada de experiencia en este tipo de… amistades."

Ella suelta una carcajada, echando la cabeza hacia atrás y su pelo se desparrama alrededor.

"Estoy consciente de ello, muchachita. No te preocupes."

Ella es mi primera experiencia sexual. Al principio, nos besamos suavemente. Me aborda tierna y lentamente. Tenemos sexo suave y conmovedor. Mi sexualidad aflora. Mi primer pensamiento en la mañana es ella. Mi último pensamiento en la noche es ella. Con una pasión totalmente absorbente, necesito verla todos los días y cuando estoy con ella, existimos en nuestra gloriosa intimidad.

Necesitamos un plan para evitar que mi madre se entere de lo nuestro. Raúl encaja perfectamente. Es un amigo de Manón que es de Mazatlán, mi ciudad natal. Es alto, atractivo, varonil y… homosexual. Los tres urdimos el plan para fingir que es mi novio y presentárselo a mi mamá.

"Cuando vea a Manón, le diré a mi mamá que estoy contigo" le digo a Raúl.

"Y cuando mi familia venga a la Ciudad de México, tú vas a ser mi novia" responde él.

Presento a Raúl con mi mamá y ella está radiante de alegría y da su aprobación de inmediato. No sólo tengo un novio nuevo, sino que también es de Mazatlán.

Raúl nos invita a Manón y a mí a una fiesta en su casa. Nunca había visto parejas de hombres. Al principio me impresiona verlos teniendo intimidad, bailando pegados, besándose y frotando su cuerpo contra el de su pareja.

"Bienvenida a nuestro mundo gay" me dice Manón.

Es la primera vez que oigo la palabra "gay".

* * *

Nos reunimos en el departamento de Manón, el cual está cerca de mi casa. Este secreto no se lo digo a ninguno de mis amigos, pues no quiero que mi mamá se entere e interfiera de nuevo. También empiezo a trabajar para Manón. Ella dirige una empresa que vende suscripciones de revistas. Muchos de los amigos y contactos de mi mamá me compran suscripciones y me convierto en la vendedora estrella de la compañía.

Con Manón empiezo a vivir la buena vida. Bajo la apariencia de que es por trabajo, viajamos juntas por todo México. Disfruto mi trabajo, así como ganar buen dinero y estar con ella.

Una noche llego a casa después de estar con Manón y mi mamá dice:

"Hoy fui a la joyería" donde ella y yo tenemos una cuenta " y vi que compraste un anillo. ¿Por qué no me lo enseñas?"

"No me acuerdo dónde lo puse" contesto rápidamente.

"¿No te acuerdas dónde está tu anillo nuevo?" me dice mirándome de reojo.

"No. Tengo que buscarlo."

"¿No sabes dónde lo pusiste?" me pregunta sospechosa.

"Estoy muy cansada. Mañana lo busco."

Cada vez que me lo pide le invento una excusa, pero cada vez me es más difícil encontrar una razón por la cual no puedo mostrárselo. Prefiero decirle parte de la verdad.

"La verdad es que se lo compré de regalo de cumpleaños a una amiga."

"¿A qué amiga?"

"No la conoces" evado su mirada inquisitiva. No tengo por qué aguantar su interrogatorio. "¿Por qué tienes que saber? Lo pagué con dinero que yo gané."

Tal vez es por mi tono defensivo, pero me mira como sabiendo que no se trata de un regalo común y corriente.

"Marina, ¿qué... está... pasando?" me reclama con una voz que me hace temblar y querer escabullirme a un lugar donde no pueda encontrarme.

"Nada. Fue un regalo para una amiga"

"Un regalo bastante caro, por cierto" sacude la cabeza. "Marina, sé perfectamente cuando me estás ocultando algo."

Se deja ir como hilo de media contra mí en su estilo inimitable, empeñada en derribar mis defensas y adentrarse hasta lo más profundo de mi ser.

Al día siguiente, sigue con lo mismo y sé que no me va a dejar en paz hasta que le dé una respuesta.

Me pregunto si realmente es tan imprescindible seguir escondiéndole a mi madre toda esta situación. Llego a la conclusión de que sí. Quiero mantener en secreto lo que tengo con Manón. Nuestra relación es un tesoro que no puedo compartir con mi mamá. Sin embargo, ella no se da por vencida hasta que encuentra la forma de sacarme lo que quiere.

* * *

Hoy es sábado y debería estar con Manón en vez de estar sentada en mi cama, enfrentándome a una nueva serie de preguntas y recriminaciones. Ya no aguanto más. Tengo que liberarme de ella. Decirle la verdad es mi única salida.

La miro con frialdad.

"Si tanto te importa saberlo, le compré ese anillo a la mujer que amo."

Su cara cambia de tono, de pálido a rojo púrpura. Puja y se dobla como si fuera a vomitar. Se abalanza sobre mí, con las manos como garras listas para ahorcarme.

La agarro de las muñecas y le grito:

"¡Déjame en paz! ¡No me toques!"

Mi grito hace que recobre el sentido. Retrocede temblando y se deja caer en una silla. Puedo ver que está tratando de recuperar la compostura. Se limpia la boca con el dorso de la mano en señal de asco.

"¿Y tu novio Raúl? ¿O es otra de tus mentiras?"

"Sí es mi novio, pero es maricón."

Se lleva la mano a la garganta para ahogar un grito de asombro. Noto la decepción total en su cara. Se le acaba de derrumbar la idea que tenía de su hija con el novio perfecto y se ha convertido en un incidente muy desagradable.

"Entonces, ¿quién es esa mujer? ¿Qué me has estado escondiendo?"

Me siento y le hablo de forma tranquila.

"¿Por qué no te calmas y así podemos hablar de ello, mami?"

Por más que le explico lo que siento por Manón, ella se niega a tratar de entender. Se cruza de brazos y pone cara de palo ante todas mis explicaciones y súplicas.

"Todavía eres menor de edad, lo que significa que tienes que hacer lo que yo diga hasta que cumplas veintiún años. ¡No voy a permitir que sigas con esa relación! ¡No mientras vivas en mi casa y no tengas la mayoría de edad!"

"No te importan mis sentimientos, mami."

Ella se burla:

"¿Tus sentimientos? Creí que ya habíamos terminado con esa inclinación tuya tan desviada. ¿Qué se necesita para que te des cuenta de que un romance con una mujer no puede existir en nuestra sociedad? ¡Sobre todo con una mujer! ¡No es correcto ni aceptable!"

"¿Qué tiene de malo amar a alguien de mi mismo sexo?"

Frustrada, se golpea la frente con el puño.

"Te he dicho que va en contra de las leyes de la naturaleza, de Dios y de la sociedad."

Ella, que siempre trata de ser discreta, levanta la voz y grita:

"¿¡Quieres ser rechazada por la sociedad y que ninguna persona decente se quiera ver asociada contigo?!"

Mi actitud desafiante regresa. Ella está empeñada en arruinar mi vida.

"¡No me importa, quiero estar con Manón!"

"¡No voy a permitir que mi hija sea lesbiana. Punto final!"

Dice la palabra "lesbiana" con disgusto y frunciendo la nariz.

Me hundo en mi cama y abrazo una de mis almohadas como buscando consuelo o protección contra su ira.

"¿Qué piensas hacer? ¿Mandarme de regreso al convento?"

Se sienta, cruza los brazos y mueve los dedos mientras piensa.

"No, lo que tú necesitas es un cambio. Todo esto empezó desde que ese tal Carlos rompió contigo. Tienes que alejarte, irte a un lugar diferente."

"¿Otra vez a Mazatlán?"

"No, a Los Ángeles. Voy a llamar a tu tía Ceci para preguntarle si te puedes ir con ellos. Es más" dice complacida, "voy a hablar con uno de los amigos de tu papá para conseguirte trabajo allá, en la oficina de turismo. También puedes ir a la escuela y practicar tu inglés."

"¿Y si no quiero ir? No me puedes forzar." Se lo digo sabiendo que es una batalla perdida.

"Por supuesto que puedo. Todavía eres menor de edad y no puedes ni hacer ni opinar nada, hasta que cumplas veintiún años."

"Para eso sólo faltan cuatro meses y si es necesario, me quedaré metida en mi cama y no cederé."

"No me importa si tengo que sacarte cargando. Te estoy ofreciendo una oportunidad de oro y serías una tonta en no tomarla."

De nada me sirve llorar, suplicar o tratar de hacerla entender. A ella lo único que le importa es lo que la gente pueda pensar. Yo no le importo para nada. De nuevo me está separando de una mujer, pero esta vez es peor. Manón es todo para mí.

Mi mamá no puede evitar que yo vaya a trabajar. El lunes me apresuro a llegar a la oficina que compartimos Manón y yo, y de inmediato le cuento lo que pasó.

"Cálmate" me dice. Me lleva hacia una silla para que me siente. Temblando, revivo el coraje hacia mi madre por todo lo que está haciendo para tratar de separarme de Manón.

"No te preocupes, muchachita" me dice Manón con voz reconfortante. " Tú tienes la carta ganadora. En cuatro meses cumples veintiún años y entonces podrás hacer lo que se te antoje" me acaricia la cabeza. "Mientras tanto, tienes que fingir que estás de acuerdo con ella y seguir sus planes."

"Pero entonces… no te puedo volver a ver."

"Claro que puedes. Te vas a regresar de Los Ángeles y te vendrás a vivir conmigo."

"¿Cómo puedes decir eso? No soportaría dejar de verte."

No puedo estar sin ella. Estoy acostumbrada a estar a su lado, tocándola todos los días.

"Yo te iré a visitar y va a ser una buena experiencia para ti pasar un tiempo en Los Ángeles."

Me pone de pie frente a ella, me envuelve entre sus brazos y viéndome directamente a los ojos me dice:

"Si te niegas a hacer lo que tu madre quiere, puede venirse en contra mía. Como extranjera, no puedo tomar ese riesgo."

Esa es razón suficiente para que yo cumpla con los deseos de mi mamá. ¿Cómo podré separarme de Manón, si vivo para verla cada día?

* * *

A las cinco en punto salgo de mi trabajo en la Oficina Mexicana de Turismo en Beverly Hills y camino seis cuadras hacia la Escuela para Modelos de Loretta Young. He aprendido a usar cosméticos. Ahora sé maquillarme y también maquillar a otras personas. Cada muchacha practica con las demás y finalmente, con gente que viene buscando que la maquillen a un costo bajo. Ya empecé a usar sombra y delineador en los ojos. No necesito pestañas postizas, puesto que las mías son suficientemente largas. Soy buena en el modelaje (ser bailarina me ayuda) y con práctica, podría considerar trabajar como modelo. Mi mamá jamás lo aprobaría, pero ¿a quién le importa? Ella no está aquí para detenerme.

También puedo tomar otro camino y lograr alcanzar un viejo sueño. He estado estudiando psicología en una universidad de la comunidad y me gustaría terminar y obtener mi título.

Faltan cuarenta minutos para que empiece la clase. Voy a la cafetería y veo a tres muchachas de mi clase de modelaje que me hacen señas para que me siente con ellas en su mesa.

"¡Te vimos en la tele en el Desfile del Tazón de las Rosas!"

"Mi jefe me pidió que fuera a representar a México."

"¡Cuéntanoslo todo! ¿Dónde conseguiste ese traje tan precioso?"

"Lo renté. Es de Chiapas, al sur de México" era un vestido blanco largo con flores bordadas de diferentes colores. "Las trenzas las conseguí en Max Factor."

"Esa puede ser tu gran oportunidad."

"Me han hecho entrevistas de radio y televisión. Vamos a ver qué pasa."

Ellas me platican de sus vidas, de los lugares que frecuentan y de sus citas con muchachos. Si tan sólo yo pudiera ser como ellas y vivir mi vida…

"¿Tienes pensado regresar a México?"

"Sí, pero no en un futuro cercano."

Necesito estar lejos de mi mamá para que no trate de controlar mi vida otra vez. Aun aquí, puedo sentir su gran alcance. Mi tía Ceci me pregunta constantemente con quién estuve y adónde fui. Me pone límites debido a lo que haya sido que mi mamá le dijo. Mi tío me lleva a mi trabajo y me recoge después de mis clases, excepto cuando vengo aquí.

"¿Por qué no te vienes a vivir con nosotras?" me pregunta una de ellas y las otras dos asienten.

"¿Escuché bien?"

"¿Vivir con ustedes?"

"Claro, ¿por qué no?"

Justamente cuando estoy pensando que quiero ser libre como ellas.

"Sí, pero podría hasta dentro de tres meses al cumplir veintiuno, voy a poder hacer lo que quiera."

"No hay problema, te esperamos."

La idea de libertad es tan atractiva que me paso la mitad de la clase pensando en cómo lograrlo. ¿Qué voy a hacer con Manón? Después de dos meses, la extraño mucho pero ya no es ese dolor tan agudo del principio. Tengo que hablarle por teléfono y decirle que no pienso regresar a México.

Como se supone que no debo contactarla, no le puedo hablar desde la casa. La llamo desde un teléfono público y no podemos hablar mucho tiempo porque tengo que estar echando monedas al teléfono o hay gente esperando usarlo detrás de mí. Siento que nuestras conversaciones son, de cierta manera, sucias. Es como un romance adúltero. Me siento culpable de estar haciendo algo que no debo.

Le digo mis planes y me dice:

"Muchachita, voy a ir a verte."

Pasamos una tarde juntas (es lo único que pude lograr sin que mi tía Ceci sospechara algo). Nos vemos en casa de una amiga de ella. Nos abrazamos y me da un beso largo y cargado de emoción. Ahí mismo me quitaría la ropa y dejaría que me hiciera el amor, pero ella se separa de mí y dice:

"No podemos hacer nada. Mi amiga puede llegar en cualquier momento."

Decepcionada, me siento en el sillón.

"Supongo que eso quiere decir que nos tenemos que portar bien."

"Ya tendremos tiempo después, muchachita. Cambiaste tu peinado y tu maquillaje."

Traigo un corte de pelo hasta los hombros, que define los ángulos de mi cara, resaltando mis ojos.

"Los Ángeles te ha sentado bien. Te ves contenta y relajada."

"Lo que me ha sentado muy bien es estar lejos de mi mamá. Siento como si me hubiera puesto un collar de fierro en el cuello y que finalmente me lo aflojaron."

"¿Eso quiere decir que cambiaste de opinión acerca de regresar a México?" Sus ojos penetrantes me observan como si pudieran ver lo que estoy pensando.

"No, bueno sí, pero sólo en que no pienso regresar a la casa de mi mamá. No la quiero volver a ver durante un buen tiempo. Ya no le voy a permitir que interfiera."

"¿Todavía te quieres venir a vivir conmigo?"

Imágenes de mis nuevas amigas y de su departamento cruzan por mi mente. Me nota dudosa.

"Está bien, muchachita, entiendo que prefieras vivir aquí. Solamente quiero que consideres si eso es lo que realmente quieres o si lo haces por huir de tu madre."

Veo su deseo y ella me abraza. Una vez más, me dejo llevar hasta perderme en ella.

Después de un rato, hacemos planes para mi regreso a la Ciudad de México. Será en unos meses, cuando al fin cumpla mis veintiún años.

"Tu madre no puede enterarse."

"Tarde o temprano se va a enterar."

"De eso estoy segura, pero, una vez que estés instalada en mi casa, te puedes negar a irte y no hay nada que pueda hacer para forzarte."

"No estés tan segura"...

"Muchachita, tu madre no puede dirigir tu vida por siempre. En algún momento se tendrá que dar por vencida."

¿Mi madre? ¿Darse por vencida? Jamás. Su manipulación no tiene límites, y menos tratándose de mí.

En secreto planeo mi regreso, justo después de mi cumpleaños. Le confío mis planes a una vecina y acepta ayudarme. Compro una maleta nueva y, poco a poco, voy llevando mi ropa a su casa. Luego, compro mi boleto de avión.

El día de mi regreso, mi tío me lleva a la oficina como de costumbre. Lo observo hasta que se pierde de vista. Camino al teléfono público de la esquina y hablo a la oficina para avisar que estoy enferma.

Una amiga me está esperando en su coche. Me lleva a recoger mi maleta y de ahí al aeropuerto. En unas cuantas horas estaré con Manón para siempre. Mi corazón se agita ante la expectativa y cuento las horas y los minutos que faltan para poder abrazarla otra vez.

Alcanzo a ver a Manón esperándome en la salida de pasajeros. Quiero correr a sus brazos pero hay gente bloqueando mi paso. En ese momento, veo a mi mamá y a mi hermano Roberto. El corazón se me hunde y siento un hoyo en el estómago.

¿¡Qué hacen aquí!? Me detengo, tratando de pensar qué hacer. Busco excusas y explicaciones en mi mente. ¿Por qué? Ya soy mayor de edad y ella no puede evitar que haga lo que yo quiera.

No volví para estar con mi mamá. Paso enfrente de ellos, fingiendo no verlos. Mi hermano grita mi nombre pero yo me sigo hasta donde está Manón y le digo lo que está pasando.

"¡Vámonos! ¡Rápido! ¡Ahí está mi mamá!"

"¿Le avisaste que llegabas?"

"No. No tengo ni idea de cómo se enteró."

Ya es demasiado tarde para hacer algo. A una velocidad de atleta olímpica llega mi madre hacia nosotras, o más bien hacia mí, puesto que a Manón la ignora totalmente. La furia le brota por los poros.

"¡Marina! ¡Tú te vienes a la casa conmigo!"

"Por supuesto que no, mamá. Yo me voy con Manón."

Trato que mi voz suene fuerte y definitiva para demostrarle que soy dueña de mis actos y que ya no puede mangonearme a su gusto.

Agita los brazos en el aire mientras grita:

"¡No, tú te vienes conmigo!"

Detrás de ella, mi hermano levanta las manos, indicando que es inútil discutir con ella.

Yo insisto:

"Lo siento, mami, pero como ya tengo veintiún años, puedo hacer lo que yo quiera."

"No puedes, eres mi hija y vas a hacer lo que yo diga. ¡No me importa la edad que tengas!"

Grita tan fuerte, que la gente voltea a vernos.

Me niego de nuevo y me empieza un tic nervioso en un ojo.

"No te voy a permitir desperdiciar tu vida" su voz tiembla, al borde de la histeria. "No te puedes ir con este tipo de mujer."

Ni siquiera voltea a ver a Manón. Está jugando su ya tan conocido papel de la madre abnegada tratando de controlar a su oveja negra.

La gente nos observa y algunas personas hasta se detienen para ver. Debería tratar de calmarla, pero la única forma sería dando mi brazo a torcer y eso no va a suceder.

"¿Cómo es posible que prefieras estar con esta mujer?" me pregunta haciendo un ademán hacia Manón. Su tono cambia a uno de falsa amabilidad; de hecho, es precisamente el que más me saca de quicio.

"Por favor, ven a casa para que podamos hablar de todo esto."

Al ver que toda la gente nos mira, Manón pone su mano en mi brazo y, tras un suspiro, me dice:

"Marina, es mejor que te vayas con tu madre. Nos vemos mañana."

La volteo a ver con incredulidad. Asiente, lanzándole a mi mamá una mirada gélida. Me dice adiós con un ademán y se va. No lo puedo creer. Manón, la fuerte, mi muro de contención, se ha dejado manipular por mi madre. Por lo menos, eso parece.

Mi hermano me indica con el dedo que nos tenemos que ir.

"Si me voy contigo," le digo a mi madre, "es sólo porque Manón me dijo que lo hiciera."

"No tenías ningún derecho a hacerme esto" me dice.

"Eres tú la que no tiene derecho de estarme haciendo esto a mí."

Si no me voy con ella, es capaz de desquitarse con Manón.

"Está bien. Me voy contigo, por ahora…"

Una vez en el coche, le pregunto:

"¿Cómo supiste que hoy regresaba?"

"Me lo dijo tu tía Ceci."

"¿Y ella cómo lo supo?"

"Coincidencia."

Me hace un recuento de la serie de eventos que llevaron a que me cacharan "in fraganti" en el aeropuerto de la Ciudad de México. Mi antigua jefa, Romina, quien ahora era gerente de Western Airlines, vio mi nombre en la lista de pasajeros. Le habló a mi mamá para decirle que ahora que yo regresaba a la Ciudad de México, le gustaría verme. Mi mamá le dijo que yo vivía en Los Ángeles y que no planeaba regresar por el momento. Romina le dijo que seguramente se había equivocado. Sin embargo, su llamada inocente fue suficiente para que mi mamá se pusiera a averiguar. Le llamó a mi tía Ceci, quien le dijo que yo me había ido a trabajar en la mañana. Habló a mi oficina y le dijeron que no había ido a trabajar porque estaba enferma.

De acuerdo con mi mamá, mi comportamiento era imperdonable. Puse en vergüenza a mi pobre tía Ceci, arriesgué mis oportunidades, probablemente perdí mi trabajo (el cual ella me consiguió) y todo porque quiero estar con "esa mujer".

La escucho en silencio. Todavía no puedo creer que desbarató todos mis planes para estar con Manón. Hace apenas un poco más de una hora, yo estaba contando los minutos que faltaban para volver a abrazarla.

Me voy a casa con mi mamá, pero le dejo en claro que siendo mayor de edad, tengo el derecho de tomar mis propias decisiones. Si quiere que me quede con ella, no se puede meter ni tampoco evitar que vea a quien yo quiera.

* * *

"¿Por qué me dijiste que me fuera con mi mamá y no contigo?" le pregunto a Manón en cuanto entro a su departamento. "Me pasé toda la noche pensando en por qué te diste por vencida tan fácilmente."

"Tenía miedo. Tu madre estaba haciendo un escándalo y la gente se estaba parando a ver lo que estaba pasando. Me di cuenta de que era capaz de hacer lo que fuera para salirse con la suya. Le pudo haber pedido a las autoridades que intervinieran y yo quería evitar un problema a toda costa."

"Nos pudimos haber ido."

"No seas tan inocente, Marina. Tu madre quería sangre, mi sangre, y me pudo haber acusado de cosas terribles. Yo estoy aquí con una visa y no quiero problemas. Por eso, en contra de mi voluntad, te pedí que te fueras con ella."

Durante un mes, Manón y yo pasamos todo nuestro tiempo libre juntas, excepto las noches cuando me voy a dormir a mi casa. Con mi mamá, me porto amable pero distante. No le queda más remedio que dejarme hacer lo que me plazca. Sin embargo, ella ganó la batalla y se siente orgullosa de ello. Cree que se me va a pasar este enamoramiento.

A pesar de que estoy en una nube de felicidad, noto ciertas actitudes en Manón que antes no había percibido. Le gusta coquetear. Desde un principio vi cómo atraía mujeres hacia ella. Una personalidad carismática como la suya exige atención y cumplidos. Rara vez estamos solas, siempre tiene gente a su alrededor o llegando a visitarla. Una de esas personas es Lucero, una de sus exnovias, la cual estoy segura que está tratando de volver con ella. Como Lucero vive en el mismo edificio que Manón, llega de visita constantemente en las tardes cuando yo estoy ahí y coquetean una con la otra. Lucero actúa como si todavía fueran pareja y yo fuera una conquista temporal.

No puedo reprimir mis sospechas. A Manón no le gusta estar sola y yo me fui durante cuatro meses. Lucero no esconde el hecho de que tuvieron relaciones íntimas, tal vez las siguen teniendo. Puede ser mi inseguridad atormentándome, pero tengo que saberlo y se lo pregunto a Manón. Ella se ríe y me dice:

"Uy, muchachita, me parece que estás un poco celosa. Si tuvieras idea de lo complicada que es Lucero, no estarías preocupada en absoluto."

Una noche, después de que me fui del departamento de Manón, ella y Lucero tuvieron una pelea. Una pelea de verdad. Se gritan y se golpean en el pasillo que está afuera de su departamento. Todo mundo las puede ver, ya que es un área común. Hacen un espectáculo tal, que toda la gente del edificio las oye y un vecino, muy enojado, llama a la policía.

Al día siguiente, cuando llego a visitar a Manón, su cara está toda golpeada, su labio roto y tiene los brazos y el cuello llenos de moretones.

"¿Qué se traen entre ustedes dos?" le pregunto.

"Nada, muchachita. Nuestra relación se había terminado desde antes de conocerte."

"Entonces, ¿por qué la toleras aquí?"

"Es mi vecina y está muy sola" duda antes de continuar. "La pelea fue por ti, está muy celosa de nosotros y de lo que compartimos."

"¿Quería volver contigo?"

"Sí, pero yo no. Por eso ella estaba tan enojada. Te prometo no volver a hablar con ella. Ni siquiera si me la topo en el pasillo."

¿Le puedo creer? ¿Cómo van a evitar verse si viven en el mismo edificio? No sé si Manón la va a saludar o a coquetear con ella. Tiene el don de hacer sentir a cada una de sus amigas como si fueran la única importante para ella. Seguramente yo le importo más que Lucero.

Una semana después, llego al departamento de Manón y la encuentro desencajada y temblando.

"Mira lo que recibí hoy" me dice enseñándome una carta de la Secretaría de Gobernación. "Me dan dos semanas para salir del país. La pelea y la intervención de la policía atrajeron su atención."

Mis manos tiemblan igual que las de ella mientras tomo la carta para leerla.

"¿Un aviso de deportación? No entiendo."

"Yo tampoco. Parece que la policía reportó la pelea con Lucero a la Secretaría."

La carta menciona conducta indisciplinada, alteración de la paz y comportamiento inaceptable.

"Como si los mexicanos no se pelearan" digo con disgusto. " Estoy segura que puedes defenderte de estas acusaciones."

Entonces veo la firma hasta abajo del aviso. Ahora sé que Manón no podrá hacer nada. Conozco al hombre que lo firmó, es un viejo amigo de mi papá. Me doy cuenta de que esto es obra de mi mamá.

Durante todo este tiempo que ella parecía aceptar mi relación con Manón, ha estado conspirando para deshacerse de ella. Fue a ver al amigo de mi papá, un alto mandatario en la Secretaría de Gobernación. Le dijo que una cubana, mayor que yo, lesbiana y degenerada, me había seducido y le pidió su ayuda para alejarla de mí. Él revisó los antecedentes de Manón, sus años en México, sus contactos y cualquier cosa que pudiera ser motivo de deportación. La pelea con Lucero lo fue.

"Te vas a arrepentir de haberle hecho esto a Manón "le digo a mi mamá ". Me voy con ella."

Me hace un drama y me dice que yo seré la causa de su muerte prematura.

"Cuando regreses me vas a encontrar enterrada y con cuatro velas blancas sobre mi tumba."

"Enterrada o no, no me importa."

Me voy a ir con Manón y me voy a alejar de mi mamá para siempre.

No encuentro mi pasaporte. Lo guardé con el resto de mis papeles cuando regresé de Los Ángeles y ya no está. Le exijo a mi mamá que me lo devuelva.

"Lo quemé."

"¡¿Cómo pudiste?!"

Hago uso de todo mi autodominio para no darle una bofetada y quitarle esa sonrisa burlona de la cara.

"Tan sólo estoy protegiendo a mi hija de esa mujer."

"Voy a sacar otro pasaporte."

Ya no necesito su permiso o su firma.

"Por supuesto que no. Tengo influencias en esferas altas. Yo arreglé todo para que tu amiga degenerada fuera expulsada del país y puedo ordenar que no te permitan salir de México."

"No puedes".

"Puedo y lo haré. Y no creas que te puedes escapar. Mi amiga hizo que bajaran a su hija de un avión que ya estaba en la pista de despegue.

"No puedes impedir que me vaya de esta casa."

"Marina, si te vas de aquí, no tienes a dónde irte. No tienes ni trabajo ni dinero, y no esperes que alguien de la familia te acepte en su casa después de cómo te fuiste de casa de tu tía Ceci."

Derrotada, me hundo en una silla.

Una vez más... mi madre gana.

El Matrimonio Como Solución

Ciudad de México
1962-71

Mi vestido está muy apretado y tiene un escote tan pronunciado que el espacio entre mis pechos es visible. Luzco mi figura, mi cintura pequeña y mis caderas redondas.

"Te ves extraordinaria" dice Alicia "y tu maquillaje está perfecto."

"Lo aprendí en la escuela de modelaje en Los Ángeles."

"¿Vas a algún lugar especial?"

"Mi amiga Romina me invitó a una comida familiar."

No menciono que mi ex-novio, Carlos, estará ahí. Han pasado dos años desde que Carlos rompió conmigo, dejándome en un mar de lágrimas. No lo he vuelto a ver. Tampoco he tenido el deseo de verlo. Sin embargo, hoy verá a la nueva persona en la que me he convertido. Ya no soy la muchacha ingenua con la que jugó y que dejó plantada con sólo una carta cuando cumplí diecinueve años.

Todavía me da coraje al pensar en la forma tan cobarde en que lo hizo. En estos dos últimos años, he madurado. Me enamoré de una mujer, he tenido sexo con una mujer. Ahora sé la diferencia entre los besos tibios de Carlos que no me inspiraron nada y los abrazos apasionados de Manón.

Estoy cansada de llorar por la pérdida del amor. Lo más importante que he aprendido es a salir adelante y enfrentar el futuro con optimismo.

"Has cambiado, Marina" dice Carlos mientras nos saludamos de mano. Sus ojos recorren mi figura de arriba a abajo, enfocándose en mis senos y después en mi rostro. "Estás más hermosa y sofisticada que nunca."

"¿Qué esperabas? ¿Ver a la misma niña tonta que conociste?"

"Yo nunca pensé que eras tonta."

"Pues sí que me engañaste" le digo levantando la barba. "Pero, ¿qué importa ahora lo que pensaste entonces?" lo reto y él se ve obligado a responder.

"Bueno, me da mucho gusto volverte a ver. Ahora, si me disculpas, voy a saludar a tu mamá. Hablaremos después" dice. "Quiero escuchar todo lo que has estado haciendo."

Sonrío entre dientes y me pongo tensa sólo de pensar cómo reaccionaría si le dijera la verdad.

Durante la fiesta, Carlos busca la manera de estar cerca de mí. Estoy segura de que Romina y su mamá se pusieron de acuerdo para que esto sucediera. Especialmente cuando nos sentaron juntos en la mesa. Lo encuentro muy atractivo y varonil. Su conversación es tan interesante como antes, pero no voy a caer otra vez. Sin embargo, disfruto platicar con él y cuando me invita a cenar, acepto.

Ten cuidado, Carlos, porque te haré pagar por lo que me hiciste.

Estamos saliendo de nuevo, pero esta vez me comporto como él lo hacía. Lo hago esperar o lo dejo plantado y después le doy una excusa ridícula. Esto sólo por un tiempo. Ahora comprendo lo diferentes que éramos. Yo era demasiado joven e inocente para que él, un hombre de mundo, con experiencia, piloto y doce años mayor que yo, se interesara en mí. Pero eso ya no importa. Lo que importa ahora es que compartimos intereses y vamos a los mismos eventos. Me gusta estar con él y caminar tomada de su brazo. La gente me trata diferente, con más respeto. Como si tener un hombre a mi lado me hiciera parecer más importante.

Ahora, Carlos parece más interesado en mí que yo en él. Quizá se da cuenta de que no voy a permitir que me haga a un lado otra vez. Cuando me besa, ya sé cómo responder. Sus besos apasionados son diferentes a los tibios de hace dos años. Trato de no recordar los tiernos besos de Manón.

Después de un mes, tenemos una amistad, pero no siento que estemos muy unidos. Por eso me sorprende que durante una cena en *La Mansión*, de repente me dice:

"Marina, quiero decirte algo" volteo a verlo, pero sigo comiendo. "Soy un hombre maduro, gano buen dinero y ya es tiempo de que me establezca. Creo que deberíamos casarnos."

Lo miro sin poder esconder mi sorpresa. Lo que estaba masticando se atora en mi garganta y tengo que toser. Se para, camina alrededor de la mesa y me da unas palmadas en la espalda que me ayudan a tragar el bocado. Espera a que termine de toser y continúa:

"Creo que tienes todo lo que estoy buscando para ser mi esposa y madre de mis hijos," me toma la mano. "Quiero pasar el resto de mi vida con una mujer como tú."

Esta no es como las proposiciones románticas que soñé cuando era más joven. Ni siquiera me ha dicho que me ama. Solamente dijo lo que él quiere. Busco en su cara alguna expresión romántica pero no la hay. Parece que me está proponiendo un negocio.

"¿Así que piensas que yo sería una buena esposa y por eso te quieres casar conmigo?" mi voz suena sarcástica.

"Sí, Marina" está hablando en serio y tratando de convencerme de sus buenas intenciones. "Sería muy afortunado de tenerte como esposa. Eres preciosa e inteligente. Disfruto mucho de tu compañía y de tu conversación. Estoy seguro de que tendríamos una muy buena vida juntos."

Sus palabras deberían de hacerme resplandecer pero les falta el elemento básico: sentimiento.

"Sin embargo," continúa, " hay una condición."

Hace una pausa y dice con mayor elocuencia que cualquier otra cosa que haya dicho:

"Quiero tener relaciones sexuales contigo, pero solamente si aceptas mi proposición matrimonial. Estoy seguro de que tú entiendes que yo tengo necesidades sexuales, pero mi intención es serte fiel."

Lo único que puedo responder ante esta áspera proposición es:

"No sé, Carlos, déjame pensarlo."

Me voy a mi casa y pienso en acabar con esta relación, mandarle una carta y terminarlo. Parece que lo que quiere es sexo y está ofreciéndome matrimonio para convencerme. No lo amo. Nunca más lo querré como antes.

Le cuento a mi mamá de su proposición y sobre la condición de tener relaciones sexuales. Ella lo consulta con su amiga Alicia, porque cree que una actriz tiene más mundo y es más capaz de evaluar la situación objetivamente.

Las dos se sientan a hablar conmigo acerca de las ventajas de casarme con él.

"Un hombre como Carlos es un buen partido" dice mi mamá. "Como nunca sales, ¿dónde vas a encontrar un hombre como él?"

Lo que no dice, pero lo está pensando es: *No es una mujer.*

"¿No te acuerdas de lo que me hizo?"

"Lo pasado, pisado. Además eras muy joven para él."

"Si antes no te gustaba, ¿por qué ahora sí? ¿Porque es hombre?"

Duda, dándole credibilidad a mi pregunta, y dice:

"Viene de una buena familia, tiene una buena posición y es un buen proveedor."

Lo que no dice y que es muy importante para ella es que, si me caso, ya no tendré más amantes lesbianas. Seré una mujer respetable. Es obvio que quiere que me case con Carlos así como era obvio que se oponía a que estuviera con Manón.

"Quiero que exprese algo de emoción" digo argumentando en contra de aceptar su proposición, sabiendo que mi mamá no me va a dejar rechazarlo. "Cuando me lo propuso no me preguntó, sólo dijo que pensaba que yo sería una buena esposa para él."

"No será el más romántico de los hombres, pero es honesto en admitir que quiere sexo" dice Alicia. "Muchos hombres tienen a su novia virgen y a otra mujer al lado para el sexo."

"Así no tendrás ninguna sorpresa horrible en tu noche de bodas" dice mi mamá.

Por unos segundos me pregunto por qué menciona eso.

"Es mejor saber que eres compatible en la cama antes de casarte, que tener una experiencia desagradable después" agrega Alicia. "Se podrían evitar muchos matrimonios infelices si la pareja se conociera sexualmente antes de caminar al altar."

¿Por qué ese comentario? Las parejas casi siempre tienen sexo antes de casarse.

"No es muy común que una muchacha camine hacia el altar con un vestido amplio escondiendo su panza" dice mi mamá. "Asegúrate que Carlos tome precauciones. No querrás tener que apresurar el día de la boda y que la gente diga que te tuviste que casar."

"Si se quiere acostar contigo antes de casarse, pues está bien, siempre y cuando honre su compromiso contigo" me dicen.

"Dale una oportunidad" me aconseja mi mamá. "Lo amaste antes, lo puedes amar otra vez."

"Sí, pensé que lo amaba."

"Es guapo" continúa como si no me hubiera escuchado, "inteligente, económicamente estable y su familia te quiere. Tiene buenos genes. Con él, tendrás hijos saludables. ¿Qué más puedes pedir?"

¿Qué más puedo pedir? Alguien más sensible, más romántico y menos enfocado en sí mismo. Carlos tiene un ego muy grande. Piensa que todo gira alrededor de él; sin embargo, veo que tiene sentido lo que las dos me dicen. Con calma, repaso las ventajas de aceptar su oferta matrimonial. Después estudio mi otra parte, la que se inclina hacia lo prohibido: las mujeres. He escuchado y leído acerca de las lesbianas y lo que piensa la sociedad al respecto. No quiero que me señalen como una de ellas. Si estoy casada no tendré ese problema. Recuerdo algo que leí en un libro de Thomas Moore: "El alma es un área amplia en donde la familia, la sociedad, la historia personal y cultural, son influencias mayores".

Acepto la propuesta de Carlos y sus condiciones.

"Pero no me quiero embarazar" le digo, acordándome de la advertencia de mi mamá.

"No pasará" me dice. "Yo me encargaré de eso."

Me lleva a un motel. Es uno de esos con luces brillantes y garages con cortinas en lugar de puertas donde los coches se estacionan. Entramos al cuarto. Es impersonal y austero. Lo único personal ahí, es el uso que se le da. Me imagino las muchas parejas que han tenido sexo en ese lugar, dejando ahí un poco de cada uno, ya sea en el aire, en el ambiente, en los muebles o en las colchas. También pienso en las paredes y en todo lo que han escuchado, desde sus murmullos hasta sus gemidos. Siento el residuo de su presencia y algo nuevo e inocente dentro de mí se altera y se agrega a la ya cargada atmósfera del cuarto.

Al principio no disfruto el sexo con Carlos. Soy virgen y me duele. Este ritual carnal no tiene nada que ver con llenar mis necesidades emocionales. Trato de borrar los recuerdos y los momentos tiernos con Manón, donde tocarnos era más importante que el acto en sí. Después, Carlos se viene con un respiro entrecortado, penetrándome y agitándose, como si hiciera un gran esfuerzo.

Permanecemos así como cinco minutos. Su cuerpo sudoroso que había estado encima de mí, se levanta. Mira las gotas de sangre en las sábanas y con mucho orgullo pregunta:

"¿Te gustó, mi pequeña virgencita?"

Mi parte interior estaba palpitando. El acto fue doloroso y no como las escenas románticas que enseñan en los libros y en las películas.

El sexo con un hombre es un acto básico donde el hombre es el amo. Yo finjo con una sonrisa y digo:

"Sí, estuvo muy bien."

"¿No te lastimé?"

"Un poquito."

Se acuesta y me rodea con su brazo. Nos quedamos en esta posición por un rato. Me invade una sensación de calidez y seguridad. Esta es la parte que me gusta, la cercanía después del sexo, ahí es cuando me siento amada y protegida por un hombre fuerte que será mi marido.

Voy al baño para asearme y prepararme mentalmente para más. Me pregunto si disfrutaré el acto con un hombre después del delicado y amoroso sexo con Manón. La segunda vez, antes de penetrarme, me pone un supositorio vaginal para no embarazarme. Con el tiempo aprendo a disfrutar hacer el amor con Carlos y a sentir mi propio placer, en lugar de esperar a que él me lo dé. Sus besos no me gustan mucho, algunas veces volteo la cabeza para evitarlos.

El día de mi boda estoy como adormecida, haciendo y diciendo lo que tengo que hacer en forma mecánica. Sé que tengo que actuar de cierta forma y fingir que es el día más feliz de mi vida. Soy la estrella con mi vestido bordado de perlas y de falda amplia y larga. A los ojos de todos, soy una novia feliz. Hago una representación teatral tan buena como una actriz consumada. Me estoy casando con Carlos con la cabeza, pero no con el corazón. Prometo pasar el resto de mi vida con él, esperando olvidar la tormenta de los últimos dos años y empezar de nuevo. Me voy a librar de mi mamá y estaré fuera de su control para siempre.

Por algunos segundos, durante la recepción, me pregunto por qué estoy haciendo esto. ¿Para complacer a mi mamá? ¿Para alejarme de ella y ser libre? O porque amar a una mujer está prohibido.

Pasamos un mes en Europa en nuestra luna de miel visitando los grandes museos y lugares históricos. Carlos funge como mi mentor y guía personal, haciendo que la historia y la cultura vuelvan a la vida, tanto para mí, como para otros. En el Museo del Prado en Madrid, me está contando la historia de las "pinturas negras" de Goya y la gente, escuchando su voz sonora y lo que está diciendo, se acerca para escucharlo y termina dando el discurso a todo el grupo. Esto pasa en varias ocasiones. Estoy muy orgullosa de que este hombre tan erudito sea mi esposo.

Para cuando regresamos a la Ciudad de México, ya estoy embarazada de mi primer hijo. Me concentro en mi embarazo, en establecer mi hogar y ser una buena ama de casa. Cuando nace Armando, mi primer hijo, se convierte en el centro de mi existencia. Me paso horas contemplándolo, oliendo su piel, besando a este precioso pequeño.

Siete meses después, decidimos darle un compañerito y planeamos tener otro hijo. Empezamos a trabajar en ello y dejo de usar "Norforms". Nuestro hermoso niño, Jaime, nace nueve meses después.

Compramos una casa en una colonia elegante y contratamos dos sirvientas que me ayudan a cuidar a Jaime, de seis meses, y a Armando, un pequeñín de casi dos años.

Después de dos años de dedicarme a mi hogar, anhelo y extraño mi creatividad. Decido tomar clases de ballet otra vez. Mi maestra me pide que me una a su grupo de baile que sale en televisión una vez por semana en Televicentro

Carlos está molesto de que yo esté haciendo esto.

"¿No son suficientes dos niños pequeños para mantenerte ocupada?"

Sospecho que lo que le disgusta es que yo aparezca en público.

"El baile es mi pasión y esta es una gran oportunidad."

"¿Para qué?" me pregunta con una expresión arrogante. "Si te pasas todo el día en Televicentro no vas a tener tiempo para nuestro hogar y los niños."

"El programa sólo lo graban una vez por semana."

"¿Y los ensayos?"

"Sólo son un par de horas, llamaré para ver que todo esté bien."

"Lo permitiré con la condición de que estés disponible para mí y los niños cuando te necesitemos" dice.

Sus palabras tienen el efecto de un filo gratificante.

Sus palabras altivas me sacan los sentimientos de frustración que tenía escondidos y le digo:

"Bailar me llena mucho. Es una parte importante de mi vida y no necesito tu permiso para hacerlo."

Su cara refleja coraje y congoja por no haberme vencido. Antes, yo le tenía miedo a su reacción pero ahora estoy a cargo de mi vida. Ni mi esposo ni mi madre lo están, sólo yo.

Al poco tiempo, veo la oportunidad de convertir mi pasión por el baile en un negocio. Instalo barras y espejos en un cuarto vacío de mi casa y pongo un letrero anunciando clases de baile. En una semana ya tengo mis primeras alumnas.

Carlos regresa de un vuelo y cuando ve el letrero, le da una patada y lo tumba.

"¿Por qué tienes que convertir nuestra casa en una escuela?."

"¿No querías que pasara más tiempo en la casa? De esta manera no tendré que salir."

"Bueno, pero quita el letrero."

Lo quito después de una semana, cuando ya tengo más alumnas inscritas. Para entonces se ha corrido la voz y alumnas de toda la colonia vienen a las clases. En un año, tengo tantas alumnas que busco otra casa para dar mis clases y tener mi escuela de danza. Carlos ya no se molesta, al contrario, está agradecido por el éxito de mi negocio.

A los tres años de casados, una mañana suena el teléfono. Estoy por salir, así que lo levanto al mismo tiempo que Carlos lo hace en la recámara. Es Marcia, la secretaria del Club de Pilotos donde él es presidente.

"Pollito, ¿qué pasó? ¿Por qué no me trajiste los calzones y brasieres de Los Ángeles?" su voz sonaba ronca e íntima.

"Marcia, no puedo hablar contigo ahora. Mi esposa está aquí."

"Ah, yo pensé que ya se había ido a trabajar. Te veo hoy, mi amor."

"En un par de horas."

"Ok, pollito."

"Me muero por verte."

Una ola de furia me invade. ¿Están teniendo una aventura? ¡Por supuesto! ¿Calzones? Brasieres? Me di cuenta porque estoy en la casa más tarde que de costumbre. Voy a la recámara. La cara de Carlos muestra horror al ver que todavía estoy aquí.

"No es lo que piensas" me dice, levantando su brazo como protegiéndose "Así es como ella les habla a los pilotos, a todos nosotros."

"Seguro, pollito."

"Tú sabes que en la compañía todos me llaman así" su voz suena falsamente indignada.

"¿Así que todos te llaman *pollito*, mi amor?"

"Te digo, Marina" se levanta de la cama y me confronta, como si yo tuviera la culpa. "Esa es la forma en que ella le habla a todos, pregúntale al *Gallo*."

"¿Tu mejor amigo? ¿También le compra ropa interior en Los Ángeles?"

"Todos lo hacemos" me mira directamente a los ojos. "Marina, no puedo creer que por algo así dudes de mí."

Lo dice con tal sinceridad que casi le creo. Carlos nunca acepta que hizo algo mal, es el rey de la negación.

"¿Así que se muere por verte por la ropa interior que no le trajiste?" le digo, y me salgo de la recámara.

Se revuelven mis entrañas de pensar en lo que está haciendo, con ella y con otras. Antes de casarnos me advirtieron que los pilotos tenían muchas mujeres, como los marineros, una en cada puerto. Yo pensé que era un chiste, como la gente decía que las sobrecargos eran mujeres fáciles. Se me había olvidado lo mujeriego que había sido.

Mi matrimonio es una farsa. Mi paz y felicidad son superficiales. A excepción de los niños, mi matrimonio no vale nada. Todo parecía ir tan bien y ahora todo se ha derrumbado. Yo nunca lo sospeché. ¿Cómo es que quiere sexo todos los días y también lo está teniendo con alguien más? ¿Por qué esperé que un hombre como Carlos cambiara? Ahora estoy alerta y al poco tiempo descubro que Marcia es una de tantas mujeres que tienen que ver con él. De hecho ha estado teniendo aventuras durante todo el tiempo que hemos estado casados. ¡Al diablo con serle fiel!

Eckart Tolle dice: "La vida te dará las experiencias que más te ayuden para la evolución de tu consciencia. ¿Cómo sabes cuál es la experiencia que necesitas? Porque es la experiencia que estás teniendo en este momento."

Tengo una aventura de venganza (así la llamo) con un doctor casado, así como una relación ligera con una mujer. Carlos no tiene ni idea. Mientras siga sus reglas... "Cuando llegue de un viaje tienes que estar en la casa, llamaré del aeropuerto." Con la complicidad de la sirvienta, me las arreglo y llego antes de que él llegue. Hasta que un día se me hace tarde por estar con mi novia. Está furioso por no encontrarme en la casa.

"Estabas con alguien. Tienes apariencia de estar sexualmente satisfecha."

Él, que es tan infiel, está furioso porque sospecha que le soy infiel.

"Sí, estuve con alguien, con una mujer" admito y levanto la cabeza con un aire desafiante, retándolo.

Perplejo, arruga el entrecejo.

"¿Una mujer? No entiendo."

"Siempre me he sentido atraída hacia las mujeres. Estuve con una antes de casarme" parece no entender lo que le estoy diciendo.

"Pero si eras una virgen inocente."

"Antes de ti, tuve una relación muy intensa con una mujer llamada Manón, pero mi mamá manipuló las cosas para separarnos."

Con un suspiro rápido, dice:

"¿Te gustan las mujeres?"

"Sí, y ahora estoy con alguien que es importante para mí. Quiero el divorcio."

Las palabras salen de mi boca, a pesar de que no había considerado tomar este paso. Carlos se encoge de hombros como si no le importara.

"No te voy a dar el divorcio para que andes jugueteando con mujeres."

Hay un brillo en sus ojos como si hubiera descubierto un secreto.

"Sé que has estado planeando esto por un rato, por eso has trabajado tanto, para que tu escuela de danza sea un éxito y seas económicamente independiente."

"Sí soy económicamente independiente, pero no es por eso que quiero el divorcio. Es por ti, Carlos. Quiero estar lejos de ti. No podemos seguir así. Tú, con tus movidas y yo, con la mujer que quiero estar."

"Si tanto la quieres, te puedes ir. Yo me quedaré aquí con los niños."

Un temblor frío me recorre.

"Tú bien sabes que nunca dejaré a mis hijos y como su madre yo tendré la custodia."

"Ningún juez en el mundo te daría la custodia" su cara se ve determinante y fría, él sabe que tiene las de ganar." Si sale a relucir que eres lesbiana, perderás a los niños."

Si tuviera inclinación hacia la violencia, agarraría un jarrón y se lo rompería en la cabeza. En lugar de eso me doy la vuelta y me encierro en el baño. No me puede hacer eso, no lo dejaré. No puede probar nada, ¿o podrá? Su adulterio es aceptable en la sociedad, pero mis relaciones con mujeres me pueden destrozar. ¿Por qué la vida es tan injusta? Me pongo a sollozar, mi mente está confusa y siento que mis emociones explotan dentro de mí, en contra de mí. Me tomo diez pastillas para dormir. No es un serio atentado contra mi vida sino porque no puedo con su actitud tan indiferente. Quiero que reaccione, que demuestre alguna emoción, aparte de querer tener sexo todos los días, aunque yo no estuviera de humor.

Toca la puerta para pedirme y rogarme que salga. Luego todo se nubla y siento que me estoy cayendo al piso. Enseguida me envuelve en una cobija, me carga y me lleva al hospital, donde me dan un líquido para que vomite y finalmente me mandan a mi casa a medianoche. No entiendo lo que me dice, pero parece amenazante. No tengo energía para enfrentarme a él.

Despierto confundida. Cuando entra en la recámara, quisiera gritarle que se vaya. Su presencia me agota, me hace sentir débil y no puedo funcionar. Me acurruco en mi cama, en mi cuarto oscuro, temblando cuando lo escucho llegar y acercarse a mí. Me pregunta cómo me siento y le digo que se vaya. No puedo compartir con él la misma cama, ni el mismo espacio. ¿Qué puedo hacer? La pregunta es enorme, tan imposible, que la mente se me pone en blanco como si estuviera en el limbo.

Vuelvo a enfrentarme con esta pregunta, que es como una pared alta que no puedo escalar para llegar al otro lado. Se va de vuelo por un par de días y salgo de mi recámara, golpeada y magullada emocionalmente, pero capaz de funcionar sin tenerlo alrededor. Cuando regrese, todo volverá a empezar de nuevo. Tengo que apartarme de él y ordenar mis pensamientos. Tal vez estando sola pueda reevaluar la situación. ¿Qué pasará con mis hijos? No puedo dejarlos cuando más me necesitan. Me cambiaré cerca para venir a verlos todos los días cuando él no esté.

Encuentro un departamento a tres cuadras. Necesito estar sola para pensar bien las cosas. Esto no es sobre sexo o infidelidad, es por falta de amor. Nunca existió en mi matrimonio. Cuando me propuso matrimonio, él quería una esposa y una compañera sexual. Yo deseaba la seguridad de un buen matrimonio y el compañerismo que teníamos el uno con el otro. Sin amor, nuestro matrimonio se ha derrumbado.

Todos los días voy a ver a los niños. "¿Cuándo regresas a vivir con nosotros?" Me pregunta Armando, de tres años, y el pequeño Jaime dice: "ven a casa, ven a casa", chupando su cobijita. Armando no se siente bien. Está triste, no quiere comer ni jugar. Pienso que es una reacción a mi partida, a pesar de que los voy a ver todos los días. No tiene fiebre, pero algo anda mal con él. Llamo al doctor y me dice que Armando tiene hepatitis. Me necesita a su lado día y noche.

Me regreso a la casa y me quedo en su recámara hasta que se pone bien. Durante el tiempo que Armando está enfermo, reconsidero mi decisión de vivir sola. Parece un acto egoísta de mi parte poner mis necesidades antes que las de mis hijos. Debo estar aquí para responder cuando me llamen en la noche y que me vean cuando se levanten en la mañana. Mi dilema es si regreso o no a mi departamento. Mientras estoy cuidando a Armando, él es la prioridad más importante. Tengo que ser fuerte por él. Tanto él como su hermanito me necesitan.

Me toma un mes estar lista para discutir mi matrimonio con Carlos y cómo lo vamos a manejar. Por el bien de los niños, regresaré a vivir con él.

"¿Y los incidentes que propiciaron esta situación? ¿Y tus otras mujeres?"

"¿Y las tuyas?" dice sin contestar mi pregunta. Siempre el rey de la negación.

"Si es por estar con mis hijos, las dejo."

Sus labios esbozan una sonrisa perversa mientras considera mi oferta.

"No las tienes que dejar" me dice; debe de estar jugando conmigo.

"Mis hijos son lo más importante" le digo. "No quiero que pierdan a su padre."

Endereza su cabeza como si no me creyera.

"Marina, aprecio mucho lo que estás haciendo. Aceptaré a tus amantes con la condición de que estés aquí en la casa cuando los niños y yo te necesitemos. Puedes hacer todo lo que quieras con mujeres."

"¿Qué te hizo cambiar de opinión?"

"¿Por ellos, o por la sociedad y por tu familia?"

"Tú eres una buena esposa y los niños te necesitan, mi familia también y créeme, a mí me importas. Simplemente no esperes que te sea fiel."

"¿Quieres tener otras mujeres y también irte a la cama conmigo?"

"Un hombre tiene sus necesidades." Tú tienes tu escuela de baile y tus amiguitas. Yo salgo mucho y también quiero buscar lo que a mí me llene."

"¿Qué significa eso? ¿Qué estamos de acuerdo en que yo puedo tener mis mujeres y tú las tuyas?"

"Mientras seas discreta y no afecte nuestro matrimonio. Que no sea nada serio y no quiero volver a escuchar la palabra divorcio. Eso sí Marina, nada de hombres."

"¿Por qué mujeres sí y hombres no?"

"Porque con mujeres no hay acto sexual. Con un hombre hay penetración."

"¡Lo único que te importa es el poder del pito y un hoyo dónde meterlo!" le grito.

Lo que él sugiere tiene un significado doble y deshonesto. No sé si pueda aceptar esta clase de matrimonio. Una cara para el mundo y otra en privado, pero si esa es la única forma de conservar a mis hijos, lo haré.

* * *

Voy a ver a mi suegra. Está preocupada por nuestra situación matrimonial. Le cuento sobre Carlos y de cómo esto está afectando mi salud. Baja la cabeza y se cubre la boca con la mano cerrada. Si no la conociera mejor, pensaría que está rezando. Me mira, deja salir un suspiro y dice: "Ay, mi hijo. Es una pena que siempre lo han dominado sus deseos carnales."

Este arreglo dura un par de años. Carlos tiene sus aventuras y yo tengo las mías con mujeres. Esto a mí me desgasta emocionalmente. Desesperadamente quisiera dejar a Carlos, pero siempre que le pido el divorcio se niega, usando a los niños como gancho para retenerme.

Otra vez estoy saliendo con alguien y le vuelvo a pedir el divorcio a Carlos. Consulto con un abogado para conocer mis derechos. Cada vez que menciono la palabra divorcio, Carlos no lo toma en serio. Lo ve como un berrinche de ama de casa que se puede arreglar en la cama. Le gusta tener sexo conmigo casi a diario, así que decido usar el sexo como arma y se lo niego por dos semanas. Ignoro sus súplicas, sus amenazas y sus comentarios engañosos y trato de herirlo lo más que puedo.

Una mañana cuando estoy en la cocina, se me acerca. Estoy ocupada haciendo una lista, así que cuando me da los buenos días, ni siquiera volteo y continúo con mi lista.

"Te voy a dar el divorcio."

Volteo a verlo lentamente. ¿Será un plan para llevarme a la cama?

"¿De verdad?"

"Sí, sólo quiero una cosa. Que tengamos relaciones hoy en la noche."

Debe haber algo torcido para que Carlos ceda, después de tantos días. ¿Puedo confiar en él?

"¿Es todo?"

Estoy demasiado sorprendida para decirle que no. Él no está acostumbrado a pedirme sexo. Por eso me cuesta trabajo asimilar lo que me está diciendo. Esboza una sonrisa de triunfo, como si se hubiera ganado una medalla de oro.

"Sí, eso es todo."

Veinte días después, descubro que estoy embarazada. Tengo ganas de azotarme por mi estupidez de haber cedido con Carlos. Empiezo a sospechar... ¿Por qué de repente, después de negármelo por años, accedió a darme el divorcio con la condición de que tuviera sexo con él? Yo sé que él le pone precio a todo. ¿Tendría otras intenciones? Sé que puede ser ruin, pero ¿embarazarme deliberadamente? Eso sería demasiado, hasta para él. Sin embargo, es posible.

Planeamos a Jaime en los días que yo estaba fértil. Soy muy regular, cada veintiocho días. ¿Y si sólo fingió insertarme el Norform? Entre más lo pienso, más convencida estoy de que eso es lo que pasó. Lo confronto y admite que lo planeó todo para que quedara embarazada; de esa forma, tendría que seguir casada.

"Voy a abortar."

"Ni creas que te vas a salir con la tuya" me dice. "Le diré al abogado que no estuve de acuerdo y no estoy de acuerdo."

"Me las puedo arreglar muy bien sin ti" le digo muy brava pero dudando. Si tengo otro bebé, no estoy segura de poder.

"Tú sola no te podrás mantener" dice provocándome " No tienes la habilidad, eres una niña caprichosa."

La intención de sus palabras era insultarme, pero tuvo el mismo efecto que cuando era una adolescente. Me retaron y eso me llevó a triunfar en los deportes y en los estudios. ¿Retarme a mí? Le voy a enseñar lo que puede lograr esta "niña caprichosa." Echo la cabeza hacia atrás y le digo:

"Encontraré la forma, ya verás."

No quiero este bebé, quiero dejar este matrimonio. Hago una cita para tener un aborto. La noche anterior voy al cine con mi novia a ver *Doctor Zhivago*. Cuando salgo, mi corazón está lleno de amor por esta criatura que traigo en mis entrañas.

"No puedo abortar" le digo a ella. "¿Qué tal si es una niña?" Ella me apoya, aunque me imagino que preferiría que no la tuviera.

"Lo que tú decidas, yo te apoyo. Esto no afectará lo nuestro."

Pero sí lo afecta. Tener un bebé hace que me reconcilie con Carlos. No creo que esto dure, pero lo intentaré una vez más.

Mi embarazo *que no fue no planeado* me trae una alegría inesperada. Soy bendecida con una hija maravillosa, Gabriela. Lo que empezó con un acto de traición, se ha convertido en un tesoro. Tal vez fue el regalo que mejoraría nuestro matrimonio.

Casada Pero Amando A Otra Mujer

Su pelo negro y grueso cae sobre sus hombros como si fuera una seda pesada. Sus pestañas largas adornan esos ojos oscuros que me observan y se enganchan con los míos. Se me oprime el pecho y exhalo suspiros entrecortados. Me siento tan agotada como si hubiera corrido una distancia larga, lo cual, hasta cierto punto, es cierto. Emocionalmente, fue una distancia larga, hasta que me atrapó en su hechizo.

Ella está cantando a viva voz la canción ranchera *Qué bonito amor* en un tono fuerte y vernáculo, pero cuando la termina canta una balada y su voz se llena de emoción. Con esta canción me declara su amor. Nuestros ojos se vuelven a entrelazar y hacemos el amor visualmente. Claudette… es lo único que sé de ella, su nombre. Hace apenas dos horas me adherí a esta reunión de mujeres. Cuando acaba su canción, se me acerca, me atrae hacia ella y bailamos.

Su mano acaricia mi espalda. No tenemos necesidad de hablar, nos comunicamos con los ojos. Me besa. Este primer beso es sutil, pero logra encender una luz dentro de mí. Olvidamos quiénes somos aun antes de conocernos. Lo único que cuenta es el ahora y quiénes somos cuando estamos juntas. Claudette va por una cuba para ella y un refresco para mí y nos sentamos en un sillón a hablar.

"No reconozco tu acento, suena español pero con un toque sudamericano."

"Casi aciertas. De niña viví en Argentina y Brasil pero pasé casi toda mi vida en España y soy mitad belga y mitad griega."

Es cantante, pertenece al mundo de los cabarets. Noche tras noche luce su hermoso cuerpo y su preciosa cara para capturar a su público. Con su voz los seduce y se deleita con los halagos que recibe. No tiene responsabilidad alguna. Simplemente cuidar su voz, su cara y procurar que su cuerpo esté en forma. Tampoco tiene ningún compromiso romántico.

"Mi público es mi pasión."

Seguimos platicando hasta tarde. No queremos que esta noche se acabe. La mayoría de las mujeres ya se fueron y las que siguen aquí, están reunidas en la cocina.

Claudette se levanta y arrastrando la voz me dice: "Voy por mas bebidas." Sus párpados ya están caídos debido al alcohol.

"Yo ya no quiero." Ella ya lleva tres cubas, aparte de todo lo que se había bebido antes de nuestro encuentro. Yo estoy como en una nube, pero no por el alcohol. No sé qué vaya a pasar, pero de una cosa sí estoy segura. Claudette llegó a mi vida, ¡y llegó para quedarse!

Las emocionantes imágenes de mi mente se ven interrumpidas por unos gritos y alaridos. El ambiente se torna pesado y feo.

"¿Qué está pasando?", grito.

"¡Claudette y su hermana Darci se están peleando!"

Corro a la cocina y las veo golpeándose y jaloneándose de los pelos como si fueran unas niñitas. Sin embargo, es mucho más impactante ver a dos mujeres dándose de golpes. Alguien grita, "¡Basta, ya basta!" Darci le da un golpe en el estómago a Claudette y ella se dobla de dolor. Una mujer aleja a Darci del caos y se la lleva a la habitación. Yo ayudo a Claudette a levantarse del piso. Parece estar lastimada. Tiene la cara magullada y morada por el esfuerzo. Su pelo está desgreñado y lleno de nudos. Como si su hermana se lo hubiera arrancado a mordidas.

La ayudo a llegar a la sala y la acuesto en el sofá. Su llanto se convierte en gemidos.

"Darci es mala, trata de controlarme y estoy cansada de ello." Percibo el dulce aroma de ron en su aliento.

"Cálmate, Claudette. Ustedes dos deben hablar mañana, cuando no estén tomando."

"Marina, no me dejes." Me toma de la mano.

¿Cómo puedo irme cuando sus ojos están llenos de lágrimas y ella está tan asustada? Se ve tan frágil. Mi mente regresa a aquellos momentos cuando las cosas iban mal y mi mamá me abandonó, dejándome sola, sin tener el consuelo de nadie. Claudette necesita a alguien que la cuide. Yo voy a ser quien le ayude a volver a ser una persona completa.

Después de ver a Claudette durante un mes, se lo comunico a Carlos.

"Estoy saliendo con una mujer y va muy en serio."

"¿Cómo es?" No muestra emoción alguna más allá de la curiosidad.

"¡Guapísima!" Se la describo tratando de hacerle justicia a su belleza. A Carlos le gusta oírme hablar de las mujeres con las que salgo y siente un placer indirecto al saber sobre ellas. Si pudiera, escarbaría un poco más para sacarme los detalles íntimos. Hasta ahora, él me ha permitido salir con mujeres con la condición de que sigamos casados y no destruyamos nuestra familia. Como le digo que mi relación con Claudette va en serio, quiere conocerla. Yo siento que quiere dar su aprobación, pero aun así, estoy de acuerdo en presentársela.

Lo llevo al centro nocturno donde Claudette canta. Ella luce un brillante vestido verde de lentejuelas con un corte tan bajo en la parte trasera, que deja ver sus curvas. La falda se abre a los lados dejando al descubierto sus piernas bien torneadas. Ella se mueve con gracia por el escenario, sacudiendo su pelo de un lado a otro mientras canta *Yo te amo* de Sandro de América. Al decir estas palabras, me sonríe. Mi cuerpo se estremece de emoción y contengo los gemidos de deseo que se quieren escapar de mi garganta.

Carlos no puede dejar de verla.

"Estoy impresionado por su belleza y talento." Lo dice como si fuera un agente evaluándola. Me doy cuenta de que su reacción va más allá que esa observación formal. Su expresión de deseo lo delata. Está impactado. No sé cómo reaccionar ante esto. Hasta este momento habíamos sido solo ella y yo, y este encuentro significa compartir lo que tenemos con él. No físicamente, pero no puedo reprimir mi temor de que el lobo en él la desee y vaya tras ella para ver si sucumbe a sus artimañas.

"Ella tiene un contrato para ir a Guatemala por una semana, me gustaría acompañarla."

"Yo no tengo ningún problema con eso." Lo dice de una manera tan casual que le pregunto: "¿No te importa que yo esté con ella?"

"Ya te lo dije, es mujer." Me mira directamente a los ojos. "No es un acto sexual real."

Eso no tiene sentido. La infidelidad es cuando tienes relaciones sexuales con otra persona que no es tu cónyuge o tu pareja, sin importar su género. Supongo que algunos hombres tienden a invalidar una relación entre dos mujeres, ya que consideran que no es válida, a menos que se involucre un pene.

Al regresar de Guatemala, siento que va a ser muy doloroso pasar la noche sin Claudette después de estar con ella noche y día durante una semana. Le pregunto a Carlos si ella puede venirse a la casa esta noche. Quiero que esté conmigo todo el tiempo.

"Por supuesto. Que se venga aquí." Lo dice con una naturalidad como si se tratara de cualquier amiga. Incluso ofrece irse a dormir con los niños cuando ella esté en la casa. Parece muy generoso de su parte, pero debe traer algo entre manos. Después de nueve años de matrimonio, sé que él no es el tipo de hombre que puede resistirse a la tentación de otra conquista o a una nueva posibilidad de tener sexo. He oído hablar de hombres como él, que necesitan el sexo tanto como el alimento. Tengo que mantener a Claudette a salvo de Carlos.

Yo no quisiera que él llegara a pensar, en lo absoluto, que tenerla a ella en nuestra casa podría abrir la puerta a tener relaciones sexuales con las dos. La manera en que la mira me dice que está planeando meterse con ella.

Al principio, Claudette se queda a dormir una vez a la semana. Después aumenta a dos y tres veces. Odio las noches cuando no se queda porque Carlos se regresa a nuestra recámara con ganas de tener sexo conmigo. Yo acepto, pero realmente es por culpa debido a las noches que Claudette pasa conmigo. A lo largo de nuestro matrimonio nunca ha faltado el sexo, pero hacer el amor es otra cosa. Siempre he anhelado que haya afecto, pero jamás lo ha habido.

Esta situación no puede continuar. Yo juego el papel de esposa sumisa en público y mantengo mis verdaderos sentimientos en secreto. Esta actuación ha durado demasiado tiempo. No me siento cómoda conmigo misma ni con Carlos. Llevar una doble vida va en contra de todo lo que creo. He tenido que ser deshonesta y mentirle a mis hijos y a mis amigos. Este arreglo no está funcionando. Tenemos que resolverlo.

"Quiero que Claudette se venga a vivir conmigo y compartir mi vida con ella", le digo a Carlos.

"No tengo ninguna objeción."

"Lo siento, Carlos, pero no me refiero a los tres. Quiero el divorcio."

Mueve la cabeza hacia atrás como si hubiera sido abofeteado. "¿Quieres que yo me salga de nuestra casa?"

Su tono es de incredulidad, pero se endurece con el enojo. "Pensé que habíamos acordado que podías quedarte con tu amante siempre y cuando mantuvieras el matrimonio intacto. He hecho lo posible por hacerte las cosas fáciles."

"Parecía una buena solución, pero no podemos tener las dos cosas." Por fuera aparento estar tranquila pero por dentro me pregunto si lograré convencerlo para que finalmente me dé el divorcio.

"¿Por qué no? Yo no veo ningún problema con que tengas a tu amante. ¿Por qué no podemos mantener las cosas como están?"

"Sí, en teoría, yo puedo tener a mi amante y tu puedes tener a todas las tuyas. Podemos seguir juntos para guardar las apariencias, tal como lo hemos estado haciendo los últimos dos años. Pero,

¿qué pasará con nuestros hijos cuando se den cuenta de que nuestro matrimonio es una farsa? Ya no puedo fingir estar felizmente casada contigo mientras en realidad estoy enamorada de otra persona. No estoy siendo honesta ni conmigo, ni contigo ni con ellos. Quiero el divorcio y no me voy a echar para atrás."

"Pero Marina, teníamos un acuerdo. ¿Por qué me haces esto?" Parece ofendido, como si me hubiera puesto en su contra.

Siento ganas de gritarle: *¡Porque he encontrado el amor, ese amor que tú no eres capaz de darme!*

Me contengo porque Carlos no lo entendería. "Estoy harta de vivir una mentira. Estoy cansada del intenso estado emocional que esta situación conlleva. Esto no está bien para nosotros y menos para nuestros hijos."

"Lo habías aceptado perfectamente."

"He tratado de reprimir mis sentimientos, pero no puedo seguir así. Lo mejor para todos es que nos divorciemos."

"¿Me das alguna opción?"

"No. Estoy decidida." Tengo que ser firme con él. "Ya no soy aquella niña mimada. No voy a pedirte pensión alimenticia ni apoyo de ningún tipo, solo que pagues las escuelas privadas de los niños. Yo puedo mantenerlos con lo que gano en mi escuela de danza." Al menos puedo hacerlo ahora que mi negocio está en auge. Como dice Carlos: "Has creado un gigante." Debo de estar ganando igual o más que él, como piloto aviador.

Obviamente está abatido. Ha caído de su posición como mi amo y señor, y se nota. Parece un condenado apelando desesperadamente una larga condena. "Marina, acepté tu aventura con la condición de que mantuviéramos unida a nuestra familia. Yo quiero mucho a mis hijos, quiero vivir con ellos, y no verlos solo los fines de semana. Todavía están muy chicos. ¿Cómo van a entender?"

"Los niños, entre más chicos, se adaptan con mayor facilidad. Sería más difícil si fueran mayores." Tienen ocho, siete y tres años.

"¿Cómo puedo competir con una mujer?", pregunta muy enojado.

"No puedes."

Su rostro se tensa, sus ojos parecen salirse de sus órbitas y su mandíbula se abre. Aprieta los puños, está luchando por conservar el control. Después de tantos años de pedirle el divorcio, finalmente ha entendido que no voy a dar marcha atrás.

"Nunca pensé que podrías llegar a ser tan fría y calculadora. Si escoges a esa mujer por encima de mí, puedes tenerla."

Agarra sus maletas, empaca sus cosas y se va de la casa.

Cuando los niños ven que no está su papá y que su uniforme de piloto no está colgado en su lugar, preguntan por qué se fue sin despedirse. Carlos tiene la costumbre de decirles a dónde viaja y cuánto tiempo va a tardar en volver.

"No se preocupen, va a venir el domingo a recogerlos para que pasen el día con él." Les explico que su papi ya no va a vivir con nosotros.

"¿Por qué no?" Es una pregunta difícil de contestar.

"A veces es difícil para los papis y las mamis vivir juntos. Entonces es mejor estar separados."

"Les pasa a muchos papás", dice mi hijo Armando.

"¿Cómo sabes?" No esperaba que mi hijo de ocho años diera esa explicación.

"Todo el mundo lo sabe. Los papás de Pepe están divorciados, los de Sonia también y Beto dice que es lo mejor que te puede pasar porque su papi lo lleva a lugares divertidos y le da todo lo que pide."

En lo que se refiere a los niños, el asunto está resuelto.

Carlos accedió a darme el divorcio. Empiezo a tener dudas, pero las desecho. Cuando tomo una decisión, no hay vuelta de hoja.

Acordamos hacerlo de una manera amigable. Carlos me lleva al despacho del abogado que nos va a divorciar. En el camino, rompo en llanto. Imágenes de nuestros años como pareja pasan por mi mente como cortos de una película. Los recuerdos me conmueven.

"¿Estás segura de que quieres seguir adelante con esto?", me pregunta.

"Por supuesto." Me limpio los ojos.

"Entonces ¿por qué estás llorando?"

No me vuelve a preguntar y aunque le dijera, dudo que lo entendería.

No estoy tan segura de querer que nuestro matrimonio de nueve años termine en fracaso. Cabe la posibilidad de que podamos solucionar esto. Podríamos cancelar el divorcio y volver a empezar. ¡No! Tomé la decisión hace mucho tiempo y voy a seguir adelante con ella.

Después del divorcio, me martirizo cuestionándome y reevaluando mis razones y sus repercusiones. Un divorcio es una pérdida de las ilusiones, del compañerismo y de la seguridad que brinda un matrimonio. ¿Cuándo terminó el nuestro? ¿Con las aventuras y el desprendimiento emocional de Carlos? ¿Cuando encontré a otra persona? ¿Fue en un momento específico o una combinación de eventos? Tal vez yo soy tan culpable como él de la ruptura de nuestro matrimonio. No. No lo soy. Esto iba a suceder de cualquier manera desde el momento en que Carlos me propuso matrimonio. Estaba predestinado.

A los treinta años, el divorcio me ha empujado a una situación de vida de soltera que no estoy preparada para manejar.

Navidad siempre ha sido una celebración familiar. Los niños abren sus regalos bajo el árbol. Veo su entusiasmo, la alegría en sus rostros, experimento la emoción de la magia de esta noche.

Después del divorcio, paso la primera noche de Navidad en el cabaret donde Claudette canta. Sola en mi mesa, espero a que ella termine su número. Echo un vistazo alrededor de este lugar oscuro y lleno de humo, con sus adornos navideños baratos y su atmósfera de alegría fingida. Estudio a la gente que está aquí. ¿Son como yo? ¿Por qué están sin su familia en Navidad? Mi sensación de soledad se hace más profunda. Yo no soy como ellos. Yo sí tengo una familia, pero no está aquí. Los niños se fueron con su papá diez días de vacaciones. Carlos se va a disfrazar de Santa Claus en Winter Park, Colorado.

Un grupo muy animado me invita a unírmeles, pero me niego sacudiendo la cabeza. Prefiero estar sola que con extraños.

Nunca consideré las consecuencias de un divorcio. La pérdida del estatus y privilegios que brinda el estar casada. Pasar fines de semanas y días festivos como éste, sin mis hijos.

Nunca me imaginé que iba a sufrir por el fracaso de mi matrimonio o que me arrepentiría por la ruptura. También tengo remordimiento por no saber cómo manejar la situación.

Una lágrima cae dentro de mi copa de vino, después otra. Una tras otra van cayendo y cada una simboliza una ilusión perdida.

Tenía que ser honesta conmigo misma, pero ¿a qué costo?

Buscando Un Padre Para El Hijo de Mi Amante

Ciudad De México
1973

Mi hijo Jaime y su perro Alex entran con ímpetu, seguidos por la sonrojada y palpitante Claudette. Podría pasar por una adolescente con su cola de caballo y esa blusa suelta como de campesina. Se deja caer en una silla. "Nos divertimos mucho jugando pelota en el parque", dice. Me encanta su naturaleza infantil y la forma como se lleva con mis hijos. Parecen ser los mejores amigos.

En dos años se ha convertido en parte de la familia. Para los niños, es una amiga que vive con nosotros. Cuando estamos enfrente de ellos, somos discretas al demostrarnos afecto, limitándolo para la noche, cuando están dormidos.

A Claudette le quitaron un ovario. Los doctores le recomendaron tener un hijo pronto, ya que su otro ovario podría dejar de funcionar. Cuando escucha su pronóstico, puedo ver el temor en sus ojos. Al llegar a la casa, se desmorona. La abrazo tratando de confortarla. "¿Por qué no tenemos un hijo?", le pregunto. "Será un símbolo de nuestro amor."

"Pero, ¿cómo?" Pregunta. "No quiero traicionarte con un hombre."

"Buscaremos la forma", le aseguro, aunque pienso que esto no será posible. Es un verdadero problema. La única forma sería teniendo sexo con un hombre, lo cual sería muy difícil para ella puesto que su padre la violó cuando era adolescente. El acto sexual con un hombre le disgusta. Tal vez si se tomara unos tragos antes...

El otro problema es encontrar al hombre adecuado para donar el esperma. Un hombre que esté dispuesto a tener sexo con Claudette solamente una vez, con la única intención de embarazarla. No cualquier hombre lo haría. Necesitamos alguien excepcional, alguien con una genética muy buena para tener un hijo espléndido. Lo pienso y llego a la conclusión de que el hombre que se ajusta perfectamente a esos requisitos es Carlos. Tenemos tres niños preciosos, saludables e inteligentes. Dudo que tenga alguna reserva con respecto a tener sexo con Claudette. Al contrario, él la ha deseado desde la primera vez que la vio. Seguramente brincará ante esta oportunidad. La idea me repugna. No sé si pueda llevarlo a cabo, ni tampoco cómo lo tomará Claudette. Me trago la repulsión que siento tan solo de pensarlo, ya que Carlos es nuestra mejor oportunidad. Cuando se lo digo a Claudette, las palabras se me atoran en la garganta y murmuro entre dientes: "Le voy a pedir a Carlos… que sea el padre de tu hijo. ¿Crees que lo puedes hacer con él?" Una expresión de temor cruza por su cara. Tiembla, se acomoda en su silla como si tratara de esconder su cuerpo. Se ve pequeña, vulnerable y acorralada. "No sé, supongo que podré. Prefiero a Carlos que a un extraño."

Generalmente, cuando Carlos viene a recoger a los niños platicamos un rato. Estamos en buenos términos. Le digo que Claudette quiere tener un hijo, más que nada, por razones médicas. "Estamos pensando pedirle a mi hermano que sea el donador. El problema es su esposa, no creo que ella acceda." Carlos se queda pensando. Voltea a su alrededor como tratando de encontrar una respuesta. Cierra sus manos y se da golpecitos en los nudillos. "Entiendo su predicamento", me dice. "No creo que deban inmiscuir en esto a cualquiera. Se trata del que será el padre de ese niño. ¿Y si yo lo hiciera? Podría ser el donador y el hijo de Claudette sería hermano de nuestros hijos."

Actúo sorprendida y complacida y realmente lo estoy. "Qué buena idea, Carlos. Déjame preguntarle a Claudette a ver qué opina." Cuando se lo cuento a Claudette, me doy cuenta del gran esfuerzo que hace al decir que sí. Sin embargo, su voz se fortalece y me dice: "Este niño será tuyo y mío, no de él. Lo criaremos nosotras." Yo le advierto: "Sólo si estás segura de que esto es lo que quieres." "Sí, estoy segura. Tú sabes cómo quiero a tus hijos, quiero tener uno mío."

Planeamos el embarazo. Ella tiene que estar en su momento más fértil. Tenemos que esperar catorce días después del período menstrual de Claudette para que esté ovulando. Conforme se va acercando el día, mi certeza se va menguando. Cuestiono nuestra elección. ¿Cómo puedo permitir que mi ex-marido tenga sexo con mi amante? La idea es tan repugnante que siento las náuseas subir hasta mi garganta. Me torturo con imágenes de ellos en el acto sexual. Pienso en formas para detener esto.

Claudette tiene veintiséis años. Podemos esperar un par de años y buscar otro donador, alguien que no sea tan cercano a nosotras. Pero, ¿quién mejor que Carlos? Me ha dado tres hijos maravillosos. El hijo de Claudette y mío puede ser como ellos y ser parte de mi familia. Debo permitir que esto continúe, pero he decidido que no puedo dejar a Claudette sola con Carlos. No importa qué tan difícil sea para mí ver cómo tienen sexo. Tengo que ayudarla a pasar por esto.

Llegó el día. Antes de irnos al departamento de Carlos, Claudette se toma tres vodkas muy cargados. Se le arremolinan un tumulto de emociones. Miedo, enojo, aprehensión. Trata de echarse para atrás, pero después de otro trago, decide seguir adelante. Para cuando llegamos al departamento ya está muy mareada; aun así, pide otro vodka. Carlos me voltea a ver como esperando mi aprobación. Yo asiento con la cabeza y él se lo sirve. Se lo toma como si fuera refresco. Arrastrando las palabras, ruega, "otra, por favor". Con esta última copa, ya no se puede levantar.

Carlos y yo la llevamos arrastrando a la recámara. La recostamos en la cama, yo le quito la falda y los calzones para que quede desnuda de la cintura para abajo. Pongo mi brazo alrededor de ella, para que se apoye en mí. Carlos se quita la ropa y se sube encima de ella. Parece no importarle que esté tan borracha que parezca una muñeca de trapo. Separa sus piernas, las levanta y sin ningún preámbulo, la penetra. Ella dice, "no". Su voz suena como un gemido. Su cuerpo se pone rígido y empieza a mover las piernas tratando de quitárselo de encima, pero sus esfuerzos son débiles. Él está tan absorto en lo que está haciendo, que ni cuenta se da. La abrazo más fuerte y la beso para alentarla. Siento cómo se introduce en ella, como si se estuviera introduciendo en mí también. Su cara tiene la expresión distorsionada del hombre que sólo busca su satisfacción. ¿No siente remordimiento alguno por tener sexo con una mujer casi inconsciente? Una cascada de lágrimas cae sobre mis mejillas. Lo que está haciendo Carlos me duele tanto como si estuviera forzándose dentro de mí y violándola delante de mis ojos. Me hace pensar en todas esas madres durante las guerras que vieron a sus hijas profanadas por extraños, dejándolas destrozadas y avergonzadas de por vida. Tengo que recordarme que ella lo consintió y que el propósito es que ella conciba. Aun así, una oleada de vergüenza, agitación y culpa, pasa sobre mí. Por ella, por mí y por él.

Carlos sigue bombeando hasta que se viene. Se estremece y se deja hundir sobre ella. Lo que a mí me parece una eternidad, en realidad son sólo unos minutos. Quisiera aventarlo para quitarlo de encima de ella. Atacarlo como una bestia salvaje por violar a uno de los míos. Ella se mueve, quejándose ligeramente, no la puedo dejar.

Él se levanta y se para como un león satisfecho, hinchando su torso. Cuando abre su boca casi espero que salga un rugido. "Hubiera sido mejor si hubiera estado consciente, pero estuvo bien de todas formas", me dice. Sus ojos recorren su cuerpo desnudo, como si le perteneciera. Su ego es tan grande, que piensa que fue bueno tener sexo con una mujer inconsciente.

Contemplo su pene flácido. Es como un arma que le da poder al hombre. "Debes agradecer que no estaba consciente, pues es la única forma en la que te hubiera permitido acercártele."

Este acto fue suficiente para que Claudette quedara embarazada. Nuestro hijo nacerá.

Mientras su panza crece, pongo mi cabeza sobre ella y le hablo y le canto al bebé. Me imagino que puede escuchar nuestras voces mezcladas en una canción.

Celebramos Año Nuevo, es el cambio de 1972 a 1973. Estamos las dos solas tomando champaña y esperando la llegada de nuestro bebé para el 12 de enero.

Carlos se llevó a los niños a Colorado a esquiar y jugar en la nieve.

Todo sale bien en el parto. Claudette regresa al cuarto del hospital cansada pero reluciente. La enfermera trae a la bebita. Beso su frente y le digo "Karlita, bienvenida a nuestra familia. Siempre te vamos a querer mucho."

Nos cambiamos a otra casa en la misma colonia. Ahí Gabriela y Karla comparten la misma recámara. Las camas gemelas tienen cabeceras blancas con orilla roja. Sus colchas están decoradas con motivos de Blanca Nieves. Tienen muñecos de peluche de Mickey Mouse, Winnie Pooh, del Pato Donald y Daisy que les compramos cuando todos fuimos a Disneylandia.

La reacción de Claudette hacia su niña es igual a su reacción para todo; infantil y juguetona. Trata a Karla como si fuera una muñeca viva, divertida sólo para jugar, pero en el momento en que hay que encargarse de ella, se la da a alguien más.

Contrato a una niñera, pero yo también le doy de comer, la cambio y la voy a ver en la noche, cuando llama. No la habré tenido, pero es mi hija.

Mis hijos la aceptan como parte de la familia sin hacer preguntas.

Un día, de la nada, a Claudette se le ocurre decirle a mi hijo Armando, de once años, que Karlita es su hermana. Desde ese momento, él se convierte en su hermano mayor y protector.

Claudette quiere regresar a cantar al bar. "Tienes una hija que te necesita", le digo.

"Tú la cuidarás por mí", me contesta con una expresión inocente en sus ojos.

"Tú eres su madre", le digo. No quiero que vaya a cantar a esos lugares oscuros y no poder acompañarla. Regresaría a la casa en la madrugada, con la mirada perdida y oliendo a alcohol. No soporto verla en ese estado. Es atractiva, deseable y fácil de dominar cuando ha estado tomando. Afortunadamente, sigue mis consejos y acepta mi decisión, como una niña que obedece a su mamá.

La trato de convencer para que deje su carrera de cantante y trabaje en mi escuela de baile. Al principio insiste, "es mi carrera, me gusta mucho cantar". Sin embargo, mis argumentos en contra la desgastan. Después del nacimiento de Karla y una larga ausencia, no va a ser tan fácil encontrar trabajo en un buen bar y tendrá que conformarse en uno más corriente. Ella ha descubierto que hay veces que a los clientes no les interesa oírla cantar, sólo le ofrecen billetes y tiene que salir huyendo.

He visto a Claudette practicando los pasos de baile con Gabriela y cómo mi hija le responde. ¿Por qué no contratarla para que enseñe baile en mi escuela? Conoce de música y ritmo, tiene experiencia en teatro y es muy carismática. Decido contratarla y es un gran acierto. Sus estudiantes la adoran, igual que su público lo hacía. Sin embargo, parece que extraña los escenarios y más que nada, los aplausos. Entonces, organizo que cante en fiestas y reuniones.

Ocasionalmente se pone nostálgica por sus días como cantante de bar y por ser el centro de atracción. Todavía la persiguen los recuerdos de esos salones llenos de humo, así como de la admiración de los hombres y de cantar.

Conforme pasa el tiempo, se va sintiendo cada vez más satisfecha en su rol de maestra.

Gabriela y yo regresamos a la casa, después de estar toda la tarde en la escuela de baile. Karlita, de tres años, corre a saludarnos. Gabriela, que tiene ocho años, pone un disco y empieza a bailar por toda la sala al ritmo de la música. Su hermanita la mira por un minuto y le dice: "yo también quiero bailar." "Te voy a enseñar lo que aprendí hoy", responde Gabriela, "se llama *Tequila* y la vamos a bailar en el festival".

Mis dos hijitas, una de pelo claro, la otra de pelo oscuro, se toman de la mano. Gabriela dirige a Karla con sus piernitas regordetas, enseñándole la rutina de baile que aprendió hoy. "No Karla, se hace así, este pie va primero y tienes que seguir el ritmo de la música." Después de un rato, le dice: "lo estás haciendo muy bien, Karlita".

"Me voy a cambiar", anuncia Karla imitando a su mamá. Se mete a su recámara y regresa con su vestido rojo y sus zapatillas rojas de ballet. "Oki", le dice Gabriela, "te ves muy bonita de rojo". Karla se pone feliz, echa sus hombros hacia atrás, pone la mano en el pecho, un gesto que su mamá hacía al empezar y terminar su presentación, y dice: "Oki es muy bonita."

Un Conflicto Emocional

Ciudad de México
1975-77

"Me siento muy solo", me dice Carlos cuando viene a dejar a los niños. "Extraño estar cerca de mis hijos y verlos todos los días." No estoy segura de querer escuchar lo que sigue.

"Los niños están confundidos, no entienden nada de lo que ha pasado. Tampoco saben la verdad acerca de tu relación con Claudette, pero pronto la averiguarán."

"Ella se lleva muy bien con ellos, Carlos." Pienso en la facilidad que tiene Claudette para divertirse con los niños. "Está funcionando."

"Estoy seguro que sí... para ustedes." Le sonríe a Claudette en vez de a mí y ella le devuelve la sonrisa. Esto no me gusta. Me doy cuenta de que quiere pedirnos algo y está tratando de poner a Claudette de su lado.

"Tengo una solución que no les afectaría a ustedes dos y que para mí y para los niños sería muy buena. ¿Por qué no me mudo aquí, con ustedes? De esa forma, los niños tendrían a sus papás bajo el mismo techo. Claro que yo estaría en mi propia habitación."

"No", contesto de inmediato sacudiendo la cabeza para darle énfasis a mi respuesta. Él me ignora y continúa: "Les ayudaría mucho, especialmente a Armando, que es al que más le ha afectado nuestra separación. No les voy a estorbar y voy a respetar su relación de pareja." Voltea la mirada hacia Claudette como buscando su aprobación y ella dice: "Por mí no hay problema", y los dos voltean a verme.

Su petición es más como un arreglo. Él quiere vivir con sus hijos y yo quiero vivir con Claudette. Será bueno para los niños tener a su papá y a su mamá viviendo juntos, a pesar de ser una situación poco ortodoxa. Sin embargo, la idea de vivir juntos mi ex esposo, mi amante y yo, suena más como un trío que como una forma ideal de vida.

"No estoy de acuerdo, Claudette y yo somos amantes, si ella y yo dormimos en la misma recámara y tú en otra, los niños se van a enterar."

"Tal vez, pero para entonces ya lo habrán aceptado. Piensa lo felices que van a estar de tenernos a los dos en la misma casa."

"Pero a mí no me gusta la idea. ¿Cómo se va a ver que nosotros tres vivamos juntos?"

"La gente no tiene por qué saber cómo vivimos. Pensarán que tú y yo nos reconciliamos. Vamos a ser una familia, simplemente más grande."

"Déjame pensarlo. ¿Tú qué opinas, Claudette?"

"Haz lo que quieras, Marina", me contesta dulce y sumisa.

Mi mamá opina que debo aceptar. "Me parece una excelente idea. Él es el padre de tus hijos." Ella probablemente está pensando que seré más respetada ante la sociedad si vivo con mi ex esposo. Las mujeres divorciadas todavía son mal vistas. También terminaría su inquietud de que la gente sospeche que la amiga con la que vivo es mi amante lesbiana.

"Ese tipo de acuerdo no es correcto ni es lo que yo quiero". Mi situación con Carlos no es estable. Aparte, sabiendo que es un hombre extremadamente sexual, el hecho de que haya aceptado de tan buena gana que durmamos separadas de él me hace sospechar que tiene otras intenciones. Sin embargo, su insistencia es tal que se echa en el bolsillo a mi mamá y a Claudette. Mi mamá lo apoya para que aparentemos ser una familia grande y feliz y a Claudette ya la convenció de que es una excelente idea.

* * *

Pasan meses antes de que yo dé mi brazo a torcer. Tanto Carlos cómo mi mamá van derrumbando mis defensas. Yo me mantengo firme el mayor tiempo posible, pero me presionan demasiado con sus súplicas y negociaciones, tratando de convencerme y hasta forzarme. Todo esto va menguando mi convicción y, finalmente, acepto.

"Podemos ver si funciona." Se los digo no muy convencida y llena de dudas.

Nos cambiamos a una casa de cuatro recámaras cerca de mi escuela de baile, en la colonia donde habíamos vivido Carlos y yo. Siguiendo los planes acordados, Carlos se muda con nosotros y tiene su propia recámara. Los niños están felices y le organizan una fiesta de bienvenida. Karlita va por toda la casa diciendo: "¡Papi regresa a la casa!". Carlos es un buen papá. Juega con todos los niños y a los hombres los lleva a eventos deportivos. Por fuera, parecemos la familia perfecta. Alex, nuestro pastor alemán dorado, observa la escena...

Al mes de que Carlos vive con nosotros, estoy dando una clase de baile y me invade un mareo tan fuerte que me tengo que sentar y pedirle a Claudette que dé la clase. Estoy tan asustada que no puedo ver y me voy a la casa a descansar.

Permanezco en cama durante dos semanas. Después de toda una serie de estudios, ni mi doctor ni los especialistas encuentran qué tengo. Dicen que puede ser presión por el trabajo o stress (una palabra nueva que utilizan cuando no pueden diagnosticar una enfermedad). Me aconsejan que no trabaje tanto y que tome las cosas con calma. Es obvio que es psicosomático. Se parece a lo que padecí de niña cuando nos mudamos a la Ciudad de México. Lo único que se me ocurre es que mi situación actual de vida lo propició.

He tratado de no caer en sospechas o suposiciones de lo que pasa en la casa cuando yo no estoy. Las dudas rondan en mi cabeza. Claudette y Carlos se llevan muy bien, demasiado bien. Su comportamiento y la forma en la que interactúan me tienen muy alerta. Claudette simplemente está siendo encantadora, como lo es con todo mundo. Ella nunca me traicionaría, y mucho menos con un hombre. Como cantante, atrae a los hombres, pero su adulación tiene un efecto contrario en ella. Me dice que los tolera únicamente porque se trata de su trabajo.

Me pregunto si a pesar de que Claudette se sometió sexualmente a Carlos, tan temerosamente, lo volvería a hacer. ¿Por qué estoy tan llena de dudas? Seguramente porque me he dado cuenta que Claudette no es sincera y aparte, exagera. Todos sus años de lucha y de valerse por sí misma le trajeron como consecuencia miedos reales e imaginarios. En algunas ocasiones actúa de forma extraña, como cuando la conocí, que se peleó con su hermana. Sin embargo, me pongo a pensar en lo dulces y acomedidos que han sido ella y Carlos desde que he estado indispuesta y desecho mis sospechas.

Al día siguiente, me siento mejor y la enfermedad misteriosa desaparece.

Una noche, regresando de trabajar, Claudette y yo nos ponemos a platicar en nuestra recámara acerca de dos alumnas muy prometedoras de la escuela de baile.

"Yo creo que las dos tienen un gran futuro en el baile", le digo.

Claudette asiente, pero ha estado muy callada y pensativa durante toda nuestra conversación. Tiende a dispersarse y se distrae con facilidad. "¿Me estás oyendo?", le pregunto irritada.

"Sí, estabas hablando de la escuela."

"Bueno, como te decía, hay dos alumnas... ¿por qué no me puedes poner atención? ¿Qué está pasando?"

Baja la mirada. "Marina, hay algo que tengo que decirte." Se muerde el labio. "Cuando sales y me quedo aquí con Carlos, él me pide que tengamos sexo."

"¡Desgraciado!" Mi furia es tan intensa que provoca fuego en mis entrañas, un fuego tan ardiente que se eleva hasta mi cabeza y quema todos mis pensamientos, excepto uno: deshacerme de él, ¡correrlo! Sin embargo, mi furia se enfría, se congela y se transforma en un gran coraje. Eso es lo que el malnacido caliente de Carlos quería desde un principio. Se le caía la baba desde esa primera noche, cuando la conoció en el cabaret. Típico en él, estaba seguro de que después de esa única vez que tuvieron sexo, lo seguirían teniendo. Su madre me advirtió acerca de su lubricidad.

"No quería alterarte", me dice Claudette en tono aprehensivo, puesto que sabe cómo me pongo cuando me enojo. "Por favor, Marina, no hemos hecho nada malo." Se aleja de mí, como si temiera que la fuera a golpear.

"Lo que está mal es que él quiera tener sexo con cuanta mujer conoce, a menos que estén viejas y acabadas o demasiado jóvenes y pudorosas. ¿Cómo pude haber permitido que regresara a mi casa, estando tú aquí?" ¿Cómo no me di cuenta de que para un hombre como Carlos sería imposible mantenerse alejado de una mujer tan deseable como Claudette?

"Te juro que no hicimos nada", me dice casi con pánico. Temblando extiende su mano, "te lo juro". Yo ignoro su mano extendida y le digo: "En este momento voy a hablar con él, lo quiero fuera de esta casa."

"¡No, por favor, no le digas nada!"

"No esperas que me quede callada acerca de esto, ¿verdad?"

"Por eso no te lo había dicho. Sabía que te pondrías furiosa." Veo que se recarga en el tocador. Camino hacia la puerta y digo: "Lo voy a correr." Ella me grita: "¡Marina!" Cuando volteo, ¡me está apuntando con una pistola al estómago! Eso sí hace que me detenga. No tanto por la pistola como por la expresión de su cara. Su hermoso rostro está deforme y raro. Su boca está torcida y parece que me gruñe.

"No quiero... que lo confrontes, no quiero problemas", me dice pausando sus palabras. Su mano tiembla y la pistola se balancea de un lado al otro.

"¡¿Estás loca, Claudette?!" Sentí un golpe en el pecho y un jalón en el estómago, como si de verdad hubiera apretado el gatillo. De inmediato me llevé la mano al pecho, pero no me había disparado. Pensé: Cálmate, Marina, tienes que retomar el control.

"¿Por qué no quieres que hable con Carlos?" Trato de disimular el temblor de mi voz. "¿Con qué finalidad? Él te va a decir que soy una mentirosa y que no es cierto."

"Yo sé que él va a decir eso, pero también sé que es un mentiroso. No estoy enojada contigo."

"¿No?" Está sorprendida. Su actitud desafiante desaparece y baja la pistola, aunque no la suelta.

"No, pero me siento muy lastimada de que me hayas sacado una pistola." Con una voz más suave, le digo: "creí que me amabas". Las pulsaciones en mi sien son tan fuertes que apenas puedo oír mi propia voz.

Suspira y voltea a ver la pistola como si se hubiera olvidado de ella. "Con todo mi corazón", me dice en una vocecita y con una expresión como de una niña que ha hecho algo que no debía.

"Jamás quiero volver a ver esa cosa." Estoy temblando. Si es capaz de apuntarme con una pistola por una estupidez, ¿de qué más es capaz?

Rápidamente se voltea y guarda la pistola en el cajón.

"No puedes tener eso aquí. Aparte, ¿para qué necesitas una pistola?"

Pone su carita de niña y me dice: "para protegerme."

"¿De qué?"

"De los hombres, para mantenerlos alejados."

"Pues yo no soy hombre y no tienes nada que temer conmigo. ¿Por qué me amenazas con ella?" A mí, que lo que hago es protegerla.

Casi en un susurro, me dice: "No sé por qué. Tal vez porque si le dices a Carlos lo que te dije, se vendrá en contra mía."

En cierto modo, puedo entender su lógica torcida pero debo tratar de esconder mis sentimientos y razonar con ella. "Claudette, no me gusta tener un arma en la casa. Es demasiado peligroso."

Su expresión se pone dura.

"Siempre he tenido una y no pienso deshacerme de ella, ¿no te das cuenta que necesito protegerme?"

"¿Eso significa que te tienes que proteger de mí? ¡Me pudiste haber matado, Claudette!" Ella niega con su cabeza vigorosamente. "Tienes que deshacerte de ella, de otra manera, jamás me sentiré segura contigo después de lo que pasó. Si la vuelvo a ver, nunca te lo voy a perdonar." Me dejo caer en la cama y me llevo las manos a la cabeza.

"Perdóname, Marina. Lo único que quería era evitar que hicieras una escena, no fue en serio." Me lo dice con su suave e inocente voz, mientras se sienta y me rodea con un brazo.

Me quito su brazo de encima y me acuesto con la cabeza en mi almohada. "Y yo, ¿cómo puedo saberlo? Han sido demasiados sustos."

"No fue mi intención. No debí hacerlo, pero no quería crear un problema con Carlos. Tú sabes que yo me las puedo arreglar con él."

"Si no quieres que yo intervenga, entonces arréglalo tú con él, pero prométeme que si te vuelve a abordar, me lo vas a decir."

"Te lo prometo." Su rostro dulce expresa arrepentimiento y quiero creerle. "Ahora déjame sola, necesito descansar."

Mi mente está rumiando después de este doble golpe bajo. Primero, el comportamiento de Carlos y luego, la reacción extrema de Claudette para evitar que lo confronte. Está escondiendo algo y no quiero ni pensar qué puede ser. Ella tiene razón, si lo confronto con lo que ella me contó, él va a decirme que está mintiendo. Como los dos acostumbran mentir, va a ser difícil saber la verdad. Conociendo a Carlos, sí creo que la ha tratado de abordar pero también quiero creer que una mujer de mundo, cantante de cabaret, como ella, sabría cómo quitarse de encima a hombres como él.

Tal como están las cosas, no puedo confiar en ninguno de los dos.

* * *

Claudette está cambiando. Creí que la conocía como a la palma de mi mano, pero ya no estoy tan segura.

Estamos discutiendo en la recámara acerca de sus distracciones en la escuela de baile. No es una discusión fuerte; más bien, estoy tratando de hacerle entender que el hecho de ser mi amante no le da privilegios sobre las demás maestras. Ella insiste en que no se toma privilegios.

"¿Me estás diciendo mentirosa?", me pregunta con su engañosa mirada inocente.

"Mentirosa no, pero en esta ocasión sí mentiste." Mi tono es duro y acusador; ya no me engaña.

"¡No soy una mentirosa!", me grita sacudiendo el puño enfrente de mí.

"Sí lo eres." En ese momento, su expresión cambia, al grado que la desconozco. Toma vuelo y me lanza un golpe al estómago. Me doblo, el golpe me sacó el aire y no puedo respirar. En pánico, trato de jalar aire y cuando lo logro, doy un grito.

Armando llega corriendo. "¿Qué pasó?"

"Tengo un dolor de estómago muy fuerte." Al decirle esto, en cierta forma le estoy diciendo la verdad.

Se ve el miedo en la cara de Claudette. Nunca antes había usado su fuerza física para lastimarme, sin embargo, el suceso me recuerda la noche en que la conocí, cuando ella y su hermana se pelearon a golpes. ¿Acaso está saliendo a relucir su verdadera personalidad?

"Lo siento mucho", me dice. Con la mirada, le recuerdo que Armando está aquí. "Siento mucho que te duela tanto el estómago." Me ayuda a recostarme, me trae un vaso con agua y se hinca a mi lado. "Perdóname, perdóname, no sé qué me pasó."

Algo en mi mirada, en mi voz y en mi acusación, disparó en ella esa reacción. Algún trauma del pasado que nunca ha resuelto.

Ella vuelve a ser la persona linda y amorosa de antes, pero es demasiado tarde. Si es capaz de golpearme por un desacuerdo insignificante, ¿qué podría pasar después? Me preocupa, sobre todo, porque ya también sucedió el incidente de la pistola.

En octubre, al año de que Carlos se vino a vivir con nosotros, me vuelvo a enfermar. Me regresan los mareos y la debilidad, pero más fuertes que antes. No tengo energía ni para levantarme de la cama. No puedo hacer nada por mí misma. Como no puedo levantar los brazos, mi mamá me lava el pelo. Estoy tan débil como una viejita. Puede ser leucemia, tengo todos los síntomas, sin embargo, los resultados de los análisis son negativos.

Mi mamá, desesperada, habla con un muy buen médico, quien le recomienda que vayamos al Centro Médico de Houston. Al día siguiente, volamos a Houston. En cuanto llegamos, empiezo a sentirme mejor. Mi reflejo en el espejo ya no tiene la palidez de un cadáver. Ahora mis mejillas tienen un poco de color.

Después de tres días de exámenes, me dan el diagnóstico. No es lo que yo esperaba o temía escuchar. Es casi decepcionante después de todos mis síntomas. "Todos sus estudios salieron normales", me informan. "Físicamente, no encontramos nada. Tal vez su desorden proviene de problemas emocionales."

Esto corrobora lo que yo sospechaba pero trataba de negar. Recuerdo haber leído, hace años, acerca de Freud y la histeria. La forma en la que gente totalmente funcional carga con sus problemas emocionales y puede acabar inválida. Pueden tener todos los síntomas de una enfermedad mortal y físicamente no tienen nada.

Lo que no había querido reconocer es que la situación tan anormal entre Claudette y Carlos me ha afectado a este extremo. Durante un año hemos estado fingiendo ante los niños, ante el mundo y ante nosotros mismos que lo que estamos haciendo es lo correcto.

Hemos enmascarado los problemas con Claudette, las discusiones, las peleas y los conflictos verbales. Además, la conducta tan extraña de Claudette se está haciendo cada vez más evidente.

Mi mamá está feliz con los resultados de mis análisis. "Gracias a Dios, Marina, estaba preocupadísima al no saber qué tenías, me estaba volviendo loca. "Voy a llamar a Claudette y a Carlos para darles la buena noticia."

Nadie contesta. "Todavía es muy temprano, vuelve a llamar después de cenar", dice mi mamá.

Salimos a cenar y regresamos a nuestra habitación del hotel a las nueve de la noche (las once en la Ciudad de México). Marco a la casa y nadie contesta. Sigo marcando hasta la una de la mañana, pero no hay respuesta. Los niños deben estar dormidos, pero ¿dónde están Claudette y Carlos? Ellos sabían que hoy me daban el diagnóstico. Deberían estar esperando noticias de mí y en lugar de eso, parece que los dos salieron. No les importo ni un cacahuate.

Acabo llorando en los brazos de mi mamá. Ella es la única persona con la que siempre cuento cuando estoy enferma o en problemas.

¿Qué están haciendo en mi ausencia? No quiero ni saber.

BARRERA DIECISÉIS
Traición

Ciudad De México
1976

Al día siguiente, cuando voy hacia mi casa, Armando sale corriendo a recibirme.

"¿Adivina qué?", pregunta con una voz llena de entusiasmo. "Anoche Claudette tuvo una orgía." Lo dice con orgullo, como si estuviera divulgando una noticia muy importante.

"¿Una orgía? ¿Qué quieres decir con eso?" Tiene 13 años y orgía podría ser el lenguaje popular que usa para una fiesta.

"Trajo a la casa a tu prima, Elisa. Estuvieron en la recámara, tomando, riéndose y haciendo mucho ruido."

"¡¿Qué?!" Se me cierra la garganta y sacudo mi cabeza repetidamente. ¿Claudette y mi prima de dieciséis años, regordeta y con granos? He visto que Elisa mira a Claudette con admiración, pero no le di importancia porque pensé que era un enamoramiento de adolescente.

"¿Qué clase de ruido?"

"Como el que hacen tú y Claudette, que se ríen mucho pero también lloran por algo."

"¿Lloramos?" Me toma un momento darme cuenta que así es como Armando interpreta los gemidos. Así responde Claudette cuando hacemos el amor.

"Mi papi estaba en la otra recámara con dos de tus maestras de baile y ellas también se estaban riendo. Mami, por favor, no les digas que yo te dije. No quiero que mi papi y Claudette se enojen conmigo."

Le doy un abrazo. Espero que no haya visto u oído algo que lo perturbara. "No te preocupes, hiciste lo correcto. Me da gusto que me lo hayas dicho." No obstante, estas palabras han sacudido mi cuerpo y mi mente. Es demasiado para asimilarlo tan rápido. Me siento como una casa que ha sido sacudida por una explosión cercana, levantando una polvareda, rompiendo sus ventanas y dejando hoyos en las paredes. La casa todavía está de pie; sin embargo, está detenida únicamente por una pared a punto de desmoronarse.

"Lo siento mucho, mami, no quería ponerte triste."

"No eres tú el que debe sentirlo", le digo. Todas esas sospechas las hice a un lado, como si hubiera sido sólo mi imaginación. Ahora todo concuerda. Aun ahora, una parte de mi cerebro me dice que esto sucedió porque yo estaba demasiado enferma para enfrentar lo que estaba pasando. La otra parte me dice que la Claudette que yo quiero es una fantasía que sólo existe en mi mente. Ni siquiera un inmenso amor logra cambiar su naturaleza innata.

No es sólo Claudette, también es Carlos. ¡Qué poco le importan sus hijos! ¿Cómo pudo meter a dos de mis maestras a su recámara?

"¿Dónde estaban cuando yo les hablé por teléfono? ¿Qué nadie lo oyó?"

"Sí, pero yo pensé que mi papi o Claudette iban a contestar."

Preferiría irme a un hotel para analizar esta situación, pero Armando está esperando que yo entre. No puedo enfrentar el entrar a la recámara "manchada", donde Claudette y Elisa estuvieron la noche anterior. No soporto la idea de Claudette ahí con mi prima, haciendo el amor en la misma forma en que lo hace conmigo. Tampoco tolero la idea de que Carlos, el padre de mis hijos, estuviera teniendo juegos sexuales con mis empleadas mientras los niños estaban en el cuarto de al lado.

Mi rabia y mi dolor interior provocan un gran dolor físico a través de todo mi cuerpo. No puedo dejar que esto me venza. Sé lo que tengo que hacer por el bien de los niños y por el mío. Liberarme de Claudette y de Carlos, de los dos.

Carlos llega primero. Se detiene y se pone tieso cuando me ve parada a la mitad de la sala. Mi rabia es evidente por mi postura, mi expresión y la forma en que tengo cruzados los brazos. Seguramente ya se dio cuenta de que no va a salir bien librado de esta situación.

"¿Qué te dijeron los doctores en Houston?"

Si lo pudiera matar con la mirada, lo haría. "Me enteré de lo que pasó aquí anoche. No voy a tolerar ese comportamiento en esta casa. Quiero que te vayas enseguida." No se ve perturbado, hasta parece indiferente. "No fue nada, Marina, unos cuantos tragos con dos de tus maestras." "Eso no es lo que Armando vio, dijo que fue una orgía."

"¿Qué orgía? Nos estábamos divirtiendo, eso es todo."

"¿En tu recámara?"

"Sí, para no estar enfrente de los niños. ¿Eso qué tiene de malo?"

¿Qué tiene de malo? Carlos es el rey de la negación, nunca admitirá la verdad. Manipula las cosas para poder librarse de la situación.

"¿Qué hacían mis maestras aquí?"

"Vinieron de la escuela con Claudette, pero cuando llegó Elisa..." Hace una pausa, se queda pensando y dice: "Yo tuve que entretenerlas. Fue algo inocente y divertido."

Con su mirada evasiva me está dando a entender que es culpable y que se siente descubierto. No obstante, yo sé que no lo va a aceptar. Ignoro sus excusas. "A ti y a Claudette les importó tan poco que yo estuviera enferma, que los dos estuvieron de fiesta en mi ausencia."

"No es cierto, todo pasó como te lo dije. Oye, te ves mucho mejor, ¿qué te dijeron los doctores?"

"¿Por qué preguntas, si anoche no te molestaste en contestar mi llamada?" Le digo, golpeando el piso con mi pie con tanta fuerza, que le hago un hoyo a la alfombra. "No mereces una respuesta. No me importa lo que haces cuando sales, pero no aquí, no en nuestra casa. Por favor, empaca tus cosas y vete."

"Cálmate, Marina. ¿Y los niños? ¿Y nuestra familia?"

"Los niños ya han visto demasiado y ya no somos una familia. Esta es una situación amoral que yo nunca debería haber aceptado. Te vas al diablo ahora mismo." Me mira con incredulidad pero sabe que mi decisión es irrevocable. No voy a cambiar de decisión aunque me trate de persuadir o me ruegue. No estoy enferma físicamente, pero él y Claudette me han dañado tanto emocionalmente, que me he deteriorado como si tuviera una enfermedad grave.

Cinco años con Claudette y a lo que hemos llegado es a esto. Yo confié en ella, pero sus mentiras y engaños destruyeron esa confianza. Me puse una venda en los ojos para no ver lo que era obvio, como lo que estaba pasando con Carlos, el incidente con la pistola y muchas otras cosas. Pero esta vez se pasó de la raya al seducir a mi prima de dieciséis años.

Claudette llega de trabajar, me ve y me abraza. "¡Ya regresaste! Te extrañé." Parece no darse cuenta de que no respondo a su abrazo. Se aparta y me pregunta: "¿Qué te dijeron los doctores?"

"Si hubieras contestado el teléfono anoche, lo sabrías."

"¿Llamaste? No lo oí sonar."

"Creo que estabas muy ocupada."

"¿Muy ocupada?", pregunta temerosa pero desafiante.

"Sí, con Elisa."

"Como tú no estabas, ella me vino a hacer compañía. Sólo nos divertíamos con algunos juegos."

"¿Qué clase de juegos? Por lo que escuché, parece que estaban tomando y pasándosela muy bien. ¿Cómo pudiste? Ella es una niña."

"Te juro que no pasó nada."

No le creo una sola palabra. Sé cuando está mintiendo por la expresión de sus ojos y la forma exagerada en que abre la boca. ¡Podría meterle una manzana!

"Eres una pobre mentirosa, Claudette. Ni por un instante creo lo que me dices. Si fuera cierto, me hubieras contestado cuando llamé de Houston." Se pone pálida y me dice: "Perdóname, se me olvidó. Por supuesto que me importa saber cómo estás."

"Estabas muy ocupada seduciendo a mi primita."

"No es cierto, no es verdad." Se me acerca con los puños cerrados, pero los detengo con fuerza, se los bajo y sin soltarlos, le digo: "No sólo está mal que hayas tenido sexo con otra mujer en nuestra recámara, en nuestra cama, sino que lo hiciste con una muchacha tan joven que no sabe ni lo que hace. Eso es abuso sexual."

"Tiene dieciséis años, ya no es una niña." Se le salieron las palabras, antes de que pudiera detenerlas. Pone su mano en la boca, al darse cuenta de lo que estaba admitiendo.

Le grito: "¡A la chingada con las dos! ¿Cómo es posible que Carlos y tú me traicionen en mi momento más vulnerable?" Me aguanto las lágrimas para no demostrar debilidad. "A él ya le pedí que se fuera de la casa. Los niños y yo nos iremos de aquí mañana mismo, si encuentro una casa. Tú te puedes quedar aquí con la sirvienta."

"Pero Marina, no tenemos que terminar así. Hemos sido felices, ¿o no? ¿Qué va a pasar con Karla? No puedes dejar que sufra por mis errores."

"Puede vivir conmigo y con mis hijos, pero contigo ya no quiero nada."

"No, yo soy su verdadera madre y ella se queda conmigo."

"Yo también soy la mamá de Karla."

"No, no lo eres. Pretendes serlo, pero no nació de ti."

"La he tratado como si fuera mi propia hija. ¿Tú qué has hecho por ella? ¿Puedes darle un hogar?"

Duda antes de contestar. "Volveré a cantar."

"Lo dejaste hace cuatro años."

"Lo dejé por tu culpa. Me gustaba mucho cantar en público, pero tú estabas celosa. Tú me hiciste dejarlo cuando pude haber logrado algo importante."

Tomo aire. Es verdad, era su forma de ganar dinero y no le será fácil encontrar trabajo después de cuatro años. "Puedes continuar trabajando en mi escuela. Tendrás suficiente para vivir y hablaré con Carlos para que te ayude con los gastos de Karlita."

En dos días, mi vida se ha transformado. Primero, el alivio de saber que no tengo una enfermedad seria, seguido por la traición de mi amante. Después, darme cuenta de que he estado viviendo una mentira estos últimos cinco años. Y por último, terminar con Claudette y Carlos y, por si fuera poco, perder a mi hija Karla. No permitiré que esto pase. Pelearé por ella hasta el final.

Son las dos de la mañana y el teléfono está sonando. Dudo antes de contestar. Me cambié hace una semana y todavía estoy tratando de recuperarme de este golpe. No es una tarea fácil.

"Marina, necesito verte, hablar contigo." Reconozco la voz de Claudette y de inmediato me doy cuenta de que está borracha. Esa es otra de las cosas que debería haber notado, está tomando mucho más que antes y eso está afectando todo lo que hace.

"No tengo nada más que decirte."

"Por favor perdóname, mi amor, te amo y no quiero estar sin ti. No me puedes dejar así."

"Puedo hacerlo y ya lo hice."

"Me voy a suicidar, me voy a cortar las venas." Escucho su desesperación. En ese estado emocional y alcoholizada, es capaz de cumplir su amenaza. No puedo arriesgarme. Me levanto y voy a verla para tratar de razonar con ella, pero está totalmente irracional. Balbuceando me dice cuánto me quiere, promete serme fiel y que el incidente con mi prima fue sólo un accidente debido a tanto alcohol y a la adoración que siente esa muchacha hacia ella.

Es verdad, Elisa es muy joven y está en una etapa incierta y sensible. Puede ser que Claudette la haya lastimado sin intención. No me queda más remedio que creerle que no fue intencional. Dice que va a dejar a mi prima en paz, si ella promete no llamar ni tratar de buscarla.

Quisiera creerle, pero lo que más deseo es tener paz mental. Mi enfermedad y su traición han disminuido mi energía. Usé toda mi fortaleza para cambiarme a esta casa.

"Mi decisión es final. Son las cinco de la mañana, si te quieres matar, mátate y no me pidas que te salve."

Dos días después, como a las diez de la noche, recibo una llamada de la sirvienta. "¡Señora Marina, venga por favor, la necesitamos!"

"Mary, cálmate y habla más despacio. ¿Qué pasa?"

"La señora Claudette y la señorita Elisa se trataron de matar con un cuchillo. Hay sangre por todas partes."

Mi corazón empieza a latir muy fuerte, siento que me sofoco. "¿Están conscientes?"

La sirvienta casi no puede hablar. "Sí, pero están sangrando mucho. Ya le hablé a la policía."

"¡¿Que hiciste qué?!" Es lo peor que pudo haber hecho. Eso va a significar dinero, mordida y posiblemente problemas para Claudette, porque es extranjera.

"¿Por qué no me hablaste primero a mí o a una ambulancia?"

"Todavía no llegan, no sé qué hacer, están lastimadas, se pueden morir."

¿Qué se apoderó de ellas para hacer tal cosa? Mientras voy manejando hacia allá, tengo visiones de Claudette y Elisa sangrando por las heridas que se han causado.

Al llegar, encuentro una patrulla afuera de la casa y dos policías en la puerta. Todavía no han entrado. Los quiero detener, porque una vez que vean sangre, van a querer una declaración formal y eso significa problemas.

"Oficial, las que están adentro son mis primas. Estaban jugando y tuvieron un accidente. La sirvienta se asustó y los llamó, pero parece que están bien. Aquí tienen, por el trabajo que se tomaron en venir." Le doy cien pesos a cada uno y se van.

Claudette y Elisa están recostadas en el sofá, con los ojos vidriosos pero conscientes. Están envueltas en toallas. Hay huellas de sangre en la alfombra y en el sofá. Me asomo al baño y me llega un olor a sangre. Veo sangre en la tina, en el piso, en el lavabo y en las paredes.

"¡¿Están locas?!" Noto que sobre la mesita hay una botella de vodka y un vaso ya vacío al lado.

"Estábamos haciendo un pacto de amor, como lo hacen las gitanas", me dice mi prima, con una voz ronca y vacilante. "Nos cortamos las venas para unir nuestra sangre."

"¿Con qué?"

Señala un cuchillo de cocina lleno de sangre que está en el piso junto a ella.

"¿De quién fue la idea?", le pregunto a Claudette. Ella agacha la cabeza.

"¿Qué no pensaste en el peligro? ¡Podrían haber sangrado hasta morir!" Tomo el teléfono y le llamo a mi doctor. Le explico que es una emergencia pero que tenemos que ser discretos. Prefiero no llevarlas al hospital porque nos harían muchas preguntas.

"En seguida voy para allá."

Volteo a ver a la pobre e insignificante Elisa. Ha tenido la desgracia de caer en manos de alguien como Claudette.

"Le voy a hablar a tu mamá para que venga a recogerte y le voy a decir que te prohíba volver a ver a Claudette."

"Si no puedo verla, me muero." Se limpia las lágrimas con la mano llena de sangre, dejando su cara manchada de rojo. "La he amado desde nuestro primer beso, hace cuatro años."

Calculo rápidamente. Era cuando Claudette y yo estábamos muy enamoradas... o eso pensaba yo.

"¡Pero si tan sólo tenías doce años! ¿Qué clase de beso?"

Elisa voltea a ver a Claudette y ésta le hace un gesto de enojo.

"Un beso verdadero", dice Elisa suspirando. "Fue mi primer beso."

No quiero, pero al mismo tiempo no puedo evitar imaginar las escenas de amor entre ellas. Claudette, mi amada Claudette, quien me besaba apasionadamente, besando a esta pobre muchachita. Explorando su boca, sus emociones y su cuerpo que apenas se empezaba a desarrollar en la pubertad. Mi Claudette amando a alguien más. Siento que se me va a derramar la bilis al igual que las lágrimas. Hago un esfuerzo por contenerlas. Me voy a enfermar. Voy a llorar con toda mi alma, pero no ahora.

"¿Qué más?", pregunto fríamente. Claudette no se mueve ni trata de contestar.

"Le gustaba sobarme los pechos. Decía que esto ayudaría a que me crecieran."

Me volteo para no ver esa horrible escena y para que no vean mis lágrimas de coraje, las cuales ya no puedo contener. Así que Claudette empezó a seducir a mi prima hace cuatro años, cuando Elisa era todavía una niña. ¿Qué le habrá hecho desde entonces? ¿Cómo puedo lidiar con esta traición a mi confianza? Tendré que trabajar en eso después, por ahora tengo que ser fuerte.

"Yo pensé que me amabas", le digo a Claudette, "pero para ti fue solo un juego."

"No, mis sentimientos por ti son auténticos, pero me aburría esperando que terminaras de trabajar y cuando llegabas a la casa, estabas cansada. No tenías tiempo para mí."

"Pero, ¿por qué Elisa? ¿Por qué una niña?"

"Yo no la veo así, para mí no es una niña y nunca la he lastimado."

"Nunca me has lastimado", dice Elisa. "Eres muy dulce y tierna."

"¡Cállense las dos!" Me volteo y le digo a Claudette: "No la puedes volver a ver." Siento una gran satisfacción al ver la sorpresa en su cara.

"Estas celosa y no nos puedes detener", me contesta Claudette.

Yo sé que estoy celosa, pero más que nada estoy aterrada por la falta de moral de Claudette. Parece no sentir ningún remordimiento por lo que ha hecho.

"No depende de mí", le digo.

Mi tío y mi tía ya vienen por Elisa y estoy segura que le van a prohibir ver a Claudette. De ahora en adelante van a vigilar los movimientos de su hija.

"¿Dónde está Karla?", pregunto, esperando que nuestra hijita no se haya visto afectada.

"Dormida", dice Claudette. "La sirvienta la acostó temprano."

"Me la llevo a mi casa, no puede despertar y ver todo esto." Señalo la sangre.

"Bueno, se puede ir contigo esta noche", dice Claudette en tono de triunfo. "Es mi hija, no tuya."

Llega el doctor y cura las heridas de Elisa. Su madre, consternada, llega a recogerla. ¿Cómo explicarle a mi tía que la mujer que ha vivido conmigo por cinco años es la culpable? Mi tía no sabía que yo ya me había cambiado de casa y que Elisa no pasaría la noche conmigo. Le creyó a Claudette, quien le dijo que hablarían después, cuando fuera más apropiado y que entonces le explicaría todo.

Mi tía y Elisa se van. El doctor no pregunta por qué no las quiero llevar al hospital, aunque recomienda que lo vayan a ver a su consultorio al día siguiente.

Tomando ventaja del estado tan débil en que Claudette se encuentra, la hago confesar lo que pasó. Parece que ella, una mujer de veintiocho años, se dejó persuadir por una muchacha de dieciséis de la absurda idea de cortarse las venas en un pacto de amor. Desde el incidente de la pistola he sospechado que tiene problemas mentales. Ahora, escuchando sus necedades y sus emociones confusas, estoy segura de ello. Está dañada, y personas dañadas como ella pueden ser peligrosas para otros y para ellas mismas.

Estoy lista para enfrentar la realidad. Claudette ha arruinado mi vida, mi familia y mi salud. Durante mucho tiempo me puse una venda en los ojos ante su comportamiento tan extraño y lo toleré. Me pregunto qué más podría hacer después. ¿Qué tal si seduce a una de mis alumnas y causa un escándalo en mi escuela? Ahora que recuerdo, ya trató de hacerlo. Hace unos meses, una alumna de quince años vino con la historia de que Claudette la había besado y acariciado. Claudette lo negó y yo le creí. La alumna se salió de la escuela. No puedo permitir que esto pase otra vez, puedo perder mi negocio y todo lo que he construido.

Claudette se tiene que ir de México. No es fácil para mí tomar esa decisión. Después de darle vueltas al asunto durante dos semanas, llego a esa conclusión. Si ella es tan destructiva, ¿qué pasará a la larga? Especialmente debo proteger a mis hijos y separarlos de ella antes de que los infecte con su locura. Mi tío, el papá de Elisa, está furioso por lo que pasó con su hija. Me culpa a mí y a mi "amiga". Quiere alertar a las autoridades acerca de ella y tal vez lo haga. Mi tía le ruega que no lo haga y que sea discreto. "No queremos que Elisa tenga una mala reputación."

Paso temprano a la casa para hablar con Claudette. Se acaba de levantar y su cara esta hinchada, sus ojos rojos y vidriosos. Huele a alcohol. La sirvienta le trae un café bien cargado. Claudette lo ve con disgusto y lo hace a un lado.

"Mejor tómatelo, porque lo que te voy a decir es serio, muy serio. Mi tía me llamó esta mañana para informarme que el papá de Elisa sabe lo que le hiciste a su hija y te quiere mandar a la cárcel o deportarte."

"¿A la cárcel? ¿Deportarme? ¿Por qué?"

"Por abusar de una menor y por daño físico. Incitaste a su hija a cortarse las venas."

"No me pueden acusar de eso, no hay pruebas. Aparte, en México, a los dieciséis años ya no eres considerada una niña. En cuanto a cortarse las venas, nadie puede probar nada. Tú le dijiste a la policía que se fuera."

"Si, yo sé." En cierta forma, fui cómplice. "Pero estamos en México y tú eres extranjera. Eso significa que la palabra de mi tío tendrá más peso que la tuya. Si no te vas del país, irás a la cárcel."

"Pero yo no me quiero ir. Tú te encargarás de todo, ¿verdad Marina?"

"Claudette, yo no te puedo ayudar. Mi tío te fue a reportar esta mañana. Pueden llegar con una orden de deportación en cualquier momento. No tienes otra opción. ¿Por qué no te vas a Madrid, donde viven tu mamá y tu hermana?"

Mira alrededor del cuarto como tratando de buscar una salida. "No puedo creer que esto esté pasando", dice.

"Lo siento, Claudette, pero tú te lo has buscado."

"¿Quieres que me vaya?"

"Sí, por tu bien y el mío. Te compraré tu boleto para Madrid."

"¿Que pasará con Karla? Ella es mexicana, no la puedo dejar aquí."

"Ella se puede quedar con nosotros. Somos la única familia que conoce."

Aprieta los labios y me mira. "No, si yo me voy, ella se va."

"Tu tendrás que cuidarla." Hasta ahora, ella me la ha dejado a mí.

"Yo juego mucho con ella y con tus hijos."

Es verdad. Yo estoy ocupada trabajando en mi escuela de danza, mientras que Claudette está menos ocupada y puede jugar con los niños. Pensé que eso era bueno, pero ahora no lo veo así. "Es tu decisión", digo tristemente. "Si se queda contigo, cuídala como ella está acostumbrada."

¿Qué clase de vida tendrá Karla con una mujer como Claudette? En sus tres años de vida, yo he sido responsable de todo lo referente a ella. Contraté a alguien para ayudar, mientras Claudette sólo juega con ella. La pequeña Karlita. Mi corazón se desmorona sólo de pensar en perderla, pero no tengo derechos sobre ella.

"Va a necesitar pasaporte y el consentimiento de su padre para salir del país", le digo. "Tengo una amiga que va a Madrid en dos semanas, ella la puede llevar."

Claudette no sabe que yo planeé todo esto. Mi tío nunca fue a las autoridades. Nadie fue. Tomé una página de un libro que tenía mi mamá de cuando Manón fue deportada. La única forma en que mi familia puede vivir de una manera normal es forzando a Claudette a irse. Mientras esté en México y trabajando conmigo será imposible desconectarme de ella completamente.

* * *

Todavía la amo demasiado como para dejarla partir sin un adiós.

Pasamos su última noche en México en la casa de un amigo. Es un lugar neutral donde podemos estar solas. Ella toma mucho vino y no trato de detenerla. Esta partida es muy traumática. No importa lo que me haya hecho, ella permanecerá en mi corazón por un largo tiempo.

Nos quitamos la ropa y nos metemos desnudas a la tina. Mientras acaricio sus hermosos pechos, me pregunto si los volveré a acariciar otra vez. Estudio su cara, tratando de conservar el recuerdo de sus facciones en mi mente. Sus ojos oscuros con sus largas pestañas, sus labios sensuales y su pelo largo y sedoso.

Yo preparé esta partida; sin embargo, me duele con todo mi cuerpo y mi alma. Nos vamos a la cama. Después de tanto vino, se duerme en seguida como si no tuviera ninguna preocupación en el mundo. Yo no puedo dormir, la contemplo sabiendo que esta puede ser la última vez que la veo.

Dejarla ir es como cortarme un brazo para que no infecte al resto de mi cuerpo.

* * *

Le hacemos una fiesta de despedida a Karlita. Como siempre, insiste en ponerse un vestido, la hace sentirse como una pequeña damita. "Pantalones para mí, no. Son feos y son para niños como mis hermanos." Escoge ponerse su vestido favorito. Es azul marino con orilla roja en las mangas y la falda. Combina un cinturón rojo con calcetines rojos y zapatos azul marino. Se mira en el espejo y dice: "Oki, eres muy bonita." Tomamos fotos. Soy la única que sé que será todo el recuerdo que nos quede de ella. De sus brillantes ojos cafés, de su corto pelo negro, de su nariz respingada y de sus labios carnosos como los de su madre.

Armando me ruega: "Por favor, no la mandes. Ya perdimos a Claudette, haz que Karla se quede. Es nuestra hermana y debe crecer con nosotros."

"Tengo que hacerlo. Su mamá la quiere, pero Karla es parte de nuestra familia y te prometo que volverá con nosotros." Es una promesa que no podré cumplir.

"Voy a extrañar mucho a mi hermanita", dice Gabriela.

"Todos la vamos a extrañar", le contesto.

"¿Cuándo la vamos a volver a ver?"

"Tal vez nos venga a visitar el verano próximo" les digo, sabiendo que eso no sucederá. Para entonces, el dolor se habrá mitigado y Karla será tan sólo un recuerdo.

Reconocimiento de Orientación Sexual
En La Edad Mediana

CIUDAD DE MÉXICO
1973

Valeria, la doctora que me recomendó mi mamá, me mira pensativa. Reconozco su expresión de inmediato. Está a punto de darme una mala noticia. Mi mente recorre una serie de horribles posibilidades.

"Creo que debes de saber que tu mamá y yo somos amantes."

Una risa de incredulidad se escapa de mi garganta. A pesar de que me cubro la boca con la mano, no puedo esconder mi risa entre dientes. Siento cómo me tiemblan los hombros.

"No es posible", digo divertida. "¿Mi mamá? ¡No! Yo sería la primera en saberlo."

Me está poniendo nerviosa la mirada fija y seria de Valeria con sus ojos cafés sobre mí. ¿Por qué me está diciendo semejante cosa esta mujer necia, sin maquillaje y con pelo corto como de hombre? Mi risa se agota poco a poco y hago un esfuerzo por tomar aire, como si hubiera corrido varios kilómetros.

"¿Cuánto tiempo llevan juntas?", pregunto en tono áspero.

"Seis meses", me contesta bruscamente.

La estudio. Valeria es completamente diferente a las amigas fastidiosas de mi mamá.

"Nunca me dijo." Jamás lo imaginé y mucho menos lo sospeché.

"Tiene miedo de decirte. Piensa que te vas a enojar con ella."

Enojo no es la palabra que describe lo que estoy sintiendo. Es una furia que aumenta dentro de mí, tocando el áspero aguijón del resentimiento y de todo el veneno acumulado. ¿Es esta la razón por la cual peleó en contra de mi preferencia sexual, bloqueándome, castigándome y rehusando aceptarme tal como soy?

Hace años, cuando mi madre interfirió en mi vida, ¿lo hizo debido a sus propios deseos sexuales reprimidos?

Si mis piernas me respondieran, saldría corriendo de la oficina de Valeria. Guardo silencio, tratando de recuperarme de la batalla interna desatada en mí.

Valeria aclara su garganta varias veces antes de que yo responda.

"Si estoy enojada, no es porque mi madre esté contigo, sino por todo lo que hizo para evitar que yo fuera quien soy. Me alegro que haya encontrado a alguien. Ha estado sola por mucho tiempo."

"No soy la primera mujer en su vida."

Entonces, la madre que yo conocí, la que me crió engañándome a mí y al mundo, fue una ilusión. Tendré que pelear esta batalla interna después, no aquí frente a Valeria, a quien casi ni conozco, ni creo querer conocer.

"¿Hace cuánto que está teniendo relaciones con mujeres?"

"Tendrás que preguntárselo a ella."

En cuanto llego a la casa, le marco a mi mamá. "Valeria me acaba de contar acerca de tu relación con ella y con otras mujeres."

Antes de contestarme, hace una pequeña pausa. "Supongo que debemos hablarlo."

"Esta conversación la deberíamos de haber tenido hace mucho. ¿Cómo pudiste ocultarme algo así? ¿Por qué?" Mi voz se quiebra.

"¿Estás enojada, Marina?"

"¿Qué esperabas? Parece que tú tomaste tu decisión hace años. Quiero saber por qué te lo callaste y fingías ser lo que no eres."

"Ya te lo explicaré cuando te vea, no por teléfono." Cuelga.

Cuánto cuidado ha tenido de ocultar sus preferencias, aun de su propia hija. Yo la hubiera entendido mejor que nadie. Sabiendo la verdad, hubiera sanado viejas heridas y comenzado de nuevo más fácilmente.

Reflexiono sobre lo sorprendida que estuve cuando aceptó mi relación con Claudette. A pesar de que no le pareció bien que me divorciara de Carlos, cedió y reconoció mi elección de pareja y yo lo consideré como una victoria. Ahora me doy cuenta de que su gran miedo era que la gente descubriera la verdad sobre ella. Se acostumbró a esconder su verdadera identidad.

Mi preferencia por las mujeres debe haber encendido focos rojos en su mente. Temía que la sociedad se enterara de mi preferencia porque podrían empezar a sospechar acerca de ella y todos sus esfuerzos por mantener su secreto serían inútiles. Las dos seríamos señaladas y desterradas.

No es la primera vez que me detengo a pensar lo injustas que son las leyes de la sociedad y de la iglesia, que condenan a la gente por amar a alguien de su propio sexo. Seguramente, si todos fuimos creados por el mismo Dios, tenemos el derecho a nuestra propia identidad.

Algunos días después, cuando veo a mi mamá, yo ya he reflexionado y trabajado en mi coraje. Lo único que quiero es la verdad. Mi mamá, quien siempre demostraba seguridad, parece haber perdido confianza a raíz de este descubrimiento forzado. Ahora, nuestras confidencias estarán al mismo nivel.

"¿Cuándo empezaste a tener amantes mujeres? Peleaste tanto para que yo no amara a una mujer. No entiendo."

"Tenías tanta pasión por ellas, que quise saber qué se sentía", dice de forma casual.

"Si, cómo no. ¿Así es como quieres manejar esta conversación? Entonces, ¿fue pura curiosidad de tu parte cuándo descubriste que querías estar con una mujer?"

Se pone seria. "¿Te acuerdas de Kristen?"

Aunque me parecía algo inusual, nunca se me ocurrió cuestionar esa amistad.

Como Kristen era austriaca, de Viena, aun antes de conocerla, yo sentía que era especial.

Cuando la conocí, me di cuenta de que era muy diferente a todas las amigas de mi mamá. Era intelectual y cosmopolita. Me acuerdo que nos invitó a tomar té, al estilo inglés, con unos emparedados y pastelillos que compró en la Pastelería Vienesa.

Era una mujer atractiva como de cincuenta y tantos años, de pelo plateado recogido en un chongo y ojos azul acero. Tenía un aire aristocrático. Su traje gris tenía un corte clásico y elegante, al igual que la decoración de su departamento. Hablaba español con un ligero acento alemán. Nuestra conversación abarcaba temas desde política, psicología y literatura, hasta hablar de las grandes ciudades del mundo.

"¿Cómo es que viniste a vivir a la Ciudad de México?", le pregunté.

"Vine con mi pareja hace diez años. La familia de ella vive aquí."

¿Ella? Volteo a ver a mi mamá. Me sorprende que Kristen sea tan abierta respecto a su preferencia sexual. Tal vez el ser europea lo hace más aceptable.

"Desafortunadamente, después de que llegamos aquí, se enfermó y cayó en coma."

"Qué triste", dije. "¿Crees que saldrá de él?"

"No se sabe."

Cuando nos fuimos, le dije a mi mamá: "Qué amiga tan interesante tienes."

"Entonces, ¿te cayó bien?"

"Por supuesto. Es encantadora, educada y muy culta. Tiene todo para caerme bien."

Al día siguiente, mi mamá me llamó. Se oía tensa y angustiada. "Kristen tuvo una embolia. Está en el hospital."

"Eso es terrible, mami. Sin embargo, una embolia no es necesariamente fatal."

"Los doctores dicen que en su caso no hay remedio."

Kristen nunca recobró el conocimiento. Murió tres días después. La pérdida de su nueva amiga cambió a mi mamá por un tiempo. De ser alegre y dicharachera, se volvió áspera e infeliz.

Parecía como si se hubiera muerto su hermana. Como yo no tenía idea de la clase de relación que las unía, no podía entender lo profundamente que le afectó su muerte. Si hubo señales, yo no las reconocí.

Mi mamá perdió a su amante y yo nunca lo supe. A pesar de que puedo tener empatía con ella, se me hace irónico que haya peleado como leona para evitar que yo siguiera su camino.

"Entonces, antes de Kristen, ¿tratabas de tapar tu sexualidad? ¿Por eso peleaste tan fuerte para evitar que yo estuviera con mujeres?"

"No, no, no", dice sacudiendo las manos. "Tenía miedo de que salieras lastimada porque es un comportamiento socialmente inaceptable y aparte eras muy joven."

"¿No era por tus propias preferencias sexuales?"

"Marina, te juro que lo que quería era que no arruinaras tu reputación, que encontraras un marido decente y que vivieras una vida normal."

"Ahora quiero saber acerca de todos esos años de tu viudez en los que estuviste sola."

"Después de que tu papá murió, nunca quise estar con otro hombre." Sus ojos se oscurecen y sus pupilas parecen desaparecer en esa profunda oscuridad. Conozco bien la expresión de sus ojos, puesto que la mía es igual.

Por su mirada, me doy cuenta de que está a punto de confiarme un secreto.

"¿Por qué? ¿Quisiste mucho a mi papi?"

Voltea la mirada de arriba hacia abajo y de un lado al otro. Aprieta una de sus manos sobre la otra, como si la estuviera protegiendo, y dice decidida: "No te lo quería contar, ni a ti ni a nadie, pero es importante que me entiendas." Hace una pausa, como dudando si continuar o no. "Mi noche de bodas iba a ser la primera vez que estuviera con un hombre. Tenía miedo y tan solo una vaga idea de lo que me iba a pasar. Cuando tu padre me penetró, no sangré. Así que me acusó de no ser señorita y de que lo había engañado para que se casara conmigo."

Escuché con horror mientras me contaba que mi adorado papá, en un arranque de machismo, ignoró sus protestas y sus ruegos sobre su inocencia. En la mañana, lo primero que hizo fue ir por mi abuela, Nona, para llevar a mi mamá a que la examinara un doctor.

Se le corta la voz y tiene que parar a tomar aire antes de poder describir la humillación que soportó, siendo una muchacha tan joven, al tener que pasar por un examen vaginal. Tener que abrir las piernas para que un hombre examinara sus partes privadas, cuando nadie las había visto antes.

El doctor le aseguró a Nona que mi mamá era virgen. Había señales de un himen roto y dijo que algunas veces, como en este caso, hay poco o nada de sangrado.

Nona, furiosa con su hijo por dudar de la pureza de su nueva esposa, le dijo: "Debes pedirle perdón de rodillas a tu esposa. Reza para que te perdone por humillarla en su noche de bodas."

Esa noche de bodas perdió algo más que su virginidad. La cicatriz de esta acusación permaneció como una sombra pesada que afectaría su sexualidad para siempre.

Su voz era fuerte pero en sus ojos se reflejaba una nube de memorias dolorosas.

"Odiaba tener relaciones con él, que quería tenerlas todas las noches. Cuando me penetraba, lo único que yo hacía era someterme a él. "Se lo ofrecía a la Virgen como sacrificio."

Pareciera como si el coito con mi padre hubiera sido abuso sexual. El resultado era un bebé nuevo cada año de matrimonio.

"Después de que él murió, no quise que ningún hombre me volviera a tocar." Continúa su relato y su voz se vuelve fuerte otra vez. "Tuve algunas proposiciones de matrimonio. Si me hubiera casado, todo hubiera sido más fácil para nosotros, pero preferí irme a trabajar. La verdadera felicidad la encontré con una mujer."

"¿Con Iris?"

Parpadea y duda antes de decir. "Con Kristen. A pesar de que sólo duró un par de meses, no cambiaría nada."

"¿Y Valeria?"

"También con ella estoy feliz."

Me da la impresión de que mami está molesta con Valeria por haberme contado lo de su relación. A mi mamá le gusta tener el control. Me pregunto cuánto tiempo van a durar como pareja.

Después recuerdo a mi padre, al hombre que he venerado como mi héroe desde que tenía seis años y quien sólo fue positivo en mi vida. Él me ha dejado un legado de mucha inspiración. Sin embargo, ahora me doy cuenta de que tenía algunos aspectos oscuros.

Veo a mi rey como un hombre con defectos.

Veo a mi madre como una mujer que ha tenido que esconder su verdadera identidad y ha vivido una mentira.

Compartimos una verdad que nos ha acercado más. He podido ver su otro lado, el lado en el cual me identifico mucho con ella.

* * *

"Marina, tengo una noticia maravillosa" me dice mi mamá por teléfono. Se oye muy entusiasmada. "¡Me van a mandar a la oficina de Pemex en París!"

"Eso es fantástico, mami. París es la ciudad y el puesto más deseable para cualquier empleado. ¿Cómo lo conseguiste?"

"Pedí mi cambio, y como ya llevo un buen rato estudiando francés, lo tomaron en cuenta y me lo dieron."

Conozco a mi mamá. Sé cómo manipula y se las arregla para conseguir lo que quiere. En este caso, consiguió irse a París. Me imagino que usó sus influencias. Aun así, para una mujer de su edad es un gran logro.

"¿Tienes amigas allá?"

"Sí, a Matilde, que es diplomática, y a su amiga Mireya. Ellas se fueron a vivir allá el año pasado. Voy a rentar un departamento en el mismo edificio donde ellas viven, así no estaré sola."

Mi mamá pasa un año en París. Ahí empieza su romance con Mireya y continúa cuando regresan a la Ciudad de México y comparten una casa.

En lo que concierne al mundo y a la sociedad, mi mamá está viviendo con una amiga. Es una situación perfectamente aceptable. No sé si hubo sospechas acerca de ellas. Nunca se dijo nada. Eran, simplemente, dos mujeres de edad mediana viviendo juntas. Es la perfecta tapadera en una sociedad hipócrita.

.

BARRERA DIECIOCHO
Un Hombre Poderoso

Manejar la escuela de danza toma casi todo mi tiempo. Trabajo muchas horas y acabo demasiado agotada para poder pensar en tener una vida social. Ocasionalmente, salgo a tomar café con una alumna que me platica de toda la gente interesante que conoce en las fiestas a las que asiste. Esta vez, me invita a una. Yo dudo si ir o no, porque es lunes y va a ser una semana pesada.

"Ándale, Marina, ya no me digas que tienes mucho trabajo. Tienes que salir más seguido. Te prometo que va a ser una noche interesante." Ella tiene veintiocho años, es soltera y no tiene las responsabilidades que yo tengo.

"Lo siento, pero esta noche no", le digo. Nunca he sido fiestera, ella no entendería que mi idea de diversión es leer o ir al cine.

"¿Por qué siempre rechazas mis invitaciones?" En su voz puedo notar que está sentida, por eso decido aceptar su invitación. "Está bien, iré contigo."

La fiesta es en una mansión del Pedregal de San Ángel, una de las áreas más prestigiadas de la Ciudad de México. Las casas están construidas alrededor de rocas de lava. Muros altos rodean los enormes jardines en los que la lava ha sido usada con creatividad para hacer esculturas, fuentes y caminos.

Cuando llegamos, algunas personas se están bajando de sus coches. Hay como quince personas adentro. Un trio está tocando música romántica.

Siento que alguien me está mirando. Volteo y veo a un hombre alto, como de cuarenta y tantos años, con unos ojos azules impresionantes que me siguen cuando camino. Tiene pelo café claro con unos mechones grises. Su corte de pelo, un poco largo, está muy de moda. Lleva puesto un traje azul claro de corte inglés. Atraviesa el salón con el obvio propósito de acercarse a mí. Sus pasos son fuertes y seguros.

"Señora", me dice tomándome de la mano, "¿quiere bailar conmigo?" Bailamos lentamente al compás de *La barca* de José José.

"Me llamo Juan Alberto, ¿y usted?"

Baila muy bien, pero lo que tenemos en mente no es bailar. Su personalidad me hace sentir como si nos conociéramos desde antes y nos estuviéramos reencontrando.

Nuestra conversación sobre temas actuales fluye con facilidad. Me platica que el presidente Jimmy Carter contó un chiste de mal gusto, al decirles a unos importantes políticos, incluyendo al presidente de México, que estaba padeciendo "la venganza de Moctezuma."

"Quiso hacer una broma", le digo.

"Sí, pero aun así, fue de muy mal gusto. La gente estaba furiosa."

Después de bailar dos canciones, nos vamos al bufet. Todos los bocadillos se ven deliciosos, menos los ostiones en su concha, que me parecen asquerosos. "Son como pedazos de moco", le digo y él se ríe. "Me gusta tu risa, es cálida y espontánea."

La gente viene a saludarlo y nos echan miraditas. Encontramos un rincón privado en el jardín, donde platicamos sobre viajes, libros, autores y política. Los dos opinamos que nuestra ciudad europea favorita es París e intercambiamos nuestras impresiones acerca de ella. Me imagino ahí con este hombre carismático. *¡Marina! Apenas lo conociste hace dos horas*, me digo a mí misma.

Mira su reloj y me dice: "Lo siento pero me tengo que ir."

"Yo también lo siento."

"Marina, fue un placer platicar contigo. ¿Puedo verte otra vez? ¿Invitarte a comer? Aquí está mi tarjeta, llámame por favor." Sorprendida, lo miro fijamente. Darme su tarjeta parece presuntuoso, no era lo que yo esperaba de un hombre como él. ¿Por qué dármela, en lugar de pedir mi teléfono? Se va. Qué decepción, quizá yo también debí haberle dado mi tarjeta.

Cuando nos presentaron no me fijé en su apellido. Hasta el día siguiente que miro su tarjeta, lo reconozco. Es un político importante, un miembro del gabinete. Ahora no me sorprende que me haya dado su tarjeta. Eso es lo que hacen los políticos, dar su tarjeta a todo el mundo. Ha de ser presuntuoso, generalmente los políticos importantes lo son. Seguramente está casado. Será mejor que me olvide de él.

"Hiciste una conquista anoche", me dice mi amiga en tono de burla. "¿Lo vas a volver a ver?"

"No creo. ¿No está casado?"

"Está separado. Escuché que se va a divorciar. Entonces, ¿lo vas a ver?"

Levanto los hombros. "Lo dudo. No me pidió mi teléfono, en lugar de eso, me dio su tarjeta. Yo no llamo a los hombres, ellos me llaman a mí."

"Es un hombre poderoso. La gente lo llama a él."

"Ya te dije, yo no."

"No seas anticuada, ¿te invitó a salir?"

"Mencionó ir a comer."

"Entonces llámalo. ¿Qué tiene de malo?"

Es carismático, interesante y poderoso. Congeniamos y me siento atraída hacia él. Sin embargo, ¿por qué lo tengo que llamar yo? Pasan dos semanas antes de que me anime a marcar su número.

Viene al teléfono inmediatamente. "He estado esperando tu llamada" me dice. ¿Qué tal si comemos mañana en el *Champs Elysee*?"

Eso es lo que yo esperaba, pero cuando me invita, un temblor recorre mi cuerpo. Contenta por su reacción, acepto la invitación un poco temerosa de lo que pueda pasar.

Hace seis meses que Claudette se fue. Esta es la primera vez que alguien tiene este efecto tan fuerte en mí. ¿Estoy lista para correr el riesgo con él? Es muy atractivo y encantador, pero debo tener cuidado. Un político guapo puede tener a la mujer que quiera y él debe tener algunas. No quiero ser una más. Le haré saber que sólo comeremos y nada más.

Después de dos horas de una conversación agradable, los dos tenemos que regresar a trabajar. Me siento aliviada de que no lo quisiera prolongar o quisiera algo más, pero también estoy ligeramente decepcionada.

Más tarde me llama para invitarme a Acapulco a pasar el fin de semana. Le doy las gracias por la invitación y le digo: "Primero quiero conocerte mejor." Aprieto los dientes esperando oír cómo va a tomar mi negativa. ¿Será el final de nuestra amistad?

"Perdóname, quizá fue muy pronto. Quiero pasar más tiempo contigo."

Le menciono que dejé mis anteojos negros en el restaurante y me manda seis pares de lentes de sol de diseñadores conocidos. La nota que los acompaña dice: "En agradecimiento por la maravillosa conversación."

A sus cuarenta y ocho años, Juan Alberto está escalando hacia una posición política muy importante en el país.

Su apariencia, su presencia carismática y su seguridad lo hacen diferente a otros políticos. Sabe lo que quiere, y lo que quiere... soy yo.

Me envía un arreglo de flores. Es tan grande que lo tengo que poner en el suelo. La semana siguiente me manda otro y así, consecutivamente, cada semana. Está haciendo un gran esfuerzo por conquistarme. Yo sé que soy un reto para él. No cedo fácilmente y en nuestras conversaciones tengo mis propias opiniones.

Dos meses después, volamos en un jet privado a Las Hadas, un lindo lugar a la orilla del mar en Manzanillo.

Reservó la suite presidencial, que tiene una cama king size y un baño de mármol con jacuzzi. La suite da al mar y puedo ver las olas reventando en la arena. Todo aquí, desde la bata y chanclas hasta la cama y el baño, implica que pronto habrá intimidad. Mi estómago se estremece de la misma forma que cuando era joven e inexperta. Durante toda la cena, en el restaurante francés del hotel, estuve pensando, *¿qué tal si esto no funciona?*

Después de una cena llena de miradas y deseo compartido, regresamos al cuarto satisfechos del abundante vino y buena comida.

Salimos a la terraza. El reflejo de la luna llena en el mar tranquilo alumbra la oscura noche.

Juan Alberto besa mis labios con arrebato, tratando de imprimir sus labios en los míos.

"No puedo esperar más", me dice y me lleva a la cama. Me quita la blusa y me lame los senos. Sus manos y su boca viajan por todo mi cuerpo. Sus labios se mueven a través de mis senos, jugueteando con mis pezones erguidos. Su lengua recorre mi vientre y sigue su recorrido hacia el interior de mis muslos desde los tobillos hasta arriba, deteniéndose entre mis piernas y bajando de nuevo. Continúa explorándome con la lengua, hasta que siento morir de placer y de deseo animal. Me penetra lentamente y busca mi satisfacción antes que la suya. Me vengo impetuosamente, urgiéndolo a hacer lo mismo para venirnos juntos. Empuja dentro de mí y nuestro deseo crece, se intensifica y escala hasta un clímax tan intenso, que no puedo dejar de venirme cuando se sale. Quiero tener más de él, y él me responde.

Es un amante potente, me hace el amor una y otra vez. Aun cuando los dos estamos exhaustos, no tenemos suficiente. Es como un embrujo de sed insaciable. Dormito un rato, cuando despierto lo veo mirándome. Esta vez hacemos el amor despacio. Somos dos personas aprendiendo a conocer el cuerpo del otro. Nos dormimos abrazados.

Temprano en la mañana, mientras él está durmiendo, salgo a ver las olas jugueteando sobre la arena. Él es demandante en cuanto a su satisfacción física pero quiere darme el mismo placer que recibe. Respondo intensamente, como nunca lo he hecho con un hombre. Juan Alberto es tan diferente a Carlos, quien sólo buscaba su propia satisfacción. Me maravillo al pensar con qué facilidad cambié de una mujer a un hombre.

Cuando estaba con Claudette, no me era fácil responderle a Carlos al hacer el amor. Juan Alberto sabe cómo despertar mi lado sexual y llevarme a tal punto de excitación, que quiero que continúe hasta llegar a ese sentimiento magnifico que va creciendo dentro de mí. Es como una explosión que tiene que salir. Ha despertado mi sexualidad dormida y quiero más.

"Es un hombre del que vale la pena enamorarse", me digo.

De manera espontánea llega a mi mente la imagen de Claudette. Por última vez, derramo lágrimas por ella. Recuerdo cuando sus caricias tiernas despertaron los rincones escondidos de mi alma y de mi cuerpo. *Adiós*, susurro y me imagino a su espíritu alejándose con las olas y la marea hacia otros horizontes.

Dejo sus recuerdos y regreso a Juan Alberto. Ese día no salimos del cuarto.

Tres meses después, me invita a cenar al elegante *Restaurante del Lago* en Chapultepec. Desde la ventana se ve el lago con sus fuentes de colores bailando al ritmo de la música. Vamos a cenar con su amigo Eduardo y su novia. Conozco poco a Eduardo, pero no me gusta la forma en que me mira. Recorre mi cuerpo con sus ojos, como si me quisiera desvestir. Es un hombre regordete de piel oscura y tiene un bigotillo. Siempre está a la sombra de su jefe el político, a su disposición para lo que se le ofrezca. En una ocasión vi a Juan Alberto perder el control con él porque lo desobedeció. Sacó su coraje de repente y lo maltrató verbalmente. No me explico cómo ahora Eduardo y él están en buenos términos.

Eduardo llega con Ingrid, una belleza nórdica de Suecia. Ella tiene alrededor de veinticinco años, rubia de pelo largo, lacio y unos grandes ojos azules. Viste una falda negra pegada y un chaleco bordado que enseña sus pechos y su cuerpo curveado. A mí me parece más una reina de belleza que la periodista que dice ser.

Tomamos una botella de Don Perignon mientras comemos unos bocadillos. Estoy disfrutando de la conversación cuando siento una mano en mi muslo. Volteo sorprendida para quitarla, pero ya no está ahí. Dirijo mi mirada hacia Ingrid, que está sentada junto a mí. Ella está platicando de sus impresiones de México en un español muy fluido. Tal vez fue accidental.

Cinco minutos después, su mano empieza a sobarme el muslo por debajo de la mesa mientras continúa con la conversación, sin hacer una pausa. ¿Por qué me está seduciendo? Lo único que hice fue admirar su belleza. Estoy con Juan Alberto, no sé por qué ella se imagina que yo le respondería. La forma en la que me está sobando el muslo no deja ni la menor duda de lo que quiere. Tomo su mano con firmeza y la remuevo. Ella continúa hablando con los dos hombres, como si nada hubiera pasado.

Eduardo me mira atentamente, tiene una miradita rara en sus ojos. Me recuerda la expresión de tigre que Carlos ponía cuando veía a Claudette. Volteo a ver a Juan Alberto y percibo una tensa expectativa en su cara.

Ellos saben lo que Ingrid está haciendo. El ambiente esta tenso, con sudor de hombre y expectativas de lubricidad.

La verdad me golpea. Tal vez contrataron a Ingrid para tener un cuarteto o un trío con Juan Alberto.

Capto cómo Ingrid mueve la cabeza visiblemente. Eduardo muerde su labio inferior y Juan Alberto sonríe y asiente.

La champaña que tomé se me sube a la garganta y su sabor amargo invade mi boca. Mareada y disgustada digo: "Juan Alberto, no me siento bien. ¿Nos podemos ir?"

"¿Qué pasa, mi amor?" Como si no supiera.

"Por favor, llévame a mi casa."

Cuando salimos del restaurante, le digo: "No me gustan esta clase de jueguitos."

"¿Jueguitos? No entiendo." Su fingida ignorancia me da náuseas.

"Tú sabes que Ingrid me estaba seduciendo. Vi tu cara y la de Eduardo salivando. ¿Con la idea de qué? ¿De verme desnuda y cogiendo con una prostituta? ¿Cómo pudiste?"

Oculta la mirada como un niño que ha sido descubierto.

"Perdóname si te ofendí, mi amor. Tú eres tan liberal que quería ver cómo reaccionarías."

Me clavo las unas en la palma de la mano. "¿Cómo pudiste pensar que me degradaría de esa forma? ¿Es tu fantasía perversa o ese pequeño alcahuete te lo propuso?"

Me abraza y me dice: "Cálmate mi amor, no pasó nada. No queríamos hacerte enojar."

"¿Hacerme enojar? ¡Cállate y llévame a mi casa!"

Nos subimos al coche y usa su voz suave de político para tratar de convencerme de que no quiso lastimarme. Me dice que se alegra de que no me haya tragado el anzuelo.

"Ahora sé que tus sentimientos por mí son auténticos."

Estoy callada viendo hacia adelante, no escucho nada de lo que me está diciendo. Mi rabia se ha convertido en un frío resentimiento. Me pregunto por qué tuvimos que terminar así.

"No quiero volverte a ver. Lo que trataste de hacer conmigo es repugnante." Me bajo del coche.

Después, analizo este incidente estudiándolo de cada ángulo. ¿Por qué esperaba que yo me sintiera atraída hacia una mujer y no hacia un hombre? Será que Eduardo, para quedar bien con él, estuvo averiguando sobre mi relación con Claudette?

Juan Alberto me manda flores todos los días, arreglos con tarjetas pidiéndome perdón. Deja mensajes en mi casa y en mi escuela. Algunas veces le contesto. Me pide perdón, se disculpa y promete que no volverá a pasar.

Sigue insistiendo y me dice que no se dará por vencido hasta que yo acceda a hablar con él. Me da su palabra de que no volverá a faltarme al respeto. Descubro que Eduardo ya no trabaja con él.

Nuestra relación se vuelve más intensa. Como si el temor de perderme hubiera aumentado su pasión. Nos vemos varias veces a la semana. Con frecuencia nos vamos de fin de semana a lugares como Cancún, Zihuatanejo y Cabo San Lucas.

Nuestro viaje a Sudamérica es inolvidable... tanto positiva como negativamente.

Machu Picchu, la primera capital del Imperio Inca, es una aventura mágica y sensacional. Juan Alberto renta un helicóptero para ver las ruinas desde arriba y así poder apreciar la vista que no tiene la gente que viaja por tren. Es un misterio cómo fueron llevadas las piedras para su construcción hasta la punta de la montaña. ¿Qué fue lo que posesionó a una nación para construir esta ciudad maravillosa en un lugar tan inaccesible como el pico de una montaña? ¿Religión? ¿Seguridad? ¿Escapar de sus enemigos? ¿Segregarse de gente entrometida del mundo exterior?

Si los españoles nunca encontraron o alcanzaron Machu Picchu, ¿por qué fue abandonada?

A dos mil cuatrocientos treinta metros sobre el nivel del mar, nos cuesta trabajo respirar. El guía nos da un té de coca para asentarnos. Me invade una sensación de regocijo. Me siento arriba del mundo, en un lugar tan misterioso y sagrado, que puedo sentir el espíritu de los últimos incas alrededor de nosotros.

Encontramos un lugar escondido en donde hacemos el amor, dando rienda suelta a nuestra pasión desenfrenada.

De ahí nos vamos a Buenos Aires, una ciudad de estilo europeo.

Una noche, estamos viendo una variedad en un centro nocturno y Juan Alberto me dice: "Ya hice planes para que de aquí nos vayamos a un lugar a ver algunas mujeres."

"¿Qué quieres decir con *ver algunas mujeres*?"

"Ya sabes lo que quiero decir. Estoy seguro que te va a gustar."

"¿Qué ya se te olvidó por qué había terminado contigo?"

"No, Marina, esto es diferente. ¿Qué te pasa?"

"¡Desgraciado! Tú prometiste respetarme. Debería de haberlo sabido, ustedes los políticos rompen sus promesas todo el tiempo." Es el peor insulto que le puedo decir. Está entrenado para mantenerse calmado en la superficie, mientras en su interior su coraje aumenta. Su piel se oscurece y sus ojos echan chispas.

Estoy tan enojada que no me importa. "Eres un prepotente, crees que siempre te puedes salir con la tuya, pero no conmigo."

"¡Cállate, cállate!"

"Eres una mierda, un político animal, una escoria de persona." Me da una cachetada y me quedo pasmada, no me muevo. Levanto la cabeza y me enderezo como puedo. Siento el sabor de sangre correr dentro de mi boca. Espero un par de minutos y le digo: "Vámonos de aquí."

Nos vamos caminando hacia el hotel. Después de insultarme, humillarme y pegarme en público, él camina como si nada hubiera pasado.

"Cobarde", le grito, "no eres un hombre, cabrón, golpeador de mujeres".

"¡Estás histérica!" Me dice y me da otra cachetada. Yo me quedo callada, negando con la cabeza.

En cuanto llegamos al hotel, voy directo a la recepción y le pido al empleado que me acompañe a mi habitación. "Necesito su ayuda, este hombre me está pegando." Le enseño mi cachete rojo y acepta quedarse conmigo, mientras empaco mi maleta.

Juan Alberto continúa pidiéndome disculpas. "Por favor, no te vayas, no sé qué me pasó. Tú también estabas muy enojada. Me insultaste enfrente de la gente."

"No me importa, no permitiré que nadie me pegue."

"Estabas fuera de control."

"¿Me estás culpando? No quiero volverte a ver, lo digo en serio."

"Marina, te juro que no volveré a pegarte."

Me río con amargura y le digo: "El daño ya está hecho."

"Por favor, no me dejes, no te vayas."

Lo miro incrédula. No puede ser que este hombre con el que he estado por dos años se comporte así. ¿Quién es? ¿El amante que me llevó a Machu Picchu? ¿El hombre que siempre está tratando de complacerme? ¿El político que se sale con la suya? ¿O simplemente un macho controlador?

Mientras espero al taxi, saca un fajo de billetes de cien dólares y me los quiere dar.

"No quiero tu dinero."

Lo dejo ahí parado, estirando los brazos para tratar de detenerme.

Me voy a otro hotel y ahí me doy cuenta que sólo tengo cincuenta dólares en efectivo. Afortunadamente, tengo mi tarjeta American Express y la uso para pagar mi cuenta y comprar mi boleto de regreso a México para el día siguiente.

Ya en el avión, reconsidero nuestra relación. Pensé que podía confiar en él, pero mi maravilloso Juan Alberto tiene un lado oscuro que esconde la mayor parte del tiempo. Cuando lo saca, como ayer, es inesperado y muy dañino.

Nuestra historia debería de haber terminado en Buenos Aires, pero no fue así. A los treinta y ocho años, descubro que tengo dos meses de embarazo. Posiblemente sucedió cuando fuimos a Machu Picchu, donde, exaltados por la experiencia, la falta de oxígeno y el té de coca, hicimos el amor sin tomar precauciones.

No tengo dudas en cuanto a la criatura, sé que no la puedo tener. De todas formas, lo llamo.

"Si lo quieres tener, yo te ayudo con todo lo que necesites, y si decides no tenerlo, apoyo tu decisión."

Nos encontramos para hablar. Me dice que cuando me fui del hotel, me buscó durante tres días por todo Buenos Aires.

"Pensé que te había perdido para siempre."

"Sí me perdiste."

Intento abrir mi corazón con él. Le digo cuánto significó Claudette para mí. "La amé mucho. No te imaginas cuánto me ofendiste cuando torciste mi amor por ella pensando que yo estaba dispuesta a tener sexo con otra mujer."

La cara de Juan Alberto manifiesta una serie de emociones. Desde sorpresa e incredulidad hasta compasión, cuando le cuento cómo me traicionó Claudette.

A los tres días regresa para decirme cuánto lo conmovió mi historia. Ahora tiene un nuevo nivel de entendimiento.

"Verdaderamente admiro tu honestidad, ahora te respeto más que nunca."

Juan Alberto decide lanzarse para gobernador de su Estado. Como figura pública, necesita estar acompañado de su esposa. Ha estado viviendo en su propio departamento y su familia vive en otra casa. Ellos siguen casados. Ella nunca ha accedido a darle el divorcio y él no quiere ningún escándalo. Deben de volver a estar juntos para cubrir las apariencias.

"Es por razones políticas. En cuanto la campaña termine, buscaré la forma y haré definitivo el divorcio."

Su esposa se vuelve más posesiva al estar jugando el rol de la esposa del futuro gobernador. Tenemos que tener más cuidado de no exhibirnos en público. Esto agrega más presión a la relación. No pasa mucho tiempo para que la esposa descubra lo nuestro. Le dice a un amigo de Juan Alberto: "Dile a la puta de mi esposo que si no lo deja, le voy a balacear las piernas para que no vuelva a bailar."

Recibo llamadas obscenas, insultándome y amenazándome. Pusieron una pata de pato negra en mi buzón, señal de que me están haciendo brujería. Encuentro mensajes ofensivos debajo de la puerta y en el parabrisas de mi coche.

Cuando llego, hay un hombre estacionado afuera de mi casa. Continúa ahí hasta después de que me acuesto, puedo ver su cigarro encendido. Una amiga me habla para decirme que recibió una llamada avisándole que estoy en peligro.

Juan Alberto me lleva a Japón, es nuestra oportunidad para estar juntos. Este viaje es en parte de trabajo. Vienen catorce delegados mexicanos que están interesados en nuevos métodos de comunicación.

Una mañana, Juan Alberto va a la compañía de teléfonos con los delegados mexicanos y con algunos japoneses. Deciden probar el nuevo sistema de teléfonos auto-parlantes. Él se ofrece a llamar a su casa en México. Su esposa contesta. En cuanto él le dice "hola" ella empieza a gritarle: "¡Bastardo, sé que estás con esa mujer!" El sistema está funcionando perfectamente, todos la escuchan. "Voy a ir a Japón, tú me dijiste que sólo iban a ir hombres. Mañana tomo el avión y hablaremos. Deshazte de esa vieja antes de que yo llegue."

Los japoneses no entienden, pero los mexicanos sí. Se escuchan algunas risitas y hay intercambio de miradas. Este incidente probablemente le afectará a Juan Alberto.

Esa noche toma mucho vino. Le dará a su esposa lo que ella quiera y le pedirá el divorcio. Entonces, se casará conmigo. "Mi amor", me dice, emocionado por el vino y la sombra que cae sobre nosotros, "no quiero perderte, haré lo que sea para retenerte".

"Es mejor que me vaya mañana", le digo, "hablaremos en México, una vez que las cosas se hayan calmado".

En el vuelo de regreso, analizo la situación. Un divorcio en este momento afectaría su carrera política. Su esposa no lo va a dejar fácilmente. Quiere ser la esposa del gobernador y quiere venganza. Voy a estar viviendo con miedo. ¿Qué pasará con la seguridad de mis hijos aún adolescentes? No se detendrá, va a destruir nuestras vidas. No puedo arriesgarme.

Después de tres muy buenos años, toda esta podredumbre ha convertido nuestra relación en algo sórdido y escondido. De todas formas, él no va a dejar su carrera política por mí.

¿Y si me voy a Estados Unidos? Una prima me sugiere San Diego. Podría abrir una escuela de danza en Tijuana y vivir en San Diego.

Empezaré de nuevo en otro país.

Una Realidad Diferente

San Diego, California
1979

Después de inscribirme al club de solteros, mi primera cita es con Mark. Tiene cuarenta y tres años, es divorciado y es dueño de su propio negocio. Es atractivo, me gusta su tipo tan estadounidense y su obvia sinceridad cuando habla. Lo que no me gusta es cómo está vestido. Trae una camisa casual, jeans y tenis, muy al estilo San Diego. Parece que vamos a la playa en lugar de a un buen restaurante. No puedo evitar compararlo con Juan Alberto. Terminamos hace un año, sin embargo, ¿cómo puedo olvidar a ese hombre elegante y caballeroso, vestido con trajes importados y que además me trataba como princesa?

En lugar de: "Te voy a recoger", Mark me dice: "¿Qué tal si nos vemos en el restaurante?" Así es la costumbre de los estadounidenses. Las mujeres esperan estar al mismo nivel de igualdad que los hombres, especialmente en la primera cita. Esto es con la idea de que si no hay interés, cada quien se va por su lado.

Extraño la cortesía latina, donde el hombre halaga a la mujer. Además, los latinos son más divertidos.

Hablamos de nuestras diferencias culturales. Yo vengo de la Ciudad de México, él de Denver. A Mark le gusta hablar de sí mismo y de su negocio. Le gusta que yo lo escuche.

No importa lo que yo diga, él siempre sale con su propia historia. Al principio son divertidas, pero después de un rato, me aburren. No conozco a la gente de la que está hablando, ni a él tampoco. Cuando menciono la Ciudad de México, él me dice con desdén: "Yo he estado en Baja." Como si Baja California representara a todo el país. Le contesto: "Es como decir que si has estado en San Diego, ya sabes cómo es Estados Unidos." Parece sentirse incómodo y cambia la conversación al beisbol. "Te voy a llevar a un partido de Los Padres, *Mari*." Se dirige a mí usando este nuevo apodo. "Te vas a volver su fan."

Estoy tratando de encontrar algún interés mutuo.

¿El cine? Le gustan las películas de terror y de acción.

¿Libros? No tiene tiempo de leer.

¿Europa? Nunca ha ido.

¿Nueva York? No es para él.

¿Vino? No hay como el vino de California.

¿Historia?

¿La segunda guerra mundial?

¿Vietnam? No le interesan esas cosas del pasado.

¿El mundo? Hawai es lo mejor.

¿Negocios? Habla de su nuevo negocio.

El mesero trae la cuenta y se la da a Mark. Él me mira y dice: "Son treinta y seis dólares más la propina. Te tocan dieciocho, yo me encargo de la propina."

Le doy un billete de veinte dólares. "Aquí está lo que me toca, incluyendo la propina."

¿Así se acostumbra aquí? ¿Que cada quien pague su cena? ¿O es que él es un avaro? A mí me parece vergonzoso. No estoy acostumbrada a compartir la cuenta en una cita, sobre todo después de esos años en que Juan Alberto me trataba como a una reina. Ni Carlos, que era más codo, esperó jamás que yo pagara.

Son diferentes costumbres culturales, y si ésta es la costumbre aquí, tendré que sujetarme a ella. Sin embargo, no con Mark; a él no lo volveré a ver.

No hay razón para sentirme sola y deprimida, pero extraño la Ciudad de México, extraño el estilo de vida que llevaba allá. He escuchado que esto pasa. ¿Será que me estoy arrepintiendo del paso que di?

A los treinta y nueve años mudarme a otro país y a otra cultura es atemorizante. Especialmente cuando las ciudades son tan opuestas.

La Ciudad de México está situada en un valle, está rodeada de montañas, la habitan dieciséis millones de personas y tiene más de mil años de historia. Abundante en cultura, colorido y movimiento, es una ciudad moderna y cosmopolita.

San Diego es un puerto naval con ambiente de playa. El flujo de jóvenes inmigrantes la ha convertido en una de las ciudades con más rápido crecimiento de este país.

Las otras ocasiones que había venido a esta ciudad, había sido solamente como turista. Contemplé su cielo azul y su vista al mar.

Visité sus magníficas tiendas en donde hay tanto para escoger y recorrí sus calles tan limpias y modernas.

Hay orden y respeto a la ley y la gente vive en armonía. No hay edificios o casuchas que se estén derrumbando ni pordioseros como en México.

Nunca anticipé que vivir en San Diego sería otra realidad. En esta ciudad la mayoría de los lugares cierran a las once de la noche. A esa hora la Ciudad de México está vibrando con actividad. Extraño la vida nocturna, el teatro, el ballet, los conciertos y los buenos restaurantes. Allá tenía un gran círculo de amistades. Yo era alguien. Aquí soy anónima. Sólo tengo mi trabajo, que me mantiene ocupada, y a mis hijos como compañía.

Por otro lado, nuestra casa me encanta. Tiene tres recámaras y un jardín muy grande con alberca. Mis hijos, que ya hablaban inglés, están en escuelas privadas y tienen muchos amigos.

Sigo notando las diferencias culturales. Cuando llego a mi casa, veo algunos niños alrededor de la alberca y sólo uno de ellos me dice "hola", los demás me ignoran o se voltean. Los niños mexicanos, aunque no me conocieran, siempre me saludaban con un beso o un apretón de manos.

Alquilo un estudio en Tijuana para dar mis clases de baile. Mi prima, que pertenece a un club exclusivo, manda invitaciones a sus amigas para la inauguración. La esposa del alcalde corta el listón. El evento sale en los periódicos y en la televisión local.

Casi inmediatamente se inscriben alumnas.

Todos los días cruzo la frontera para dar clases y manejar mi escuela en Tijuana. No me da tanta satisfacción como la de la Ciudad de México. Esta escuela sólo tiene un salón y ciento cincuenta alumnas; la otra tenía tres salones y seiscientas alumnas.

A pesar de mi ausencia, mi escuela en la Ciudad de México va muy bien. Cuando voy a checarla, me siento como si fuera de visita. He perdido el toque personal que me motivaba a tener la mejor escuela de la colonia.

Lo que necesito es un nuevo reto. Estados Unidos es un país de gente audaz, ingeniosa y progresista, con ideas fenomenales. ¿Por qué no aprovechar la oportunidad que ofrece este país y ser parte de su cultura?

Tomo un folleto de la Universidad Comunitaria en donde ofrecen clases de psicología. Recuerdo la avidez con la que leía las teorías del comportamiento humano de Freud y Jung.

Esto puede ser lo que estoy buscando para darle significado a mi vida.

Cinco años después, vestida de toga y birrete, estoy esperando recibir mi diploma en Psicología de la Universidad Estatal de San Diego.

Aunque soy una entre los cientos de graduados, siento que destaco, y no por ser mayor que la mayoría, sino porque estoy tan orgullosa que me siento en las nubes. Me siento como Superman, podría volar por los cielos y lo reflejo en mi forma de caminar, como un atleta recibiendo la medalla de oro o como la ganadora del premio Nobel.

Mi mente me lleva a mi primer día en la Universidad Comunitaria.

El reto de regresar a la escuela después de veinte años; la emoción que sentí cuando obtuve mi primer diez; el cambio de enfoque en mi vida; el tomar la decisión de alcanzar la licenciatura y transferirme a la Universidad Estatal de San Diego y lo difícil que fue encontrar el balance entre mi trabajo y mis estudios, pues resultó ser muy demandante.

Una noche llego a mi casa a las nueve, agotada y hambrienta. Abro el refrigerador y no hay nada de comer. En la contestadora tengo cinco recados de mi escuela de danza con asuntos que resolver. Tengo que leer y analizar sesenta hojas de tarea para mañana. Mi mente está siendo atraída por dos fuerzas contrarias; por un lado mi trabajo y por el otro mis estudios.

Aviento mis libros al piso y grito: "¡Al diablo con todo esto, ya no aguanto!"

He estado tratando de abarcar demasiado y es muy pesado. Mi escuela de danza al otro lado de la frontera es un trabajo de tiempo completo. No tengo energía para hacer mi tarea. Nos dejó tanta el profesor, que me tendría que quedar estudiando toda la noche.

Respiro profundamente varias veces, como lo hacemos las bailarinas para calmarnos físicamente. La batalla continúa en mi cabeza. Nunca pensé que los estudios consumirían tanto tiempo. Tal vez aspirar a una licenciatura es demasiado ambicioso. Debería tomar solamente algunos cursos para mi satisfacción personal.

¿Para qué me mato estudiando? ¿Qué es lo que tengo que probar? Siempre he sido una mujer exitosa en mis negocios, no necesito otra carrera para sentirme realizada. Mi escuela va muy bien y sin problemas. Sin embargo, sacar mi licenciatura se ha convertido en mi meta. Tengo que terminar lo que empecé y lo quiero hacer en este país. Quiero ser alguien otra vez.

¿Estoy dispuesta a hacer sacrificios personales constantes durante los próximos años?

Sí... no... tal vez...

No seas ambivalente, Marina. Sí o no. *Tienes que comprometerte.*

Sólo tengo que aceptar que hay obstáculos que tengo que vencer para poder lograrlo.

¡Al diablo! Toda mi vida he estado venciendo obstáculos.

Aprieto mi diploma, lo abrazo, lo contemplo, grabo las palabras en mi mente. Me toman fotos enseñándoselo a mis hijos, a mi novio, a mi mamá y a todos los que están tomando fotos ese día.

Podría bailar de felicidad, pero hay demasiada gente.

"¿Qué planes tienes ahora?", me pregunta mi mamá.

Sin dudarlo, le digo: "Estudiar mi maestría en Psicología Clínica, cerrar mi escuela de danza y concentrarme en mi nueva carrera."

Una Vida Heterosexual

San Diego
1981-1996

Terminé mi relación con Claudette hace cinco años y desde entonces he llevado una vida heterosexual. Ahora me cuestiono si mi lesbianismo fue solo una fase por la que pasé. Tal vez fue mi forma de vengarme de mi mamá o pudo ser una reacción ante las infidelidades de Carlos, ya que según él, mis amantes mujeres no contaban. Quizá fue una manera de buscar afecto puesto que él no me lo daba.

¿Qué fue lo que me llamó la atención de Claudette? ¿Su belleza? ¿Sus necesidades? ¿Mi deseo de protegerla?

Mi atracción hacia las mujeres parece haber terminado con su partida. Desde entonces sólo he salido con hombres. El hecho de que puedo ser heterosexual después de una relación larga y significativa con una mujer, echa por tierra, en mi opinión, la teoría de que la gente es homosexual o heterosexual y nada más.

Cuando estudiaba psicología en la Universidad Estatal de San Diego, en una de las clases, una pareja dio una plática sobre la homosexualidad en hombres y mujeres.

Durante la plática observo y analizo a la mujer que está dando la ponencia. Está en sus treintas, es bonita, delgada, de pelo rizado y corto. La forma en que se para, se mueve, sus modales y su voz son muy masculinas. Me recuerda a Claudette, a pesar de que no se parece nada a ella. Me afecta negativamente, tal vez por lo que la mujer está diciendo. Ella habla sobre la pareja homosexual y la heterosexual. Dice que las parejas se enfrentan a diario a los mismos placeres y problemas.

La forma cínica y sin pasión en la que describe el acto sexual, lo hace parecer sucio. Todo lo contrario de lo que recuerdo de Claudette con su ternura y sus caricias.

Volteo alrededor para ver la reacción de mi novio, quien también está en la clase, y la de los demás alumnos. Mi disgusto me provoca una ola de náuseas y mareos que no puedo contener. ¿Qué me pasa? Trato de concentrarme en la plática y escucho a la bonita lesbiana hablar de cosas en las que no quiero volver a pensar. En cuanto acaba, salgo a tomar aire y me tropiezo. ¿Por qué tengo una reacción tan intensa? ¿Será porque esos recuerdos son dolorosos y es mejor olvidarlos, o porque estoy avergonzada? ¿Es esto lo que pasa cuando dejas de ser homosexual y te conviertes en heterosexual?

Mi novio se me acerca, me toma por la cintura y bromeando me dice: "Por lo menos sabemos que no somos gays. Vamos a comprobarlo." Asiento lentamente. Tiene razón.

* * *

Es en un restaurante de Tijuana donde veo a Luigi por primera vez. De inmediato sé que lo tengo que conocer.

Cuando pasa por nuestra mesa, le digo a mi amiga Lisa: "Mira que hombre tan precioso." Se lo digo en español para que mi novio, Rod, no me entienda.

Luigi se sienta en una mesa enfrente de nosotros, así que lo puedo estudiar detenidamente. Tiene un tipo exótico: Pelo negro con algunos mechones grises, piel color olivo y nariz de gancho, lo cual me indica que tiene ascendencia del Medio Oriente. No obstante, su confianza y seguridad al caminar, me indican que es estadounidense. Se da cuenta de que lo estoy mirando y me sonríe con sus labios carnosos y sensuales. Yo también le sonrío y él levanta su copa. Tengo que conocerlo pero Rod y Lisa están conmigo celebrando mi cumpleaños. ¡Tengo que encontrar la forma!

Le digo al mesero: "Dile al señor de aquella mesa que me mande su número de teléfono."

Escucho a mi mamá decir: *"¡Marina, no tienes vergüenza, tratando de ligarte a un extraño con tu novio sentado junto a ti!"*

El mesero regresa y dice: "El señor quiere invitarles una copa en el bar a los tres."

"Ese señor quiere invitarnos una copa." Le digo a Rod haciéndole creer que está interesado en Lisa.

"Si él paga, adelante." Típico, cualquier cosa que sea gratis, Rod la acepta. Es varios años más joven que yo y lleva tres meses viviendo en mi casa. Estoy pensando pedirle que se vaya.

Cuando estamos cerca, veo que Luigi tiene ojos verdes. "¿De dónde eres?" le pregunto. Tiene la barba partida y además, cuando sonríe, se le hacen hoyitos en las mejillas. "Mi papá es italiano y mi mamá es de Líbano." Es instructor y trabaja para el condado de San Diego. Hablamos sobre creencias, igualdad, prejuicios y de que él es un enamorado de México. Eso me agrada mucho.

Después de una hora de conversación, le doy un codazo a mi amiga y le digo en voz baja: "Pídele su número de teléfono."

"Ya lo hice pero no me lo quiere dar." Luigi nos dijo dónde trabaja, así que ya sé dónde encontrarlo. Varios días después, voy a su oficina a buscarlo. Está fuera de la ciudad pero regresa al día siguiente. Le dejo un mensaje con mi nombre y mi teléfono. En cuanto regresa me llama y salimos esa misma noche.

Es el comienzo de una relación que dura siete años. Luigi tiene una maestría en educación y conectamos a nivel intelectual. La atracción sexual entre nosotros es lo que nos mantiene juntos.

El me enseña acerca de la política de los Estados Unidos en la cual yo no había estado muy interesada. No entiendo la diferencia entre conservadores y liberales. Él es un republicano apasionado. Continuamente habla de Reagan, de su política y de cuánto lo admira. Habla de cómo Reagan redujo los gastos del gobierno, favoreciendo la reducción de impuestos para avivar la economía. Después supe que todos los recortes que hizo Reagan, afectaron al segmento de salud mental, dejando a miles de enfermos mentales sin ayuda y por ende, creando una población de indigentes.

Luigi critica a los liberales por sus programas sociales, así como a la gente que sin buscar trabajo vive del gobierno. Se la pasa horas hablando de esto y yo ya ni lo escucho. Cuando le pongo atención, estoy en total desacuerdo con él. Me resisto a compartir sus creencias y puntos de vista. He aprendido de sus discursos, sin embargo, no lo que él quisiera. Las ideas liberales van más con mis valores y mis creencias de fondo.

A pesar de que en política Luigi tiene ideas radicales, en su vida personal le huye a los conflictos. Esto lo descubro cuando un día me dice: "Las mujeres italianas sirven a sus hombres."

"Yo no soy italiana, así que no esperes que yo te sirva."

Se levanta sin decir palabra y se va de la casa. Pasan dos semanas sin que yo sepa nada de él. Supongo que debido a ese incidente tan insignificante, terminó conmigo.

Después de un tiempo, regresa sin explicación alguna. Se comporta como si nada hubiera pasado. Este patrón se repite cada vez que tenemos un desacuerdo. Se ausenta por un par de semanas y se rehúsa a hablar del asunto. Es imposible acercarme a un hombre que se desaparece en lugar de enfrentar el conflicto. Esto impide que nos conectemos emocionalmente.

Cuando Luigi se desaparece por tres semanas, sé que es el final. Esta vez, cuando regresa, me niego a aceptarlo otra vez en mi vida.

Unas semanas después, empiezo a salir con un compañero terapeuta, quien es totalmente opuesto a Luigi.

Matt trabaja en la agencia contra el abuso sexual a menores, que es donde yo trabajo para adquirir experiencia, mientras estudio mi maestría. Lo primero que me llama la atención de Matt, es su empatía y compasión por sus pacientes. Siempre trata de ayudarlos, los apoya y les da consejos.

Salimos a tomar un café. Me escucha con atención y puedo sentir su interés. Me inspira confianza y me abro con él.

Le cuento de mis relaciones pasadas con mujeres y él parece entender. Me siento atraída hacia él pero más que nada, admiro su profundo compromiso de combatir las injusticias sociales. Sé que yo le gusto, sin embargo, siento que venimos de mundos muy diferentes.

Su infancia en Georgia estuvo llena de carencias y pobreza. Fue en la década de los cincuentas cuando existía una gran discriminación hacia los negros y Matt la experimentó a una edad muy temprana.

Haciendo un gran esfuerzo por contener su emoción, me cuenta historias difíciles de creer. "Tenía siete años cuando me empecé a cuestionar el amor de Dios hacia nosotros. Vi a hombres blancos sacar a un hombre negro de su casa y colgarlo simple y sencillamente porque era de piel negra. Yo me preguntaba. "¿Dónde está Dios?" Lo dice lleno de frustración y tristeza.

Este ex-marino de un metro noventa y tres, es fuerte en el exterior pero muy tierno en el interior.

Pasamos la noche juntos y yo pienso que preferiría que esto no pasara de una amistad. Sin embargo, él tiene otros planes y al poco tiempo, yo cedo.

"¿Cómo puedes siquiera considerar casarte con un hombre negro?" me dice mi mamá, indignada. "La sola idea me enferma."

"Eso es ofensivo." Le digo. Su frustración me produce satisfacción. Esta vez no me puede detener.

"Es uno de los mejores hombres que he conocido. Tus prejuicios te ciegan."

"Es verdad pero no lo puedo evitar. Toda nuestra familia es blanca, nunca nos hemos casado con alguien de piel oscura y menos con un negro. ¿Por qué no sólo vives con él?"

"Me quiero casar con él."

"¿Por qué?"

Disfruto de su compañía, el sexo es muy bueno y no quiero ser *la mujer que vive con un hombre negro.*

Él es del sur de Estados Unidos, de Georgia donde la gente es más tradicional. "Cuando un hombre respeta a una mujer, se casa con ella," me dice Matt.

Tal vez ahora que mis hijos ya crecieron y se fueron, me siento sola.

"Haz un esfuerzo," le digo a mi mamá "ven a la boda. Conoce a Matt, te va a caer muy bien."

"Marina, no sé por qué estás haciendo esto."

"Él se quiere casar y yo también. Estoy en una edad en la que necesito la compañía de un hombre."

"¿Cómo llevarás a un hombre negro a las reuniones familiares? ¿Qué van a pensar?"

"No me importa lo que piensen. Si tú te avergüenzas es porque te dejas influenciar por las opiniones de los demás."

Su tono cambia. "Marina, recuerda que yo estaba sola y necesitaba el apoyo moral de la familia. No es sólo la familia la que te debe de preocupar. ¿Y la sociedad? Aquí en Estados Unidos vas a tener muchos problemas porque la gente es muy racista."

"Matt y yo ya hablamos de esto. Lo solucionaremos cuando suceda. ¿Vas a venir a la boda?"

"Trataré. No sé si tus hermanos vendrán."

Su reacción y la de mi familia no me sorprenden. Lo esperaba y estoy dispuesta a enfrentar su desdén.

¿Por qué no pueden ver más allá del color de su piel y darse cuenta que es una buena persona?

Desafiando y escandalizando a toda mi familia, me caso con Matt. No obstante, mi mamá y tres de mis hermanos vienen a la boda. Mi hermano, el que vive en Mazatlán, nos presta su casa de La Jolla para la ceremonia. Él no pudo venir porque ya tenía otro compromiso. Un amigo nuestro que es terapeuta y también ministro, es el encargado de oficiar la ceremonia.

Me pongo un vestido ajustado, color palo de rosa, el cual resalta mi figura. Según mi mamá, enseño más de la cuenta. "*Ay mijita,* ¿es ese un vestido apropiado para una boda?"

"Va con el estilo de mi peinado." Le echo una ojeada a mi pelo corto con rayitos dorados. A mis cincuenta años, la gente me dice que parezco de cuarenta.

Mi mamá ha estado llorando desde que llegó y sigue llorando durante la ceremonia. Cuando estamos intercambiando anillos, se va. Para ella lo que estoy haciendo es vergonzoso. Aun ahora que soy una mujer de mediana edad, se siente responsable por mis acciones.

Nos vamos una semana de luna de miel a un crucero por el Caribe.

A pesar de que estamos en 1990, veintiséis años después del Acto de los Derechos Civiles, la gente nos mira con curiosidad y ocasionalmente con molestia. Una pareja mixta todavía no es muy bien vista. Me imagino que se estarán preguntando: ¿Qué hace una mujer blanca con un negro? ¿Qué hace un negro con una mujer blanca?

Una tarde mientras estamos en la terraza, cuatro mujeres negras nos observan. Su mirada furibunda la dirigen especialmente hacia mí. Una de ellas levanta la mano con el puño cerrado, haciéndome una seña. Durante un buen rato, no me quitan la vista de encima. Sus ojos llenos de veneno tratan de intimidarme.

Le pregunto a Matt: "¿Qué les pasa a esas mujeres? Me están viendo como si me quisieran matar."

"Las mujeres negras con frecuencia se enojan cuando ven una pareja como nosotros," me dice. "En la cultura negra existe la creencia de que una vez que un hombre negro se instruye, busca una mujer blanca."

"¿Es cierto?"

"Sucede como en nuestro caso. Vas a descubrir que los negros discriminan más que los blancos en contra de las parejas mixtas. Especialmente cuando es un hombre negro con una mujer blanca."

En los años que estuvimos casados, de una forma u otra, sufrimos discriminación, especialmente de parte de mujeres negras. Me llegaron a preguntar que por qué les había robado a uno de sus hombres.

Aprendí que la discriminación está viva y que está basada en el odio y en la ignorancia.

De Matt aprendí acerca de los aspectos culturales, los cuales yo no había considerado antes.

"Tal vez la mente de los blancos no registra el sufrimiento que le han causado a otros," dice Matt. "La raza blanca es superior en dos aspectos: son más codiciosos y son más agresivos. Eso explica su poder. Ningún blanco resistiría lo que los negros hemos pasado."

Me hace pensar en los mexicanos y cómo la cultura española los dejó oprimidos y sufriendo.

¿Por qué en ciudades del sur de Estados Unidos se considera superior a un blanco ignorante que a un hombre negro preparado como Matt?

Su amargura hacia los blancos no me llega a mí. Yo soy mexicana. Cuando pienso en mi mamá y su fijación con la piel blanca, tengo que reírme. La ironía es que las dos razas tienen prejuicios en contra de la otra.

A través de los años, descubro que Matt, veterano de Vietnam, tiene muchas heridas emocionales. Sus experiencias lo persiguen.

Me cuenta cómo tuvo que matar a un niño que traía una bomba y amenazaba con hacer explotar a sus compañeros. Sangre y muerte.

"No tienes idea lo que fue recoger las partes de los cuerpos de mis compañeros, "regadas por todas partes."

Los puntos de vista políticos de Matt, son completamente opuestos a los de Luigi.

A Luigi le gusta Reagan por su política social, la misma razón por la cual a Matt le disgusta. "Ha provocado innumerables problemas sociales" dice Matt. "El dominio y privilegio del que gozan los blancos es evidente en la diferencia que hay entre las escuelas públicas en las colonias de ricos y de pobres."

Me señala cómo el sistema educativo se ha deteriorado trayendo como resultado más vagancia y crimen entre los adolescentes.

Me dice que los trabajadores negros han sido los más afectados, así como los enfermos mentales y los veteranos de Vietnam.

Aprendí más sobre partidos políticos desde el punto de vista demócrata.

Matt apoya el movimiento feminista. Vemos el debate entre Anita Hill y Clarence Thomas. Da rabia ver cómo ella fue maltratada y cómo las pruebas de acoso hacia las mujeres fueron ignoradas. ¿Qué pasó con la liberación femenina?

Estando yo casada con Matt, mi hija Gabriela empieza a tener problemas maritales y se separa de su esposo. Se viene a vivir con nosotros junto con su hijo de cinco años y su bebita de siete meses. Debido a esto, compro una casa más espaciosa y con un jardín grande.

Como Matt no tiene mucho dinero y no es bueno con las finanzas, yo me hago cargo de la mayoría de los gastos.

Por varios años Matt ha sido profesor en una pequeña universidad. Uno de los temas que enseña es "racismo institucional."

Cuando empiezo a dar clases de psicología multicultural en la Universidad de Chapman, Matt es de gran ayuda. Me es difícil entender por qué un hombre tan inteligente y preparado como Matt, no es exitoso, hasta que me doy cuenta que su pasado es un obstáculo. Su ambición es la política pero su color lo detiene.

Para ser exitoso tendría que ser un hombre de empuje, materialista y algunas veces inhumano. Nada de esto está en su naturaleza. Es un hombre con una misión que no puede lograr.

¿Qué es lo que no funciona en nuestro matrimonio?

Todos me advirtieron que nuestros antecedentes culturales y sociales tan diferentes podrían causar dificultades.

Yo fui educada como una mujer de clase alta en la sociedad mexicana.

Él tiene mucho resentimiento por lo que vivió como un hombre negro pobre en el sur de Estados Unidos. Yo veo cómo, debido a su color, su ambición ha sido apagada. Vietnam lo afectó mucho, al igual que a muchos veteranos. Regresó más enojado y dañado que antes. Trato de entenderlo y apoyarlo pero su carga emocional es muy pesada.

Yo soy una persona muy consciente de mi salud. Hago ejercicio todos los días y cuido mi alimentación. Me cuesta trabajo tolerar los malos hábitos de Matt.

Ya era un hombre pasado de peso cuando nos casamos pero con su gusto por las comidas grasosas, ha aumentado quince kilos.

Fuma dos cajetillas de cigarros diarias. Llega tarde a la casa y se va derecho a la cama. Ya no tiene deseo sexual. Cuando le pregunto qué le pasa, me contesta con evasivas. Finalmente lo confronto para saber por qué se va a dormir tan temprano.

"No te quería preocupar. Soy diabético."

"Deberías de habérmelo dicho antes para poder ayudarte." Estoy segura que ha escondido su enfermedad porque no quiere cambiar su estilo de vida. No quiere dejar de fumar ni ponerse a dieta. Yo lo fastidio constantemente con eso.

Me dice que está agotado y que le bajó el azúcar. Usa esta excusa muy seguido. Algo más está pasando. Está apático y cansado, ha perdido interés en todo lo que le apasionaba. De repente se irrita por alguna ley o problema que afecta a los negros.

"Matt, es muy difícil para mí estar con alguien a quien no le importa su persona y que es tan destructivo como tú."

"¿Destructivo?"

"Si, estás pasado de peso, fumas mucho, siempre estás cansado y no quieres hacer nada. Te has convertido en un hombre sedentario, solo quieres estar echado viendo televisión."

"No es justo que digas eso Marina, trabajo mucho y mi trabajo es muy estresante. Cuando llego a la casa, solo quiero relajarme y estar tranquilo. Estoy seguro que lo entiendes."

Yo también tengo un trabajo muy estresante pero al contrario de él, yo estoy llena de energía. Todo lo que él quiere hacer es estar sentado en el sofá o en la cama. ¿Dónde está aquél hombre brillante con el que me casé? Antes hacíamos muchas cosas, salíamos con los niños o con amigos. Ahora salgo sola como si fuera soltera. Más me valdría serlo.

Asumo que sus depresiones están relacionadas con sus tormentos internos.

Cuando la sirvienta me dice: "Encontré esto en la basura, el señor Matt la dejó ahí." Estoy en shock. Una botella de vodka vacía envuelta en una bolsa de papel café. Nunca pensé que Matt fuera alcohólico en secreto. Se había emborrachado en fiestas pero en la casa nunca tomaba enfrente de mí. Ha sabido esconderlo.

Hasta cierto punto me siento aliviada, ahora entiendo su comportamiento pero ¿puedo o quiero ayudarlo? Soy terapeuta pero no doy terapia para alcohólicos.

Cuando llega a la casa le enseño la botella.

"Fue sólo una vez," me dice evadiendo mi mirada.

"Yo sé que has estado tomando. ¿Qué haces? ¿Compras una botella después del trabajo?"

"No, te lo juro, no es eso. Estaba estresado, necesitaba relajarme antes de llegar a la casa. No te quiero agobiar con mis problemas."

Como terapeuta he aprendido a reconocer cuando la gente está mintiendo.

Al principio Matt insistió que fue solo una vez.

"La gente no compra una botella de repente y se pone a tomar en secreto." Le digo sin darme por vencida.

Relaja los hombros y pensativo se sienta en la silla como considerando lo que tiene que decir.

"Matt, nuestro matrimonio está en riesgo. Necesito saber con qué estoy lidiando."

"Sí, admito que tengo un problema con el alcohol. Tomo todos los días. Lo hago en mi coche camino a casa o me detengo en algún bar a tomar. He tratado de hacerlo fuera de la casa pero ya llegué al punto en que no lo puedo ocultar."

"¿Dónde guardas tus botellas?"

Me enseña dónde tiene dos botellas. Están atrás del gabinete, hasta arriba para que no se vean y yo no las pueda alcanzar. Me promete que dejará de tomar, sin embargo, la semana siguiente, lo encuentro recostado en la cama con una expresión que lo delata y de inmediato me doy cuenta que se tomó algunas copas.

Las botellas ya no están en el mismo lugar, no sé dónde las tiene.

Nuestro matrimonio va en picada. Yo no estoy lista para lidiar con su alcoholismo.

Una amiga y colega me llama por teléfono.

"¿Te interesaría venir conmigo a la Conferencia Internacional de la Mujer en Beijing? Salimos de Los Ángeles y vamos a hacer un tour de tres semanas por China."

"Sí me interesa. Me encanta la idea, además me gustaría visitar China."

"Hillary Clinton va a ser la principal conferencista."

"Estoy convencida, claro que voy, ya sabes cuánto la admiro."

Nunca sospeché que en esa conferencia conocería a la mujer que cambiaría mi vida y la voltearía de cabeza.

Una Mujer Heterosexual

San Diego
1996-2006

En esta tarde calurosa y húmeda, le estoy cerrando la puerta a la mujer que un día me dijo: "Quiero estar contigo para siempre y hacernos viejitas juntas."

Nuestro abrazo de despedida es como el adiós de un niño a su padre después del divorcio. *"No puedo dejarte ir, por favor quédate conmigo".*

"Te amo y no te quiero perder." Siento su aliento cálido en mi cachete mientras habla. Su cuerpo tiembla y hace que el mío también se estremezca. Me retiro con sutileza.

"Lo tenemos que hacer por nuestro propio bien. Ya pasamos por el duelo de nuestra ruptura."

Me toma del brazo. "Este no puede ser el final." Su cara muestra su lucha interna entre aceptar o rechazar una decisión inalterable.

"Tengo que irme." Mi voz es firme. Sé cómo manejar un adiós y ocultar mi dolor. Si muestro una señal de debilidad, las dos nos vamos a quebrantar y cederemos una vez más. Me obligo a caminar resueltamente hacia mi coche antes de voltear. Nos miramos fijamente expresando nuestro amor. Me subo al coche y me voy.

Una vez en la carretera, abro mi ventana para que entre el aire. Los rayos del sol brillan a través del cielo nublado de Los Ángeles.

Cuando pienso en las dos horas de camino que me esperan, me invade una tristeza profunda por nuestro adiós. Pienso en cómo nos miramos con desolación mutua y en su cara que mostraba el dolor de la pérdida. Se me hace un nudo en la garganta.

En nuestros últimos días juntas, nos embargó una especie de desesperación, un frenesí por capturar y retener todos esos momentos que nunca volveríamos a compartir. Dos amantes condenadas antes de que la negra cortina de la separación caiga sobre ellas. Abrazadas, contemplamos la fuente que está afuera de nuestra recámara. Pasa sus manos por mi cara, como queriendo grabarse mis facciones para siempre y me dice: "Nunca voy a encontrar a alguien tan bonita como tú." Los recuerdos me abruman. Bajo la velocidad y busco una salida. Todavía puedo regresar. Cuando estoy a punto de regresar, lo reconsidero. Esa no es la respuesta. Después de separaciones y reconciliaciones previas, sé muy bien que la llama de la alegría vuelve momentáneamente pero siempre acabamos regresando a los viejos patrones que tanto nos dañan. Después de diez años con ella, tengo que dejarla porque de otra forma, nuestro vínculo se convertirá en un monstruo emocional que nos destruirá. Para sobrevivir tenemos que hacer nuestras vidas por separado. Cada quien por su lado.

Eso significa decirle adiós a nuestro sueño de la casa en Pasadena. Cuando entramos a ella hace cinco años, supimos que iba a ser nuestra." ¿Estás sintiendo lo mismo que yo?" me pregunta Julia. "Esta casa tiene la sabiduría de una casa vieja que ha sido testigo de muchas vidas y experiencias."

Fue construida en 1920. Para los estándares de Los Ángeles, es vieja. El patio cubierto de piedritas, está rodeado de cactus. Hay macetas con plantas y las enredaderas trepan por los troncos de los árboles. Una fuente de azulejo mexicano le da un toque especial. El jardín con sus naranjos y limoneros está cubierto por flores de wisteria. Simpáticos colibrís revolotean sobre las flores.

Mientras manejo hacia San Diego, mis ojos se nublan por las lágrimas. Las seco con mis dedos pero continúan cayendo. Estas lágrimas son las mensajeras del duelo por lo que tuvimos y por lo que nunca tendremos. Con un pañuelo las limpio de mi cara y al mismo tiempo me desprendo de mis recuerdos. Más tarde las dejaré correr libremente y volveré a pensar en la tristeza de nuestro final. Ahora necesito concentrarme en la carretera y en lo que me espera más adelante. Checo que el camión con todas mis cosas venga detrás de mí.

Logro concentrarme en el camino durante cinco minutos, sin embargo, los recuerdos me persiguen. Mi mente viaja once años atrás.

Es una tarde calurosa del mes de Agosto en el aeropuerto de Los Ángeles. Julia forma parte del grupo de cuarenta y nueve mujeres y tres hombres con destino a China. Vamos a la *Conferencia Internacional de la Mujer*. Se espera que asistan cuarenta mil mujeres y algunos hombres de alrededor del mundo.

Nuestros esposos nos llevan al aeropuerto. Nos despedimos de ellos y nos unimos al grupo. "¿Estás a cargo del grupo?" alguien le pregunta a Julia. "No, sólo estoy repartiendo esto para compartir nuestra solidaridad con las mujeres alrededor del mundo." Su sonrisa es cálida y amigable. Viene hacia donde yo estoy sentada y me pregunta: "¿Cómo estás? ¿Emocionada de ir a la conferencia?" Me saluda como si fuera una amiga a la que no ha visto hace tiempo. Me hace dudar si ya la conocía. Al decirle que éste va a ser un evento único, aprovecho para ver el nombre en su gafete: Julia P. "Esta es una gran oportunidad para empujar nuestra agenda de empoderamiento feminista." Por su comentario, me da la impresión de que Julia es otra feminista apasionada. Probablemente todas las mujeres en esta conferencia son feministas a diferente grado. Es obvio que ella está lista para pelear por los derechos de la mujer. Se nota que su apariencia no le importa. No trae nada de maquillaje, el pelo lo trae recogido en una cola de caballo, sus ojos se esconden detrás de unos lentes y su ropa es casual y descuidada.

"¿De dónde eres?" me pregunta.

"De la Ciudad de México."

"Ahí fue la primera conferencia de la mujer en 1975. ¿Fuiste?"

"No, pero tengo amigas que fueron y ellas me contaron." En 1975 mi mente estaba ocupada en otras cosas. En mis hijos todavía pequeños, en Carlos, en Claudette, en mi escuela de baile. Me doy cuenta de cuánto ha cambiado mi vida en veinte años.

"Estoy repartiendo estos botones publicitarios, toma uno." me dice Julia. El botón dice: *Cuarta Conferencia Internacional de la Mujer, Beijing, 1995.* De un lado trae el retrato de Eleanor Roosevelt y del otro el de Gloria Steinem. "Ella es mi modelo a seguir, la admiro mucho." Comenta mientras me enseña otro botón con su famosa frase que dice: *"La verdad te liberará pero primero te enchilará."*

China es muy diferente a todos los países que he conocido. Mi amiga latina y yo, somos punto de curiosidad para los chinos. Pareciera que somos diferentes a los demás turistas que han visto. Viejos, adolescentes y niños nos siguen y nos señalan. Algunos se acercan para tomarse una foto con nosotras. Nos siguen a todas partes al grado de llegar a frustrarnos. Ahora sé lo que sienten los famosos.

Sus costumbres y valores son evidentes dondequiera que vamos. Lo que más me impacta es el mercado. Hay unas enormes ratas peludas muertas, así como perros y gatos muertos, colgados en jaulas. Me da asco ver la cara que ponen los vendedores cuando miran a los roedores. Se ponen los dedos en los labios como mandando besos y se frotan el estómago. Me volteo para no vomitar. Oigo que alguien dice: "Las ratas saben a pollo."

La Cuarta Conferencia Internacional de la Mujer que tuvo lugar en 1995, les dio la oportunidad de compartir sus historias a mujeres de todo el mundo. Cada país tiene su propia carpa en donde se pueden discutir las diferentes estrategias para avanzar con respecto a los derechos de la mujer en su país. Hay creencias completamente opuestas que van desde tradicionales hasta progresistas.

Las mujeres islámicas muestran el orgullo de su religión y de sus roles como esposas obedientes y sumisas con sus hombres. Las mujeres argentinas tienen un mensaje: *"La violencia no es tan solo un golpe. La violencia viene en diferentes formas como verbal y psicológica."*

Las mujeres africanas musulmanas quieren que se detenga la mutilación genital femenina.

Las europeas se ocupan de promover la prevención del abuso a la mujer.

El punto álgido de mi viaje fue el discurso de Hillary Clinton. De hecho fue una de las razones principales por las que decidí ir. Admiro su capacidad y su disciplina así como su trabajo con mujeres y niños, al lado de Marion Edelman.

Me levanto a las cuatro de la mañana para irme en un autobús local a la Ciudad de Huairon, a dos horas de distancia, en donde Hillary va a hablar.

A pesar de que este viaje es culturalmente diferente, me recuerda un viaje en autobús que hice en México. El autobús está hecho de lámina y está todo destartalado. Las carreteras necesitan reparación. Los pasajeros van cargando animales en jaulas, sus herramientas de trabajo, sus maletas estropeadas y cajas con sus pertenencias.

Cuando llego, ya hay mucha gente que se levantó muy temprano y está esperando bajo la lluvia. Aun así, logro sentarme en la quinta fila.

El discurso de Hillary comunica su pasión por la causa en la que ella ha estado luchando desde que era universitaria. Finaliza diciendo: "Los derechos humanos son derechos de la mujer, los derechos de la mujer son derechos humanos. Hoy y siempre." Lo dice con tanto fervor, que recibe un copioso y apasionado aplauso. Yo jamás había experimentado uno de esa magnitud.

Nuestro grupo, que está formado por una chicana que es profesora de universidad, tres terapeutas latinas y yo, es el más ruidoso de todos y atrae la atención de los demás.

"¿Puedo sentarme con ustedes?" pregunta Julia. "Ustedes me parecen más interesantes que todas esas académicas tan serias."

Dudosas, nos volteamos a ver y vacilamos antes de contestarle. Nuestro grupo se siente unido porque todas somos latinas y ella es una güera estadounidense. Sin embargo no podemos rechazar a alguien como Julia con su vehemencia y su cálida sonrisa.

"Claro," le digo y ella se sienta.

Antes de que acabe la noche, Julia ya ha sido totalmente aceptada por nosotras. Intelectualmente, puede retar la mente de cualquiera de nosotras pero es su risa la que nos conquista. Su carcajada echando la cabeza hacia atrás, es contagiosa. No podemos evitar reírnos con ella.

"Eres como nosotras, ruidosa y animada."

"Nunca pensé que las latinas fueran tan divertidas."

Ya entrada la noche, estamos en una de las habitaciones tomando vino. Empezamos a platicar de las diferencias físicas entre las mujeres en nuestro grupo. De cómo los pechos de las mujeres asiáticas son pequeños mientras que los de las afroamericanas son espectaculares.

"Oigan, las latinas no nos quedamos atrás" dice la profesora chicana mientras levanta su blusa y los enseña. "Aquí está la prueba." Todas aplaudimos. Julia se levanta la blusa e imitando a una modelo, levanta su cabeza, arquea la espalda y enseña sus pechos diciendo: "Mujer americana blanca." Todas soltamos la carcajada.

"Nunca había convivido con latinas, ustedes son muy divertidas."

"Güera, te has perdido de mucho" le digo. "Eres encantadora y tienes personalidad de triunfadora."

"Es un gran cumplido para una muchacha americana como yo, que viene de un pueblo pequeño. Especialmente viniendo de una de ustedes."

La mañana siguiente la veo pasar de prisa por el pasillo del hotel y no me saluda. Más tarde nuestros caminos se vuelven a cruzar y la detengo. "¿Dormimos juntas anoche?"

"¿Qué?" Frunce el ceño y me mira con incredulidad. Sonrío y le digo: "Es un dicho popular en español que se dice cuando alguien no te saluda."

"¿Cuándo no te saludé?"

"Hace rato, ibas de prisa y te seguiste de largo."

"Ay, lo siento." Visiblemente muestra estar avergonzada. "Iba tarde a una junta y no te vi, discúlpame, no quise ser grosera, no fue mi intención. Por favor perdóname Marina, no quiero que te molestes." Junta sus manos como pidiendo perdón.

"No te preocupes, estaba bromeando."

"Qué bueno, ¿entonces no estás molesta?"

"Claro que no." Julia toma todo muy en serio.

En nuestro vuelo de regreso, me toca sentarme junto a una amiga y colega que forma parte del grupo que fue a la conferencia. Julia viene a mi lugar, ignora a mi compañera y me dice: "Marina, te voy a extrañar. ¡Nos divertimos tanto!"

"Yo también te voy a extrañar, Julia." Voy a extrañar su risa, su conversación ingeniosa, su gran sentido del humor y su actitud feminista extrema.

"¿Qué tal si nos volvemos a ver? Nos podemos juntar para comer cuando vaya a San Diego," sugiere Julia.

"Me parece una gran idea." No quisiera perder contacto con ella.

Tres meses después, me llama. "Voy a ir a San Diego a visitar a mi sobrina. ¿Comemos el viernes?"

Nos ponemos de acuerdo para comer en Anthony's, un restaurante en la bahía.

Al principio no reconozco a la mujer de traje azul turquesa que viene hacia mí. Por su forma de caminar, la manera en que lleva la cara levantada y su pelo rubio ondeando sobre sus hombros, parece una celebridad rodeada de luces. Entonces veo su gran sonrisa llena de entusiasmo y me doy cuenta que se trata de Julia.

"Marina, que gusto verte." Me da un fuerte abrazo, sacudiéndome de un lado a otro. "Qué emoción, no te quiero soltar."

No me acuerdo qué palabras usé para saludarla. Nada de lo que yo diga será tan intenso como lo que ella dice. Me toma del brazo y me dice. "Te ves muy bien, el rojo te queda." Me da una caja de dulces y una tarjeta. "Normalmente no hago esto pero tú eres muy especial para mí."

¿Especial? ¿Por qué?

"El azul de tu traje va muy bien con tus ojos," le digo. Son de un azul oscuro como el cielo en una tarde de otoño. En China no lo noté, quizá porque no traía maquillaje. Ahora veo que son grandes y tan expresivos que cuando habla dejan ver todas sus emociones. Desde desolación, al hablar de la lucha de las mujeres en el tercer mundo, hasta entusiasmo, al describir las técnicas de defensa personal.

Me platica de su trabajo como escritora y columnista en temas de mujeres y de cómo vino a Los Ángeles con la esperanza de convertirse en actriz.

"Al principio todo iba muy bien. Tuve mi propio programa de televisión y pensé que ya la había hecho." Toma su copa de vino, deslizando sus dedos por la orilla. "Sin embargo los productores no renovaron mi contrato y ya no me llamaban para ningún programa. Cumples cuarenta años y se acaban los contratos de televisión." Hay resentimiento en su voz y su mirada se ha oscurecido por la tristeza. "Muy pocas actrices sobrepasan el factor de la edad, mientras que los actores, aun después de los sesenta, siguen obteniendo el papel del galán de la mujer joven. ¿Dónde están ahí los derechos de la mujer?"

Nos miramos fijamente por unos segundos y una ola de emoción recorre mi cuerpo. Las dos desviamos la mirada al mismo tiempo, levantamos nuestras copas de vino y decimos: "Salud."

"Cuéntame de ti, Marina." Le platico de mis escuelas de baile en México, de mi trabajo como terapeuta y de mi matrimonio con Matt.

"Tu vida ha sido muy diferente a la mía," me dice.

Realmente quisiera hablar con ella de algo que trato de sacar de mi mente. Acaricio la idea de hablarle de mis relaciones con mujeres. ¿Por qué? ¿Por qué se me ocurrió hablarle precisamente de eso? Es parte de mi pasado y es mejor no compartirlo. ¿Por qué lo quiero compartir con ella? Porque es obvio que hay una conexión entre nosotras.

Lanzo un suspiro entrecortado. Julia me atrae como ninguna mujer me ha atraído en veinte años.

Cuando nos despedimos, acordamos volver a vernos.

Sentí la energía entre las dos y reconocí lo que era. Escucho a mi voz interna diciéndome: *Olvídalo, es mejor dejarlo pasar como una inclinación de juventud. Nada que ver con la persona que eres ahora. Además está casada. Te enseñó fotos de su esposo y de sus perros.*

Lo saco de mi mente y me olvido de ello.

Julia va a hacer una fiesta en su casa de Los Ángeles para celebrar el aniversario de un año de nuestro viaje a China. Yo soy una de las cuarenta personas que invitó. La invitación es solamente un papel, es totalmente impersonal. Tal vez vaya pero no estoy segura.

Algunos días después me llama para preguntarme si voy a ir.

"Voy a tratar pero está algo lejos para ir solamente por una noche. Ya terminé con Matt."

"Entonces ¿por qué no te vienes a pasar una semana conmigo?"

"No sé," es muy repentino. No nos hemos visto desde nuestra comida hace ocho meses.

"Yo también estoy sola, mi esposo me dejó hace siete meses. Se fue mientras estábamos en   terapia de pareja y estuve muy deprimida. Ahora ya estoy bien y quiero continuar con mi vida."

Una mano invisible oprime mi estómago.

"No puedo pasar una semana contigo pero puedo pasar la noche y el día siguiente." Siento un hormigueo en mi cuerpo sólo de pensar en volver a verla. ¿Solo una noche? Pienso que me gustaría pasar más tiempo con ella. Me emociono sólo de recordar la atracción física que hubo entre las dos cuando nos conocimos. Si ella siente lo mismo que yo, quiero darle seguimiento. Ahora que está sola, es el momento de actuar, podemos pasar una semana juntas.

La llamo y la invito a Puerto Vallarta, donde tengo un condominio de tiempo compartido.

"Sí, me encantaría ir," me dice con gran entusiasmo. Parece una niña a la que le acaban de dar un regalo. "Adoro México. Dame las fechas y ahorita mismo compro el boleto."

Mi mamá me pregunta: "¿Estás saliendo con alguien?"

"¿Cómo sabes?"

"Soy tu madre, yo sé."

A pesar de mi edad y de que ya soy independiente, no puedo esconderle nada.

Yo no tenía ni idea de que Julia se había sentido atraída hacia mí desde el viaje a China a pesar de no ser lesbiana. Se contuvo porque las dos estábamos casadas. Antes de su fiesta, les dijo a sus amigas lesbianas: "Conocí a una mujer preciosa pero no sé cómo abordarla."

"Emborráchala," le dicen.

Muy buen consejo pero yo no tomo más de una copa de vino.

La noche de la fiesta se la pasa coqueteando conmigo. Cuando llego, me besa en el cachete y me dice: "Te he extrañado mucho." Sus intenciones son muy obvias.

Su atuendo es muy provocativo. Trae una falda muy corta y una blusa muy escotada que deja ver sus senos cuando se agacha.

Mientras platico sobre la conferencia con algunos invitados, se me acerca y me besa en la frente y en las mejillas mientras me sirve vino. Esto facilita las cosas para mí y le digo: "¿Irás a visitarme a mi cuarto más tarde?"

"Sí," dice en voz baja, "cuando se vayan todos mis invitados."

Cerca de la media noche entra a mi cuarto. Sin decir palabra, se desliza entre mis brazos. Me recargo en la almohada y nos besamos con pasión durante un buen rato. Mi cuerpo está experimentando una serie de sensaciones que no había vuelto a vivir desde la última noche con Claudette. Su recuerdo todavía me causa dolor.

"Julia, creo que debemos irnos despacio y conocernos primero. No he estado con una mujer desde hace veinte años."

Retrocede, suspira y me dice: "Qué bueno que me lo dices, yo no tengo experiencia en esta área."

"Entonces estamos de acuerdo en esperar. Te veo mañana. Buenas noches, mi amor."

"Buenas noches, cariño. Que duermas bien."

El siguiente día, lo pasamos hablando de nuestras vidas y de nuestros amores. Empezamos a conocernos. Nos besamos y nos tocamos. Cuando quiere pasar a otro nivel, le digo que hay que esperar, que todavía es muy pronto.

Regreso a mi casa con un sentimiento agradable. Siento que mi vida está empezando de nuevo. Esta felicidad se siente extraña, como si hubiera estado muerta por años. No había querido reconocer que he estado llevando una vida muy vacía emocionalmente.

Nuestra semana en Puerto Vallarta es nuestra luna de miel. Quiero besar cada parte de Julia y que me pertenezca aunque solo sea por este momento.

Paso mis manos por su pelo, acaricio cada mechón sintiendo su suavidad con mis dedos. Mis labios también rozan su pelo y juegan con él. Recorren su cuello, su cara, sus párpados y sus mejillas. Aspiro su olor con avidez. Puedo sentir el calor de su respiración y el estremecimiento de su cuerpo cuando mi lengua juega con sus pezones erguidos. Su respiración se acelera y gime de excitación. Quiero conocer cada curva de su cuerpo y jugar en esos lugares tiernos para hacerla estremecer de placer y desearla tanto como ella me desea. La presiono contra mí y puedo sentir los latidos de su corazón cuando nuestros cuerpos se unen. Beso su boca durante un largo rato y mis dedos buscan ese lugar mojado entre sus piernas. Lentamente busco su lugar de máximo placer y lo froto hasta que se viene con un largo gemido. Sigo excitándola hasta que se viene de nuevo, hasta que ya no puede más.

Se recuesta a mi lado por unos minutos. Me acaricia la cara suavemente, me besa los labios y con su lengua viaja lentamente a través de mi cuerpo, excitándome y llevándome hasta el más exquisito placer.

Pone su cara entre mis piernas y el placer se profundiza hasta el punto que me vengo con un intenso grito de felicidad.

Quiero amar a Julia hasta que desaparezcamos a otro mundo.

Quiero siempre sentir la ternura de su cuerpo después de estar juntas. Cada olor y cada contacto en esas noches nos unen más. Agotadas de felicidad, nos dormimos entrelazadas de piernas y brazos.

Las Complicaciones de Amar A Otra Mujer

Baja-Malibú, Baja California, México
1997-2000

Por primera vez puedo amar a una mujer abiertamente, sin el temor a ser censurada o excluída. Puedo compartir a Julia con mis hijos y con mis amistades. No tengo que esconder mi felicidad ni mis sentimientos como antes.

Tengo mis reservas con Armando pues se ha convertido en ministro de una iglesia cristiana donde predica que la homosexualidad es un pecado. Cuando le hablo de mi relación, me dice: "Mami, no apruebo tu estilo de vida, pero mi amor por ti no cambiará."

"¿La vas a conocer? ¿Le vas a dar una oportunidad?"

Me da un abrazo alentador. "La voy a tratar de la misma forma que a cualquier amiga tuya."

Jaime tiene un espíritu muy libre y es fácil congeniar con él. Es piloto como su papá. Él me manda una carta desde Corea del Sur en la que me dice que está sorprendido de que haya escogido una mujer como pareja pero que por él, no hay problema.

Con Gabriela es diferente. Todavía vive conmigo, somos muy unidas y nos contamos todo.

Hablo con ella la noche después de que regreso de Puerto Vallarta. Para que nadie nos interrumpa, me espero hasta después de la cena cuando los niños ya se han ido a dormir.

Como tiene treinta años y es mujer, Gabriela es más sensible a mis sentimientos. "¿Conociste a alguien?" me pregunta antes de empezar la conversación.

"¿Cómo sabes?"

"Por tu sonrisa y el brillo en tus ojos. ¿Quién es? ¿Cómo es él?"

De repente me llega el recuerdo del momento en que Valeria, la amante de mi mamá, la puso en evidencia ante mí. Sin embargo, eso fue diferente. Mi mamá y yo nunca fuimos tan unidas como lo somos Gabriela y yo.

"Él... es ella... es mujer." Mañana la conocerás a la hora de la comida." La veo, esperando su reacción.

Me ve como si le costara trabajo comprender mis palabras. "Esta no es la primera vez que estás con una mujer," me dice convencida.

"Quiero entender por qué has mantenido secretos conmigo, mami."

"¿Por qué me dices eso? Tu y yo siempre hemos sido honestas la una con la otra."

"No lo creo. Estoy atando cabos y ahora me doy cuenta que cuando yo era niña, Claudette vivía con nosotros y era tu amante. ¿Por qué nunca me lo dijiste?"

"Eras demasiado chica para entender."

"No estoy de acuerdo" dice Gabriela en tono de acusación. "Ella compartía tu cama y no mi papá. Hubiera sido más natural si yo hubiera sabido."

"Tuvimos que mantener nuestra relación en secreto. La sociedad era muy cerrada."

"¿No creías que yo podía guardar el secreto? ¿Mis hermanos sabían?"

"No. Para ellos era una amiga que trabajaba conmigo. Tú eras una niña muy parlanchina y podías haberle dicho a alguien. Por eso tuve que mentirte a ti y a todos. Para mí, eso fue lo más difícil. Claudette y yo no podíamos demostrarnos nuestro afecto abiertamente, ni siquiera enfrente de ti."

De repente me acuerdo lo agotador que fue fingir y tanta falta de honestidad al tener que esconder mis sentimientos por Claudette. Me limpio las lágrimas.

Gabriela se me acerca y toma mi mano. "Mami, ¿por qué nunca confiaste en mí?"

"Traté de olvidarlo. Fue tan dañino que después intenté convencerme de que no era gay, de que sólo había sido una fase por la que había pasado. Creí que amar a una mujer era malo. Tú sabes que salí con muchos hombres y hasta me volví a casar. Sin embargo, nada me llenó hasta que conocí a Julia."

"Me alegra por ti. Estoy segura de que me va a caer muy bien."

Por años, he sido como un agente secreto que ha estado tan escondido, que casi se ha olvidado de quién es realmente.

Con Julia puedo recuperar mi identidad y amar a una mujer abiertamente. Puedo ser yo misma y dejar de fingir.

Julia llega a pasar su primer fin de semana conmigo. Desde el primer momento intenta ganarse a toda mi familia. Nos trae galletitas que ella misma horneó. Cuando se ríe, todos se ríen con ella. Tendrá que acostumbrarse a compartirme con mis hijos, mis nietos y mi mamá. No será fácil.

"Es joven, inteligente y simpática. Es una mejor elección que la del hombre negro con el que te casaste," opina mi mamá.

Aun Armando vence sus prejuicios. Julia se lo gana. Discuten la idea de tener un debate en la radio sobre el punto de vista feminista y el religioso. Cuando llevo a mi güera bonita de ojos azules a dos bodas familiares en México, es un éxito con mi familia. Es tan divertida que mis hermanos, hasta el de Mazatlán que es el más estirado, quedan encantados con ella.

Le enseño a Julia el México verdadero, el que yo conozco. Es importante que vea y entienda mi lado mexicano y cómo era mi estilo de vida antes de irme a vivir a Estados Unidos.

La Ciudad de México le parece abrumadora y caótica pero está impresionada por el glamour de tener un coche con chofer que nos prestó mi hermano, así como por los restaurantes elegantes y las hermosas residencias que visitamos. Ha sido tratada como una princesa.

"No entiendo por qué la gente aquí se arregla tanto. Para salir, usan medias, tacones y maquillaje. Yo no podría hacer eso todos los días."

"¿Por qué no tratas? Eres tan bonita cuando te arreglas." El maquillaje resalta sus facciones y sus ojos. Qué diferencia entre su apariencia descuidada en China y cómo se ve cuando se arregla.

Vamos a una boda familiar en una antigua hacienda. Es una boda elegante con quinientos invitados. Las mujeres están elegantemente ataviadas y portan vestidos de diseñadores.

Mi familia la encuentra atractiva y divertida. Como mis primos no saben de nuestra relación, coquetean con ella.

En la cena de la tornaboda, Julia se come la comida mexicana con tanto gusto, que mi cuñada comenta: "Tu amiga tiene muy buen diente."

En el avión de regreso a Los Ángeles, Julia empieza a llorar.

"¿Qué te pasa? Yo pensé que la habías pasado muy bien." Todavía no estoy acostumbrada a sus emociones cambiantes.

"Fue maravilloso estar contigo y con tu familia. Me estoy muriendo de pensar que te regresas a San Diego y yo me quedo en Los Ángeles. No me quiero separar de ti."

A mí también me duele el corazón. No la quiero dejar. Hemos estado juntas por diez días. La extraño tanto que dos días después de que regresamos, manejo dos horas para pasar la noche con ella. En mi camino de regreso, al día siguiente, me quedo atorada en el tráfico por cuatro horas.

Tenemos que encontrar una solución. Esta situación de larga distancia no está funcionando para nosotras.

"¿Por qué no vivimos juntas?" me pregunta.

Consideramos Laguna Beach. Ella estará cerca de Los Ángeles y yo puedo cambiar mi oficina a Oceanside.

El domingo en la mañana, cuando vamos en camino a Laguna a ver casas, Julia me dice: "Mi amor, vi una casa en Rosarito en un anuncio en el periódico de Los Ángeles. Vamos a verla."

"¿Estás loca? Eso está en México."

"Ya lo sé, pero tengo curiosidad."

"Ok," le digo riendo. "Para mí sería más conveniente porque no tendría que mover mi oficina."

"Viviremos en México, en tu país."

Es uno de sus caprichos fantasiosos. No puede estar hablando en serio pero le sigo la corriente. Nos vamos hacia la frontera. A ninguna de las dos nos gusta la casa. Tal vez esto derrumbará su fantasía de vivir aquí. El agente insiste en llevarnos a Baja Malibú, una colonia bonita y muy agradable.

"Que hermosa casa," dice Julia. Es una casa blanca a la orilla del mar. Su techo es rojo de ladrillos y el piso de azulejos cafés. "Mi amor, este lugar es para nosotras." Cuando entramos a la casa, empieza a aplaudir. Desde las enormes ventanas, la vista panorámica del mar es una verdadera belleza. Paradas ahí, nos emocionamos ante la escena frente a nosotras. Las olas revientan y acarician la arena.

La cocina está pobremente equipada con una estufa vieja.

"Traeré la mía" dice Julia. "¿No crees que mis muebles se verán muy bien en esta sala?"

En el piso de abajo hay una suite sin muebles. Las paredes y el piso del baño son de mármol como en un spa.

"La terminaremos y la llamaremos *La Suite de Luna de Miel*," dice Julia.

"Nuestros amigos pueden pasar el fin de semana aquí. Tendremos fiestas." A ella le encanta entretener gente.

"Cuando les cuente a mis amigos de esta casa, con esta vista, vendrán corriendo."

"No te confíes de que vendrán tan seguido como crees."

"Vivir aquí será increíble. La vista es enloquecedora. Esta casa es ideal para nosotras. La vamos a comprar."

"Julia, ¿por qué no rentamos una casa primero? No sabes si te va a gustar vivir aquí." Me alarma su impulsividad.

"Tú sabes que me va a gustar. Todo lo de México me gusta."

"Tú nunca has vivido en México, las cosas aquí son muy diferentes, son mucho más lentas de lo que tú estás acostumbrada."

"No importa, aquí todo es más relajado. Puedo escribir en paz."

"¿Qué vas a hacer cuando el teléfono no funcione o no puedas entrar al internet? ¿O cuando estés cocinando o bañándote y se acabe el gas y tengas que esperar horas o días para que traigan el tanque de gas? ¿Y qué harás con el problema constante del agua?"

Voltea a verme sorprendida. "Marina, ¿por qué eres tan negativa? ¿No te gusta esta casa?"

"Es extraordinaria pero sólo estoy siendo realista."

Levanta la barba con terquedad. "Entonces yo voy a ser realista. Esta es una casa con una vista única. Me gusta México, está cerca de San Diego donde tú trabajas. Tiene que ser mía."

Voltea con el agente. "Quiero comprar esta casa." A mí me dice: "Hablaré con mis padres para que me presten el dinero mientras vendo mi casa de Los Ángeles."

Veo cómo hace arreglos con el agente. Me cuesta trabajo recuperarme del shock. No puedo creer que esté dispuesta a continuar con esta idea sin analizarla primero. Está actuando impulsivamente. ¿Va a dejar su vida en Los Ángeles, vender su casa, cortar sus raíces para venirse a vivir aquí y deberle dinero a su papá, todo por un sueño?

Otra vez trato de disuadirla.

"Estoy de acuerdo que es una casa preciosa. Sin embargo, ¿por qué ha estado abandonada por siete años? Debe tener alguna desventaja."

Cuando vamos a ver al licenciado encargado, descubrimos que perteneció a un traficante de drogas quien ahora está en la cárcel. El gobierno la confiscó y terminó en manos de este abogado. En la casa hay un túnel que fue construido por este narco. Mide 1,200 metros, tiene luz eléctrica, atraviesa la cancha de tenis y va a dar a otra casa.

"Las autoridades cerraron la entrada pero si ustedes quieren lo pueden destruir."

"¡Imagínatelo, tendremos nuestro propio túnel subterráneo!" Exclama Julia.

Imágenes de nuestros primeros meses en Baja Malibú pasan por mi mente.

Estamos viviendo en pareja. Esta es la verdadera felicidad.

Nos sentamos en el sofá de la sala a contemplar la vista por horas y vemos a los delfines saltando en el mar.

Desde nuestra recámara vemos pasar a las ballenas hacia el sur. Brincando de emoción, Julia exclama: "¡Una ballena! ¡Puedo ver una ballena!" Son del tamaño de tanques de gas. Vemos a seis de ellas agitando el agua y dejando oleadas en su camino.

Podemos escuchar el romper de las olas, su ritmo y los movimientos regulares del mar. Tenemos gran consciencia del poder del universo y del más allá.

Estamos Julia y yo en la playa contemplando el mar y en las noches, el cielo cubierto de estrellas. Nos hacemos promesas de amor.

"Mi amor," me dice "te amo con cada célula de mi cuerpo."

Es de noche y Julia está en mis brazos. Ella amándome, yo amándola, tocándonos, acariciándonos, unidas en cuerpo y alma.

Cuando llego de trabajar, Julia me está esperando. La casa huele a la rica comida que ha preparado en su estufa antigua.

"Mi amor, prueba esto, lo hice especialmente para ti."

Aromas de arena y mar entran por la ventana mezclándose con el aroma de la cocina.

Mi familia se convierte en *"nuestra familia,"* como dice Julia. La suya está lejos, tanto emocionalmente como en distancia. Se ven muy poco. Julia dice que su madre es reservada e incapaz de demostrar afecto. Esto la ha llevado a buscarlo en otra parte. Como no tiene hijos, adopta a mi familia. "Qué suerte tengo de haber encontrado una familia, nunca pensé que sería abuela," dice emocionada.

Mi mamá está encantada con Julia porque le presta mucha atención, más de la que yo le he prestado. Los niños juegan en la playa con los dálmatas de Julia.

Algo que Julia no puede entender, es la falta de puntualidad mexicana. Prepara platillos especiales para la familia, pero cuando llegan tarde, se pone histérica. "Tanto tiempo que me lleva preparar la comida y no pueden llegar temprano."

Sus amigos vienen a nuestra fiesta de inauguración. Algunos regresan a pasar el fin de semana en nuestra *Suite de Luna de Miel.*

"¿Ya ves? Todos van a venir."

Después de un par de meses, la suite rara vez está ocupada.

No estoy segura si ignoré las señales o simplemente no les di importancia. Puedo manejar su personalidad quijotesca pero lo que me cuesta trabajo tolerar es su manera de perder el control y sus cambios de humor por detalles insignificantes. En una ocasión, al principio de nuestra relación, ella estaba comiendo pastel de nuez y yo, sin preguntarle, me comí un pedacito. Se puso furiosa y me gritó: "¡No hagas eso!"

Me quedé impresionada por su falta de generosidad y solamente alcancé a decirle: "Perdón."

"No, no, espera." Corta un pedazo, me lo da y dice: "Me acordé de cuando mis hermanas me lo hacían."

Agitada y gritando me cuenta: "Mis hermanas me quitaban todo, nunca podía tener nada mío. Todo lo querían para ellas. Yo no contaba para nada." El semáforo se pone en rojo y cuando me detengo, la gente nos voltea a ver. Tengo que subir la ventana para que no la escuchen. "Nadie me hacía caso," continúa ventilando su pasado y la forma en que creció sintiéndose invisible.

Pensé que ese había sido un incidente aislado pero debería haber sido una advertencia de lo que estaba por venir.

Durante el primer año en nuestra casa de la playa, Julia ha estado muy ocupada escribiendo su libro sobre defensa personal. Se integra a un grupo de escritores estadounidenses que viven en nuestra comunidad. No tiene otros amigos o actividades sociales. "No necesito a nadie. Te tengo a ti y estoy muy ocupada escribiendo."

Además del libro, Julia escribe artículos para un periódico de Los Ángeles. De ella aprendo sobre el empoderamiento de la mujer, sobre el feminismo en Estados Unidos, sobre lo que pasó en los años setentas y sobre los derechos de la mujer. Es demócrata igual que Matt pero ella viene de unos antecedentes privilegiados, así que su perspectiva es diferente. No comparte el profundo resentimiento de Matt. Sus opiniones son más balanceadas y objetivas.

Le dedica horas y horas de manera compulsiva a su libro. Cuando llego a la casa, está en la computadora. "Mi amor déjame terminar esta parte y estaré contigo. Amor, ¿no te importa comer la lasaña de ayer?" Sus emociones suben y bajan. Cuando tiene un buen día, está feliz pero cuando su día no fue bueno, está irritable y de mal humor. Explota cuando el internet no funciona o cuando se acaba el gas. Le frustra mucho no poder comunicarse con otros.

Al segundo año de vivir en Baja Malibú, termina su libro y ya no tiene casi nada que hacer. Yo me voy todo el día y ella se queda sola.

"Aquí sólo te tengo a ti," me dice. Extraña Los Ángeles, extraña Estados Unidos. Vivir en Baja Malibú no es lo que ella imaginaba. "Nadie trabaja en este país." Su humor pasa de emocionada, cuando su libro se publica, a deprimida cuando no se vende como ella espera. Ella creía que sus amigos y admiradores comprarían su libro pero las ventas han sido menores de lo que esperaba. Su editor le dice que para ser su primer libro, se está vendiendo bien. Ella pensaba que el libro sería un éxito y que ella se convertiría en una escritora famosa. Sin embargo, la venta del libro ha sido más difícil de lo que ella esperaba.

Tiene una serie de entrevistas en el radio para promoverlo. Algunas veces la conexión entre México y Estados Unidos es mala y se corta en medio de una entrevista. Ella se frustra muchísimo y le causa más tensión. "¿Cómo puedo vender mi libro desde este estúpido lugar?"

Yo no puedo compartir la pasión que ella siente por su libro. He seguido el proceso muy de cerca y se ha convertido en una gran parte de la conversación. Una parte demasiado grande.

Se enoja mucho cuando algo le sale mal. Le achaca todos sus problemas al hecho de vivir en México. Por más que trata, no se puede adaptar a nuestra cultura porque no responde a sus exigencias.

Muchas cosas de México son extrañas o inaceptables sobre todo para alguien como Julia, acostumbrada al ritmo de una ciudad como Los Ángeles.

Uno de sus problemas es la soledad. Yo cruzo la frontera para trabajar y me voy todo el día. También continúo bailando. Cuando llego a la casa, ella está ansiosa por hablar. Yo lo único que quiero es relajarme. Como terapeuta, he estado escuchando los problemas de la gente por siete u ocho horas. Yo tengo una vida plena aparte de Julia. Ella es parte de mi vida pero no es *toda* mi vida.

Sintiendo esto, ella me dice: "Yo no soy tu prioridad, tu trabajo y tu familia vienen primero." Se deprime y se la pasa comiendo. Engorda más que nunca. Se pone la misma ropa por tres días. Se altera por cosas sin importancia y se la pasa de mal humor. Se desquita conmigo por todas sus frustraciones e infelicidad, con insultos y palabras hirientes.

Siento que puedo ser fuerte y aguantarme. Sus hermanas le dicen: "Marina es como un ladrillo, es una persona sólida."

Julia se compondrá y seremos felices otra vez.

Mi salud se ve afectada. El corazón se me acelera, tengo taquicardia. Voy a ver al cardiólogo y me hacen toda clase de pruebas. Lo mismo que hace años cuando fui a Houston. No me encuentran nada. "Stress", dice el doctor. Empiezo con problemas estomacales que continúan. Me hacen más pruebas y no encuentran nada.

Nuestro amor se ha convertido en algo muy frágil. Es como una maceta con flores brillantes. Con cada pelea y cada insulto, aparece un hoyo por donde nuestro amor va desapareciendo y muy pocas cosas lo nutren.

Dejamos la casa en Baja Malibú y nos vamos a mi casa de San Diego. Vivimos ahí por seis meses pero las cosas no se componen. "Nunca pensé que acabaría siendo una ama de casa en este poblacho de Chula Vista. En San Diego nadie regresa mis llamadas," dice. Extraña su vida social de los Ángeles más que nunca.

Cuando llevamos a los perros a caminar al cañón detrás de la casa, me dice: "Tú no tienes sueños, tu mundo es muy pequeño, yo no pertenezco a él."

"Entonces ¿por qué no te regresas a tu mundo grande?"

"¿Quieres terminar?"

"Sí. Vamos a terminar. Tal vez serás más feliz en Los Ángeles."

Sus ojos se nublan. Los míos no… hasta que estoy sola…

Diferentes Caminos

LOS ÁNGELES
2001-2006

Julia destaca entre un grupo de alrededor de cien graduados en mi clase de Landmark. Escritora, actriz y periodista, ella es una fuerza vital. Se ha formado un grupo alrededor de ella. Irradia entusiasmo y energía. Es la estrella. Ha bajado de peso y ahora que está tan delgada, su lindo vestido verde le favorece. Cuando se ríe y echa su cabeza hacia atrás, su pelo rubio ondea a su alrededor como un aura.

Parece sentir mi mirada ya que voltea con insistencia y me hace señas para que me una a su grupo. El tiempo parece detenerse cuando camino hacia ella. El ruido y la demás gente se desvanecen y sólo estamos ella y yo. Julia abre sus brazos y su abrazo borra los seis meses desde la última vez que nos vimos. A las dos nos inunda una felicidad tan grande como para iluminar el salón entero. Después de un largo minuto nos separamos, nos miramos y nos volvemos a abrazar riéndonos locamente hasta que la tristeza nos embarga.

"Hicimos el intento" me dice.

"Lo sé, pero fallamos" le contesto.

Nuestras miradas se conectan y veo esperanza en sus ojos.

"Es muy difícil estar separadas" me dice.

"Es muy difícil soltar" le digo. Extiendo mi mano, ella la toma y se la pone en el corazón.

"Deberíamos volver a intentarlo" me dice.

Esta vez las dos juramos que viviremos de forma independiente, evitaremos conflictos y respetaremos nuestras decisiones.

Los fines de semana y en días festivos manejo a Los Ángeles pero se vuelve muy pesado.

Un domingo en la noche regresando a mi casa, empiezo a considerar irme a vivir a Los Ángeles y abrir allá mi consultorio. Me siento tan emocionada como cuando decidí volver a la escuela.

Es una ciudad más grande, más compleja y ferozmente competitiva. Será un gran reto en mi carrera pero también me ofrece la oportunidad de crecer.

Cuando llego, mi decisión está tomada. Llamo a Julia y le digo: "Me mudo a Los Ángeles."

Bromeando me dice: "¿Quieres jugar en las ligas mayores?"

Me compro un condominio de una recámara en Playa del Rey, cerca de la playa y mi hijo Armando me renta la casa de San Diego y se muda a vivir en ella. Rento una oficina cerca de Beverly Hills y mientras mi negocio se levanta, trabajo con pacientes terminales en un proyecto del SIDA. No sé qué pasará con Julia. La esencia de nuestro amor nunca murió y está creciendo otra vez. Esta ruptura nos hizo comprender que vale la pena nutrir nuestro vínculo. Tenemos que trabajar para vencer nuestras barreras emocionales y sanar las heridas profundas que nos dejamos.

Nunca he sido muy fiestera, pero la acompaño a todos los eventos sociales que son importantes para ella. Continuamente tiene fiestas y reuniones y me encanta ver lo bien que ella se siente en su ambiente. Invita gente con frecuencia, ya sea a un grupo de escritores, algunos activistas o gente asociada con el arte.

Al principio disfruto hablar con ellos pero al poco tiempo me doy cuenta que son muy superficiales en sus conversaciones. Pretenden ser lo que no son. Se ponen máscaras y acaban creyéndoselo ellos mismos como actores en una película. Después de todo, Los Ángeles es la industria de la actuación.

Algunos son divertidos, otros cultos, los hay talentosos y ocasionalmente alguno llega a ser brillante. Otros sólo se cuelgan de la animada personalidad de Julia. Ella atrae seguidores quienes la admiran como columnista política, como autora de un libro feminista para empoderar a las mujeres, así como por sus éxitos pasados como actriz.

Yo los encuentro fastidiosos por la forma en que la rodean y exigen toda su atención. Soy yo la que debe de estar a su lado y no estos ruidosos activistas. Sin embargo, cada uno de ellos es importantes para ella. Si quiero que lo nuestro funcione, tengo que compartirla con sus admiradores.

Me presenta con sus amigos como su amor, su pareja, su alma gemela. Con frecuencia cuando se enteran que soy terapeuta quieren una consulta ahí mismo. Piensan que puedo leer sus mentes, ver lo que les pasa y curarlos. Tratando de ser educada, escondo mi molestia. Les recuerdo que no es el lugar apropiado y que en mi oficina es donde veo pacientes. Algunos lo aceptan pero otros insisten. ¿De veras piensan que puedo corregir sus problemas emocionales en una fiesta? Les digo: "No tengo una bola de cristal." Ellos me aseguran: "¿Eres terapeuta? Estás en el lugar ideal, todos en esta ciudad necesitan un loquero."

"Soy terapeuta familiar," les digo.

"Eso es lo que necesita mi ex-esposa/esposo." Me piden mi tarjeta sólo por aparentar. No creo que realmente estén interesados. Mis clientes vienen por recomendación de otros y mi lista está creciendo.

Julia es abierta acerca de nuestra relación con la familia y amigos pero no con su público. Cuando en una entrevista le preguntan con quién vive, ella contesta: "con mis perros." Después se siente culpable y me pide que la entienda. Revelar su identidad sexual sería negativo para su imagen pública.

Yo entiendo su punto de vista pero aun así, el hecho de que no sea abierta sobre lo nuestro, es un trago muy amargo.

Disfruto mucho Los Ángeles con su ruidoso ambiente social, multicultural y su enfoque en el arte. Me hago miembro de la mesa directiva de la Asociación de Terapeutas Gay de California del Sur. Tengo amigos terapeutas y estoy logrando tener una buena reputación en esta comunidad.

Llega el final de otro fin de semana en casa de Julia y estamos descansando en el sofá después de leer los periódicos y ver películas antiguas. Nos reímos y comemos galletitas con queso y fruta. Disfrutamos estar juntas.

"Me tengo que ir" le digo.

"¿De veras lo tienes que hacer?" me pregunta en un tono que me hace regresar. "Ven, relájate." Trato de no dejarme convencer de quedarme otra noche. "Me tengo que preparar para mañana" contesto mientras continúo recogiendo mis cosas.

"Mi amor, ¿por qué no compramos las dos una casa?" me pregunta. "Ya llevamos nueve meses juntas, no podemos seguir así."

Me paro en seco y sacudo la cabeza. "¡No lo puedo creer!"

Su sonrisa brillante se desvanece. "¿No quieres?"

"A mí se me había ocurrido la misma idea pero tú la dijiste primero." Dejo mis cosas, regreso hacia ella y le digo: "¡Sí, sí y sí!" Nos abrazamos, nos besamos y decido quedarme. Quiero pasar cada momento con ella.

"¿Qué lugar tienes en mente?" le pregunto.

"Me gusta Pasadena. Tiene carisma, personalidad y gente interesante. Podemos caminar por los alrededores, siempre tienen actividades. ¿Prefieres algún otro lugar?"

"Con tal de que de ahora en adelante estemos juntas, me da igual, donde tú quieras."

Encontramos una linda casa vieja con un gran patio y jardín. Este es su ambiente, cerca de sus amigos y actividades. Esta vez, la decisión es mutua, no como la compra impulsiva de Baja Malibú. Las dos estamos ansiosas por vivir ahí. Mientras tenga mi propia oficina y mi propio dinero, me será fácil adaptarme a su mundo.

He tenido éxito en mi consultorio. Veo alrededor de treinta pacientes a la semana. Parece que haberme venido a Los Ángeles fue un excelente cambio.

Nos unimos a un grupo de activistas voluntarios del Proyecto contra el Hambre en Oaxaca, México. El propósito es enseñar a las mujeres indígenas a ser auto-suficientes, fabricando ropa y vendiéndola. Hay otro grupo de mexicanos similar al nuestro que también está trabajando ahí. Estando en México en esta ciudad típica, pre-colombina, colonial y moderna, es natural que hable en español y pase tiempo con mis compatriotas. Culturalmente, me puedo relacionar con su sentido del humor y los modismos mexicanos.

Después de una semana, los mexicanos se van. Me siento triste. Julia me encuentra llorando. "Ellos son la conexión con mi cultura" le digo. Con los estadounidenses me siento como una intrusa. Necesito recordarme que ellos son los intrusos en mi país. Me rehúso a estar con ellos; quiero estar sola. ¿Cómo les puedo explicar lo que es el choque cultural? Julia comprende que es imposible adaptarme a su mundo en mi país.

El resto del tiempo, cuando salimos, Julia y yo estamos muy unidas. Cuando vamos al teatro siempre toma mi mano. Ella necesita estar cerca de mí y yo respondo a su necesidad. La amaría sin reservas si no fuera por su montaña rusa emocional que sube y baja constantemente.

"Mi amor," me llama desde su oficina "tienes que leer esto. Una persona dice cómo mi libro cambió su vida." Cuando recibe cartas de sus admiradores se pone loca de felicidad, como si estuviera en las nubes. Entusiasmada dice, "Necesito tener un programa de radio, estoy platicando la idea con un productor que conozco." Tiene varios amigos que dicen que son productores y un par de ellos son conocidos. Todos le hacen promesas y le dan excusas o le dicen: "Después te llamamos." Su vehemencia se empaña por el continuo rechazo.

"¿Qué te pasa corazón?" Hace dos horas parecía que un rayo dorado había caído del cielo. Ahora sus ojos muestran la sombra del coraje de una tormenta que se avecina. "Creí que estabas feliz con esa carta."

"Lo estaba hasta que leí esto." Me avienta el periódico. "Mira lo que dice este crítico sobre mi libro. Después de todo lo que me esforcé por ganármelo."

Fragua ideas, contacta gente, hace fiestas y los invita. Ellos parecen divertirse, se toman su licor, se comen su comida y la colman de elogios. Está segura de que sus esfuerzos van a dar frutos pero no le responden como ella quisiera.

"Todo este trabajo para nada." se queja, se enoja o llora. "Siento que estoy golpeando mi cabeza contra una pared y sólo recibo dardos."

Trato de consolarla y tomarla entre mis brazos cuando llora o está sufriendo. Cuando las cosas no funcionan para ella trato de entender sus frustraciones y por lo que está pasando. Ella misma se presiona mucho para triunfar, para tener visibilidad, para ser una estrella y no lo está logrando.

Su naturaleza amorosa me ayuda a soportar sus asaltos verbales, sus cambios de humor y su furia. El amor es sanador. Mi recompensa viene cuando me da lo que necesito: besos, caricias y abrazos. Cuando llego a la casa, corre a recibirme con gran alegría y me llena de palabras cariñosas. Beso sus labios, acaricio su piel y siento el calor de su cuerpo junto al mío. Escondo mi cara en su pelo, huele a fruta tropical. Todo el dolor se va y me invade una paz serena.

"Entre más edad se tiene, menos llamadas se reciben y al cumplir cuarenta años, se olvidan de ti" dice Julia. Al poco tiempo recibe una llamada. "Este será mi nuevo despertar. La audición estuvo muy bien. Estoy segura que me van a dar el papel." No la llaman. Una actriz menos talentosa se lo lleva en lugar de ella. Decidimos ir a la presentación. A los quince minutos Julia murmura en mi oído: "Que mala es la actriz, el espectáculo no vale la pena."

Nos vamos y todo el camino va enojada, tratando de convencerme para que le dé la razón. Como no estoy de acuerdo, se enoja más. "Yo lo podría haber hecho mejor" dice, "ellos lo saben. ¿Por qué darle el rol a una actriz de tercera categoría? ¿Por intereses creados?"

"Tal vez porque acaba de estar en una película muy exitosa" le digo como dándole la razón a los productores.

Después de nuestras peleas yo me aparto y le aplico la ley del hielo. Lo peor que le puedo hacer a Julia es no darle atención, comportarme como si ella fuera una sombra. Para mí también es muy doloroso pero necesito recuperar mis defensas.

Después de dos o tres días, no puedo tolerar estar lejos de ella. En medio de la noche me meto a la cama con ella. Me abraza y otra vez todo está bien entre nosotras. Con estas caricias ya no existe distancia entre nosotras.

Antes era su libro y ahora son sus eventos de trabajo. Aun para mí, que la quiero tanto, es difícil tolerar sus cambios emocionales. Tiene arranques de furia y me grita. Yo peleo y trato de usar mis conocimientos de psicología para calmar su coraje. Nuestro vínculo se corroe cada vez más hasta que las grietas que nos lastiman son irreparables.

Julia está en su oficina, sentada en un pequeño escritorio de madera. La luz entra por las puertas del pórtico que dan al patio. Se siente bien en ese cuarto. Tiene el pelo recogido en una cola de caballo y no está maquillada. Se ve linda y natural.

Puso un letrero que dice: "No estoy concentrada en mi misma, soy artista." Comparte conmigo el artículo que escribió y que saldrá la próxima semana. Escribe sobre temas de feminismo y política y da sus opiniones sobre la política local, los prejuicios y la discriminación. Me pregunta qué pienso de su escrito sobre Eleanor Roosevelt, sobre el artículo del último escándalo político y sobre la discriminación hacia las mujeres.

Ha escrito un monólogo basado en la relación con su madre. Es chistoso, satírico e intenso como ella.

Un día estamos con nuestro amigo Miguel platicando, o más bien Julia está hablando de sus planes, de sus proyectos, de sus presentaciones y de sus viajes. Miguel la interrumpe y nos pregunta: "¿Y ustedes dos qué planes tienen?

"¡Tenemos que planear un crucero!" dice Julia. Empezamos a recordar todos nuestros viajes. Nuestros cruceros por el Caribe y por el Mediterráneo, Londres y lo mucho que disfrutamos El *Fantasma de la Ópera*, así como Broadway en Nueva York la cual es nuestra ciudad favorita.

Continuamos recordando nuestros viajes a México donde yo pude compartir mi país, mi cultura, mi comida y mi gente con ella. Me di cuenta de que ella ama y disfruta todo lo referente a México y de cómo le responden y la aceptan los mexicanos. Por un tiempo recuperamos el hilo de la vida que hemos construido juntas bajo un nuevo modelo.

Un día ella me dice: "Mi amor, me gustaría que fuéramos a terapia para trabajar en nuestros problemas."

Su principal problema era: "Estoy en conflicto con mi carrera y con nuestra relación." Después de un año de terapia, poco cambia. Su obra de teatro ha empezado a darse a conocer y sale fuera de la ciudad con más frecuencia a dar sus presentaciones. Sin ella, yo regreso a una casa vacía. Tiene muchas cosas que hacer. Sale constantemente a hacer relaciones públicas pues dice que es parte de su negocio.

Mi profesión es diferente ya que mis pacientes llegan por recomendación. Ella tiene que tocar su propio tambor y entre más fuerte lo toque, más ruido y atención va a tener. Por ello no tiene mucho tiempo para mí. Yo dejo de asistir a eventos con ella.

"¿Por qué ya no quieres ir conmigo a las fiestas?" me pregunta.

"Me aburren" le digo.

"Tú me decías que la gente era muy interesante" me dice desconcertada.

"Son tus amigos, no los míos. Estoy cansada de hacer el esfuerzo con gente que está fingiendo todo el tiempo. No me interesa su plática."

En mi mundo yo soy una autoridad reconocida. ¿Por qué voy a vivir mi vida a través de ella?

Su expresión se vuelve agria. Yo pienso: ¿Y ella qué? ¿Qué tal cuándo vivíamos en México y se tenía que quedar sola en la casa todo el día? ¿Y mi familia? Es más su familia que la suya propia. Ella ha tratado de vivir bajo mis expectativas pero siente que nada de lo que hace es suficiente.

"Tú piensas que tu trabajo es más importante que el mío" me reclama.

"Yo no puedo ser una mariposa social" le digo.

Su tono de voz aumenta sacando el coraje que tiene dentro y empieza a ventilar su rabia.

"¿Tú piensas que yo soy superficial? Mi trabajo consiste en hacer relaciones públicas y tratar con gente. Tú no entiendes que yo soy artista. Piensas que eres perfecta. Te deberías llamar Doña Perfecta. ¿Quién puede vivir con tus estándares tan altos?"

Ella es la que ha invertido miles de dólares en seminarios de superación personal y aun así, hemos regresado a la situación de antes, la cual parece no tener solución.

Le digo: "Julia, tú quieres ser el centro del universo. Yo no puedo ser tu satélite que gira alrededor de ti. Yo soy mi propia persona."

Frunce las cejas y sacude la cabeza. Parece no entender.

Ella no está llenando mis necesidades emocionales y yo no estoy llenando las de ella. Ella no quiere una pareja, se alimenta de eventos sociales.

El fin de semana empieza con frustraciones y decepciones. Una pareja famosa nos invita a una comida pero no han llamado para confirmar y tampoco contestan las llamadas de Julia. Aparentemente se les olvidó o decidieron no invitarnos. Para Julia, esta es la peor forma de rechazo. Se desquita conmigo.

"Estoy cansada de ser el objeto de tus frustraciones" le grito.

Levanta los puños como si fuera boxeador y me pregunta en tono agresivo retándome como peleador callejero: "¿Quieres pelear?"

Levanto mis manos en forma defensiva y le digo: "No Julia, no quiero pelear. Ya no puedo tolerar tus dramas"

Me siento acosada y no me siento respetada. Estoy mareada. Mis músculos se contraen, mi corazón late rápido y mi respiración se acelera. Estoy preparándome para pelear o correr. "Ya no puedo más" le digo. Mis palabras suenan distantes y mutiladas. Siento que me va a dar un derrame cerebral. Me retiro a mi recámara. Julia ha rasguñado mi alma. La ha raspado tan profundamente con sus uñas que ya no hay forma de que sane.

Durante tres días analizo la situación y hago una introspección. ¿Es orgullo o dolor lo que me impide irme?

Hay mucho "yo" en esta relación. Ella actúa como si hubiera perdido interés, concentrándose en su carrera. ¿Qué pasó con "nosotros?"

Para distraerme me voy de compras. Le compro un regalo, un zapatito para su colección. Cuando regreso encuentro una larga carta en mi computadora. La mayoría de sus cartas y recados telefónicos son muy largos. En ella admite que se siente responsable por sus frustraciones y su comportamiento. Me pide que le dé otra oportunidad y termina diciendo: "Mi amor, no quiero terminar. Perderte sería como cortar una parte de mí."

Le dejo una nota. "Pasaré el próximo fin de semana en San Diego con mi familia. ¿Por qué no hablamos esto el lunes en mi oficina?"

El lunes Julia aparece en mi oficina. Se ve triste, su cara está hinchada y su sonrisa parece forzada. Es la sonrisa de alguien que va a hablar de un tema difícil. La conozco muy bien y sé que está sufriendo. Quizá tanto como yo.

La abrazo pero algo me detiene. Ella lo siente. En lugar de su efusivo abrazo de siempre, este es como un saludo de dos viejas amigas. Se sienta frente a mí y espera. Su sonrisa es insegura aunque sus ojos están alertas e interrogantes.

Aparentando estar tranquila le digo: "He decidido volver a San Diego en dos meses. Creo que es lo mejor para las dos. Esto ya no está funcionando."

Su sonrisa desaparece, sus labios se cierran, el labio inferior sobre el superior. Asiente lentamente como si lo estuviera asimilando.

El silencio inunda la habitación y el espacio entre nosotras aumenta. Yo estoy en un lado del abismo y ella en el otro, separadas por una gran barranca.

Después de unos largos minutos, voltea con ojos inexpresivos, suspira profundamente y me dice: "Esto ya lo veía venir. Me quedé en la cama llorando todo el fin de semana."

"Mi amor," le digo "tenemos diferentes necesidades. Tú has hecho de tus proyectos tu prioridad."

"Las relaciones nunca han sido mi prioridad," dice en un tono desafiante.

Nosotros habíamos sido su prioridad.

"No quiero una pareja de medio tiempo." Hago un esfuerzo por no perder la compostura y hablo con ella como si fuera uno de mis pacientes.

"¿Estás diciendo que ya no quieres nada conmigo?" pregunta con voz temblorosa.

"Eso no es lo que estoy diciendo pero por nuestro bienestar será mejor que nos separemos."

"Tienes razón, esto no está funcionando; sin embargo, quisiera conservar tu amistad." Se oye tan triste que me cuesta trabajo no tratar de consolarla.

"Mi amor, yo tampoco te quiero perder pero no podemos seguir juntas. Es muy dañino para las dos."

"Lo sé" me dice. "No dejaré de amarte."

"Yo tampoco te dejaré de amar, cariño."

"¿Cuándo terminará esto?" mi voz se quiebra.

"Nunca" contesta.

Pienso en todos los momentos felices que Julia y yo compartimos. Las lágrimas se desbordaron hasta que la corriente del rio se estrelló en las orillas, rompiéndolas. De esa manera, las paredes que habíamos construido juntas, sin poder evitarlo, se desintegraron.

Tanto Julia como yo estamos muy cansadas. Estamos agotadas de intentar retrasar la corriente inevitable que nos acaba de dejar en ruinas. Tenemos que tomar caminos separados, seguir cada cual su propio destino. Sin embargo, la libertad, se siente como el suave aire del mar después de una tormenta. Te golpea la cara y te provee un brillo nuevo, percibiéndose como el rocío al amanecer, como el calor de la tarde, como la frescura del otoño, y todo ello, viniendo hacia mí.

Mi Hija Perdida Regresa

La mujer que sale entre un numeroso grupo de viajeros, parece confusa y expectante. Tiene ojos negros, nariz respingada y la boca de su madre. Lleva un vestido corto de verano. *Pantalones para mí no.*

Armando la llama: "Karla, Karlita." Gabriela y yo nos le unimos.

Voltea hacia nosotros, sobresaltada con los ojos muy abiertos. Me doy cuenta que no está acostumbrada a esta demostración de entusiasmo mexicano. Jalo a Armando del brazo: "espera, ya nos vio."

Viene hacia nosotros jalando su maleta. Es alta, su andar es altivo, de una mujer orgullosa que sabe llamar la atención. Se pavonea airosa, moviendo las caderas. Sus movimientos me recuerdan que vive en una comunidad negra en Nueva Jersey. El parecido con Claudette está ahí, pero su cara se ve endurecida, agresiva, defensiva. Son las facciones de una sobreviviente.

"Ha tenido una vida difícil," me dijo Gabriela después de que habló con ella por teléfono.

"Claudette nunca estaba. Trabajaba por todo Europa y Karla fue criada en España por su abuela.

La abuela murió cuando Karla tenía doce años. No había visto a su madre en cuatro años. La mandaron a Suiza a vivir con Claudette y su esposo, un viejo gruñón, que no la quería.

He hablado con ella varias veces. Nuestra primera llamada fue tensa, la comunicación fue difícil, tratando de encontrar la forma de relacionarme con ella. No la conozco pero me siento responsable por su venida al mundo.

"Karlita, yo no soy tu madre biológica pero te cuidé cuando eras un bebé. Tú eras como mi propia hija y formabas parte de mi familia.

Fue muy difícil dejarte ir."

Tengo que hacerle saber lo felices que estamos todos de saber de ella y de estar en contacto otra vez.

Su voz es plana, fría y depresiva, como indiferente.

"Mi mamá me habló de ti. También me habló de mis hermanos, de mi hermana y del perro Alex. Yo sé que era feliz con ustedes pero no me acuerdo de mucho, sólo de los muñecos de Disney y de mi hermana enseñándome a bailar."

La segunda vez que hablamos por teléfono, su actitud fue igual que la primera vez: distante y casi sin responder. Tengo que recordarme que soy una extraña para ella. La tercera vez se abre más conmigo. "No me llevaba bien con mi mamá. Nos peleábamos todo el tiempo. Era muy infeliz cuando vivía con ella y con su esposo tan viejo."

A los dieciséis años dejó la escuela, se fue de la casa y entró a trabajar a una fábrica de chocolates. Juntó dinero y a los diecisiete años se fue a Nueva York con unas amigas puertorriqueñas. A los dieciocho años se casó con un drogadicto que murió de una sobredosis y la dejó con una niña de un año. "Vivíamos en la calle, no teníamos casa ni dónde dormir."

Temblando, pienso que todo esto se hubiera evitado si Claudette la hubiera dejado con nosotros o si Carlos hubiera tenido éxito cuando fue a España para traérsela de regreso a México. En ese tiempo Karla tenía siete años y su abuela no la dejó venir.

No me fue fácil encontrar las palabras adecuadas para decirle que sentía mucho por todo lo que había tenido que pasar. Mis palabras no fueron suficientes pero fueron las únicas que se me ocurrieron: "Karlita, siento muchísimo por lo que tuviste que pasar. Viuda con un bebé y sin un techo dónde dormir. Si nosotros hubiéramos sabido, te hubiéramos ayudado. Qué vida tan difícil has llevado." Con un pequeño resuello, ella me dice: "Marina, esos sufrimientos me han fortalecido y he aprendido a salir adelante. Soy una conocida disk jockey en Nueva York y me gusta lo que hago. Mi hija Aisha está en la universidad." Parece orgullosa y confiada de sus logros y de ser reconocida en su ambiente.

Después de que colgamos el teléfono, esta conversación permaneció en mi mente por un tiempo. La pequeña Karlita salió de la vida feliz que tenía con nosotros a una de privaciones y falta de cariño. ¿Por qué no peleé para que se quedara con nosotros?

Me atormento tratando de recordar. Hice lo que pensé que era lo correcto en ese momento. Mandé fuera a Claudette, puesto que estaba en un camino muy destructivo. Sin embargo, su hija se convirtió en víctima de sus acciones irresponsables. Yo debería de haber sido firme y no dejarla ir con una madre inepta. Pelear por su custodia. Considerando lo sucedido, es muy fácil opinar ahora, cuando la pasión del momento ya no existe.

Armando es el primero en saludarla con un abrazo de oso. Ella se retira un poquito. "¿Te acuerdas de mí? Soy Armando" le pregunta como si no hubiera cambiado de cuando era un niño de trece años a un hombre de mediana edad.

Gabriela está filmando todo.

Karla se ve ofuscada. Ha perdido esa mirada maliciosa, parece nerviosa con esta bienvenida tan efusiva. Cuando yo la saludo, acepta mi abrazo pero no responde. Responde más con Gabriela, a quien ha llegado a conocer más por teléfono y por internet. Esto le ha dado a Gabriela un conocimiento profundo sobre los antecedentes de Karla. "La vida de *mi hermana* ha sido muy diferente a la mía" afirma.

Karla vive en una comunidad de negros en Nueva Jersey, la mayoría de sus amigos son de ahí y tanto el padre de su hija como su actual pareja, son negros. La forma en que habla el inglés, parece de negros, así como el lenguaje popular que usa. Se ve dudosa y abrumada. ¿Quién no lo estaría al conocer a una ruidosa y efusiva familia mexicana?

Vamos a comer a un restaurante típico mexicano. Me doy cuenta que le cuesta trabajo relacionarse. Trato de comprender que está distante después de tanta separación y que quizá tenga algo de resentimiento porque la alejamos de nuestras vidas. Una familia mexicana cariñosa puede ser abrumadora.

Armando se sienta junto a ella y abrazándola y besándola. Ella se sonroja y dice: "No estoy acostumbrada a tanto afecto."

"Es mejor que te acostumbres Karlita" le contesta Armando. "Has regresado con tu familia y te vamos a dar mucho cariño."

Yo quisiera que así fuera y que Karla se adaptara a nosotros. Que se convirtiera en parte de nuestra familia otra vez pero dudo que esto suceda. El tiempo perdido no se puede recuperar. Ella parece tener problemas con el apego, como resultado de sus carencias de juventud. Sabe cómo manejarse en su ambiente pero si se le saca de ahí, se convierte en la hija perdida que finalmente apareció. Un rol completamente diferente y que tal vez ella no esté dispuesta a aceptar.

"Tienes mucha suerte de tener la madre que tienes" le dice a Gabriela. "Yo me avergonzaba de la mía y de cómo la gente se expresaba de ella."

Su vida hubiera sido muy diferente si se hubiera quedado con nosotros pero no se quedó; el hubiera ya no existe. Lo que pasó, pasó y nadie lo puede cambiar. Lo que importa es que ella está contenta con la vida que escogió y que finalmente ha regresado a nosotros.

Patrones Repetitivos

SUIZA
2011

La foto en blanco y negro muestra a dos mujeres jóvenes en la playa. Sus bikinis dejan ver sus figuras juveniles y bonitas. Tienen piernas bellas y caras preciosas y disfrutan de la vida sin tener idea de lo que les espera.

Claudette tiene arriba de veinte años y posee una belleza arrebatadora. Tiene una figura esbelta y curveada, y unas piernas torneadas las cuales enseña cuando canta. Llama mi atención su cara de óvalo perfecto, así como sus ojos seductores y labios sensuales. Lo que no se puede apreciar en la foto es la forma en que mueve su larga y negra cabellera sobre sus hombros ni su sonrisa traviesa.

Sus senos voluminosos me llenan de placer cuando los acaricio. Quiero abrazarla, tenerla cerca de mí y sentir su cuerpo junto al mío. Deseo ver la expresión de sus ojos y estudiar su cara para que nunca se me olvide. Sólo entonces sabré que la he encontrado otra vez.

¿Cómo me verá ella? La gente me dice que no aparento la edad que tengo pues piensan que soy más joven. Mi pelo sigue siendo ondulado pero ya no es tan claro como antes, ahora tiene reflejos rojizos. Mi figura todavía luce bien aunque ya no uso bikini. Mis movimientos son ágiles y ligeros debido a que he bailado toda mi vida.

El temor se filtra en mi cabeza penetrando en mis emociones como si fuera un cuervo. Me brincan dudas y preguntas en las que prefiero no pensar.

Claudette debe haber cambiado. No puede ser la misma persona que me traicionó hace treinta y cinco años. Sin embargo, cuando hablamos por teléfono, dice que no recuerda la razón por la cual dejó la Ciudad de México. Ya olvidó las terribles circunstancias que afectaron y destruyeron a todos alrededor de nosotros.

"Yo recuerdo haberme sentido como una víctima," me dice.

"¿Y qué me dices de mi prima?" le pregunto.

"La recuerdo vagamente. Era una chamaca agradable."

"¡Abusaste sexualmente de ella!" la confronto.

"Pero yo no hubiera actuado de la forma en que tú lo hiciste. Me sacaste de ahí y me alejaste de todos ustedes" me dice indignada, con su típica negación y sin tomar responsabilidad por sus actos.

"Por años mi prima mantuvo la esperanza de que tú regresarías" le digo.

"¿Por qué haría eso?" pregunta.

Tal vez está fingiendo no acordarse de lo que pasó y de por qué tuvo que dejar México o será que lo ha tenido escondido en su mente por tanto tiempo que lo ha borrado de su memoria. Aun así, debe haberse quedado en su subconsciente y una vez que esté con ella, lo descubriré. Con mi experiencia como terapeuta me daré cuenta si está mintiendo o si ella misma se ha creado sus propios cuentos.

Después de viajar dieciséis horas, finalmente llego al aeropuerto de Zúrich. Eduardo, el sobrino de Claudette (quien es abiertamente gay), va con su novio a recogerme. Claudette no se sentía bien y no pudo venir. Eduardo debe tener arriba de treinta años, está medio calvo y es tan agradable como su tía. Nos toma cuarenta y cinco minutos llegar a donde vive Claudette. En el camino, Eduardo me dice que vamos pasando por el corazón de los Alpes. Esas solemnes montañas cubiertas de nieve me hacen pensar en algunos hombres grandiosos así como en el espacio incalculable del tiempo, que al final de cuentas, nos demuestra que todos somos simples mortales.

Apuntando hacia una montaña, Eduardo me dice: "Vivimos cerca de ahí. Es un lugar muy popular porque mucha gente mayor se retira a vivir allá. Hay muchos extranjeros."

Claudette vive en un edificio viejo tipo chalet suizo con madera oscura y enormes ventanas. Está enfrente de la plaza principal y detrás de las montañas lo cual le da un encanto pintoresco.

Cuando me bajo del coche, están sonando unas campanas. Me paro a respirar el aire fresco de la montaña y dejo que mis pulmones se llenen de ese aire puro. Este sería un buen lugar para vivir.

A pesar de que estoy en buen estado físico, me agoto al subir las escaleras hasta el segundo piso. Puede que sea por mis ansias de verla, de tenerla entre mis brazos, estos brazos que en tantos años no la han estrechado.

Cuando abre la puerta, actúa como si la hubiera sorprendido. Le digo: "Hola mi amor, al fin estoy aquí." Ella no se mueve y yo le doy un abrazo de corazón. Entonces reacciona y reposa en mis brazos.

"Dios mío, gracias por traerme a Marina" dice con voz enronquecida. Beso sus labios, sus mejillas y su frente. Se ve más flaca y pequeña de lo que la recuerdo. Puedo sentir sus huesos a través de su suéter grueso. ¿Dónde están sus senos? Se han convertido en pequeñas y suaves bolsitas sobre sus costillas.

"Luego nos vemos" dice Eduardo mientras deja mis maletas. "Si necesitan algo, estoy en mi departamento aquí al lado."

Claudette me toma del brazo y me lleva a una sala espaciosa con pisos de madera y una ventana grande por la que entra luz. Hay algunos cuadros en las paredes. Algunos son paisajes como los que vi cuando veníamos para acá y otros son paisajes mexicanos.

"Qué bonitos cuadros" le digo señalándole uno del paisaje de una montaña y otro del Popocatépetl, un volcán mexicano.

"Yo los hice, he estado pintando por años" me dice.

"Nunca supe que tenías talento para pintar." Todos los cuadros son de diferentes estilos.

"Empecé tarde en el mundo del arte." Me voltea a ver con una ligera sonrisa.

Esta sonrisa es muy diferente a aquella tan llena de energía que tenía cuando la conocí. No me puedo imaginar a la energética Claudette que no se podía estar quieta ni un momento, pintando cuadros que le deben de haber tomado largas horas de trabajo detallado. Esta no es la Claudette que conocí. Esta mujer no tiene ningún parecido con los recuerdos que tengo de ella. Su piel está pálida, descolorida, como si lo que pasara por sus venas fuera un líquido transparente. Sus ojos son del color del lodo, hundidos detrás de sus pómulos prominentes. Su cuello está lleno de cicatrices y colgado sobre sus hombros. Sus labios se han desaparecido en una mueca. Sus manos que toman las mías están frías y tan delgadas que cada hueso y vena son visibles.

La suelto suavemente y me siento en el sofá. Estoy muy cansada, casi no he dormido pero trato de aguantar. Se sienta en un cómodo sillón junto a la mesa y toma un paquete de cigarros.

¿Qué le pasó que está tan acabada? Me había dicho por el teléfono que tuvo un buen matrimonio con un hombre mayor. Creo que no me contó la historia completa.

"Cuéntame más de ti" le digo. "¿Cómo fue tu matrimonio?"

"La verdad es que me casé para tener seguridad económica. Conforme fueron pasando los años, me fue cada vez más difícil conseguir contratos para cantar. Él tenía dinero, era cuarenta años mayor que yo y tenía ochenta y dos cuando nos casamos." Tose. Es una tos profunda que viene desde el pecho y tiene que respirar profundamente.

"Teníamos recámaras separadas, nunca dormí con él." Ya me había dicho esto por teléfono. ¿Estará tratando de asegurarse que yo sepa que no hubo sexo en el matrimonio? No me convence. Yo he conocido hombres de ochenta años que siguen siendo unos calientes.

"¿Entonces para qué se casó contigo?"

"Quería compañía en su vejez. Era bueno conmigo y me dejaba hacer lo que yo quería." Saca un cigarro y me mira.

"Parece que tenían un buen arreglo" le digo.

"Estuvimos casados doce años, hasta que murió." Su mano tiembla mientras prende un cigarro.

"Era bueno conmigo y me dejaba hacer lo que yo quería."

¿Qué no me acaba de decir eso?

Le da una fumada a su cigarro y lo pone en el cenicero. "Ya me di por vencida, no puedo dejar de fumar." Mira hacia la ventana. "Qué bonito día." Hablamos del clima y del paisaje mientras la sombra de su matrimonio parece rondar la conversación. Continúa sobándose la parte de atrás del cuello como si algo le molestara. Toma su cigarro, le da otra fumada y lo vuelve a dejar. Me voltea a ver. En sus facciones no se asoma ninguna señal de tristeza. Pone sus manos en los brazos de la silla y con una voz rasposa me dice: "Mentí sobre mi esposo, él no fue bueno conmigo. Cuando se hizo más viejo, se volvió tacaño e irritable y su salud empeoró. Todavía lo puedo escuchar gritando: ¡Claudette! ¡Claudette! Se ponía furioso si me tardaba aunque estuviera yo en el baño." Hace una pausa para dar otra fumada. Yo permanezco en silencio. Este recuerdo la debe haber estado envenenando por un largo tiempo.

"Exigía que lo atendiera todo el tiempo. No le gustaba que saliera. Sólo salía para comprar comida y medicinas. Fue tan terrible estar atada a él, que empecé a beber. Siempre tenía una botella en la cocina. El alcohol se convirtió en mi refugio del tormento diario. Me lo hacía todo más fácil hasta que empezó a afectarme. Me vino una gran depresión y llegué a hacer cosas locas como cortarme."

Mi mente se va hacia el incidente del cuchillo con Elisa. ¿Habrá sido ese el principio o no me di cuenta de otros indicios?

Claudette se levanta la manga y me enseña las cortadas del brazo. "Y mi cuello." Se soba las heridas del cuello donde se cortó tratándose de matar. "Eduardo me encontró desmayada y me salvó. Me llevó a un centro de rehabilitación."

Se detiene. Su cara expresa tanto odio que parece una serpiente venenosa. Mi cuerpo se pone rígido de temor. "Fui al cuarto de mi

181

esposo una mañana y lo encontré muerto. No estaba respirando. Dije una rápida oración y le di gracias a Dios de que se fue. Tenía noventa y cuatro años. Mis lágrimas fueron por mí, por mis años perdidos, no por él." Su cara muestra coraje. Si hubiera sabido que duraría tanto, nunca me hubiera casado con él. Recibo su pensión pero nunca será suficiente por todos los años que lo tuve que aguantar. Esta aceptación pareció quitarle el tono agresivo. Su cuerpo se dobla y se enrosca. Se ve tan pequeña y frágil que me acerco a darle un abrazo. Siento ganas de protegerla, como cuando la conocí.

Sus ojos brillan de felicidad. Le tomo la mano mientras ella continúa hablando de esos años. Sus palabras fluyen sin cesar con el angustiante deseo de sacarlo todo. A pesar de que fuma un cigarro tras otro, permanezco ahí.

"¿Cómo está tu salud?" le pregunto. "Cuando hablamos por teléfono me dijiste que tenías problemas." Necesito saber por qué se ve tan acabada y por qué fuma tanto.

"Te dije que hace seis años tuve cáncer en la garganta. Me dieron radiación y ahora tengo que moler toda mi comida porque me duele mucho al tragar. Tengo que comer como bebé. También por eso mi voz es tan ronca y tengo que tomar agua todo el tiempo."

Lleva su vaso vacío a la cocina, lo llena de agua y trae otro para mí. Es agua suiza de montaña y está deliciosa.

Tenemos nuestra primera comida juntas. La de ella, molida y espesa. Pone en la licuadora verduras, carne y huevos y les agrega yogurt. Le toma una hora comérselo. Lo hace muy despacio y tragando con esfuerzo. Me calienta verduras congeladas. Tendré que comprar comida para mí.

"¿Hay alguna tienda cerca?" le pregunto.

"Hay un pequeño mercado a una cuadra de aquí. Iremos después de que terminemos de comer. Yo casi no salgo. Con excepción de Eduardo, estoy sola. Mi hermana y mi mamá ya murieron y a Karla, nuestra hija, casi no la veo."

Trato de no llorar al verla en ese estado. ¿Tendrá idea de lo dañino que fumar es para su salud? Ya tiene una tos constante, la voz enronquecida, tiene que detenerse para tomar aire, sus movimientos son bruscos y su caminar inseguro. Su voz es como un graznido y hace un gran esfuerzo para hablar. Debe descansar.

"¿Y tú Marina, cuál es tu historia?"

"Como ya sabes, soy terapeuta."

"¿Qué es eso? ¿Qué haces exactamente?" me lo pregunta como si no se lo hubiera dicho en nuestras conversaciones telefónicas.

"Ayudo a la gente con sus problemas y a entenderse a sí mismas. Trato de hacer una diferencia en sus vidas."

"Parece fascinante, cuéntame más." Parece estar alerta pero cuando hablo, sus ojos están en blanco y su mente en algún otro lado. No está escuchando lo que estoy diciendo. ¿Alguna vez me escuchó? Cuando le hablaba de la escuela de danza y de las alumnas, tampoco me ponía atención.

"Te ves tan bonita y de buen cuerpo como yo te recuerdo."

Cambio el tema. "Continúo muy activa, bailo hip-hop y voy al gimnasio. Me cuido mucho." No quiero sonar como que estoy presumiendo o comparándome con ella y con su falta de cuidado personal.

Su cara se ilumina. "¡Descubrí a Jesucristo, me ha dado una razón para vivir!"

"Eso es importante" le digo. "Yo no soy religiosa pero apoyarse en Jesucristo puede ser una fuerte ayuda emocional."

"Estudio la Biblia con mis hermanas de L'Armee du Salut. Ellas me recogen, me llevan al estudio bíblico y después me traen a mi casa. No voy a ningún otro lado. Sólo aquí me siento segura."

Yo debería de haber visto las señales. Mandó a su sobrino a recogerme, ella no fue y no bajó las escaleras para saludarme. Trataré de convencerla de salir.

"Claudette, ¿qué tal si vamos a ver a tu hermano Gastón a Grecia? Yo te invito. ¿Crees que puedas "dejar tu casa?"

"Me encantaría volverlo a ver." Hay un ligero brillo en sus ojos. "Vive en una isla que se llama Paros. Será como en los viejos tiempos, tú y yo en la playa juntas."

"¿Estás segura?"

"Ya te dije que es una idea maravillosa. ¿Por qué no lo llamamos ahora mismo y le decimos nuestro plan?"

Gastón se alegra mucho de hablar con nosotras. Claudette parece muy entusiasmada de irlo a visitar. "Hace mucho tiempo que no nos vemos." Se pone la mano en el cuello como percibiendo lo dañado que está con todas esas cicatrices. Debería cubrírselo con una mascada.

En la noche nos vamos a su recámara. Su mesita de noche está repleta de medicinas. Hay botellitas y cajitas de antidepresivos, ansiolíticos, pastillas para dormir, pastillas para la tiroides y aspirinas para prevenir una embolia. Además, se pone tres parches de morfina y opio en el pecho.

"Tengo que usarlos porque tengo mucho dolor en el cuello, en la espalda y a veces en todo el cuerpo. Esto me hace dormir mucho. Algunos días no tengo energía ni para levantarme de la cama."

"¿Y todas estas pastillas?"

"El doctor insiste en que me las tome, la enfermera viene una vez a la semana para asegurarse de que me las estoy tomando."

La primera noche que pasamos juntas, nos besamos ligeramente, nos abrazamos y nos tomamos de las manos. Aun así, no está en paz.

"Tengo apnea del sueño, me cuesta trabajo respirar. Tengo que ponerme una máscara en la cara para no quedarme sin oxígeno. La máquina está en esta mesita" me dice poniéndose la máscara en la cara.

Me cuesta trabajo dormir. Dormito porque estoy muy cansada del vuelo y por la diferencia de horario.

Verla en ese estado me llena de ansiedad. Cuando va al baño en la mitad de la noche y no regresa, voy por ella. La encuentro dormida y roncando sentada en el escusado con las pantaletas alrededor de sus tobillos. La noche siguiente pasa lo mismo. Parece que es común que esto ocurra. Está tan drogada que no puede volver a la cama. ¿Qué tal si se cae y se rompe un hueso? ¿Qué no se dará cuenta? ¿Cuánto tiempo pasará para que alguien la encuentre ahí tirada?

Me despiertan las campanas de la iglesia que tocan de día y de noche cada quince minutos. Si me quedara un tiempo largo, creo que me acostumbraría a ellas.

En la mañana le digo que tenemos que hacer reservaciones para nuestro viaje.

Inclina su cabeza hacia un lado y frunce la ceja. "¿Qué viaje? Ya se me olvidó lo que hablamos anoche."

"Vamos a ir a visitar a tu hermano Gastón."

"Me gustaría verlo pero vive en la isla de Paros en Grecia. No creo que pueda ir a un lugar donde nunca he estado."

"¿Por qué no? Anoche estabas emocionada."

Asiente ligeramente. "Hablamos con él, ¿verdad? Pero no puedo ir tan lejos a verlo. Tengo miedo de ir hasta allá. Me puedo enfermar. ¿Cómo voy a viajar a otro país?"

"Ya le llamamos y le dijimos que íbamos. Se puso feliz de volver a verte."

Trata de hablar pero las palabras se atoran en su garganta y salen con esfuerzo.

"Lo siento pero no puedo hacerlo."

"Claudette, vas a estar bien, yo te puedo ayudar. Estoy entrenada para esto. Tú tienes agorafobia, miedo a los espacios abiertos."

"¿Agorafobia? Sí, parece que eso es. Cuando salgo, tomo pastillas para la ansiedad porque mi corazón se acelera y no puedo respirar. Quiero regresar aquí corriendo y esconderme."

"Son ataques de pánico pero si estás conmigo no tienes de qué preocuparte, yo sé cómo calmarte, recuerda que soy terapeuta." Ella duda, su cara tiene una expresión de terquedad que he visto en pacientes que no quieren seguir indicaciones. "No creo," me dice "tengo miedo de lo que me pueda pasar si estoy lejos de mi casa."

"¿Por qué no vamos a algún lado y vemos cómo te sientes?"

"Marina, tengo problemas serios de salud. Tengo que tener mucho cuidado, tengo problemas cuando me muevo mucho."

"Conseguiremos una silla de ruedas."

"No, esa no es una buena idea." Encoge los hombros ante todos mis esfuerzos por tratar de motivarla. Su entusiasmo y felicidad de ayer han desaparecido y los substituye una terca negativa. Nada de lo que digo la hace cambiar de idea. Está atada a su casa. Para ella, la idea de aventurarse es difícil de contemplar. El único lugar donde se siente relajada, aparte de su casa, es en el pequeño mercado que está a una cuadra de donde vive.

Me asusta ver que Claudette que come tan poquito, compra elegantes quesos y patés. Yo ofrezco pagarlos.

"Será como antes" me dice con una ligera luz en su mirada.

Si todos sus problemas fueran físicos, podría lidiar con ellos pero su mente también se ve afectada. No se enfoca y su atención se desvía, no se puede concentrar, tiene lagunas mentales y cambia de tema en medio de una conversación. Podemos estar hablando del paisaje y de repente menciona a Karla. Cuando hablábamos de ir a Grecia, ella no estaba pensando en el viaje sino más bien en que su hermano vivía cerca.

Voy al departamento de Eduardo para comunicarle mi preocupación por el estado mental de su tía, su falta de memoria y sus problemas físicos.

"Estoy de acuerdo contigo Marina y además es auto-destructiva." Él fue quien la encontró cuando se cortó las venas, los brazos y el cuello con un cuchillo. Después de ese último incidente, la internaron durante un año en un centro de rehabilitación para ayudarla con su alcoholismo y su adicción a las drogas.

"Todavía es adicta a las pastillas" le digo.

"El doctor se las manda y verdaderamente las necesita" contesta Eduardo.

"Me angustia que uno de estos días pueda tener una sobredosis o un accidente caminando en ese estado de ofuscación o que cuando se levante tan drogada en la noche no pueda regresar a su cama."

Él se soba la barbilla. "Yo pienso lo mismo, por eso tendrá que irse a una casa para enfermos a menos que encuentre alguien que viva con ella y la cuide."

"Lo siento pero esa no seré yo" le digo. Pensé que podía ayudarla pero ella necesita más de lo que yo le puedo dar."

"Siento mucho escuchar esto," dice "tenía la esperanza de que hubiera otra salida."

El tercer día, Claudette me pregunta: "¿Recuerdas cómo me gustaba descansar mi cara en tu hombro y cómo te besaba?"

"Si, lo recuerdo." La beso con ternura.

"Claudette, creo que te debes de quedar aquí en Suiza. No te puedo llevar conmigo a Estados Unidos. Tienes demasiados problemas de salud. Tus doctores aquí te cuidan muy bien."

"¿Pero cuándo te volveré a ver?"

"Regresaré y estaremos en contacto."

Tengo que distanciarme de ella antes de que se vuelva dependiente de mí. No puedo repetir viejos patrones y responder a sus necesidades. Siento que le tengo la misma ternura de antes pero la fiebre ardiente que compartimos en el pasado se ha desvanecido.

La lluvia interrumpe mi tour por Berna con Eduardo, así que regresamos antes de lo planeado. La puerta está cerrada, la trato de abrir pero escucho voces. Claudette debe de estar en Skype con alguien. La voz que oigo me suena familiar, suena como la de mi prima Elisa. Tal vez es mi imaginación pero estoy a punto de descubrirlo.

Toco la puerta y escucho el click de la computadora cuando la apaga. Claudette viene hacia la puerta, la abre y nerviosamente me dice hola. Está agitada, obviamente no me esperaba, lo noto en su expresión. Camino directamente hacia la computadora y la prendo. La cara de mi prima aparece en la pantalla. Esa misma chamaca a quien Claudette recordaba "vagamente" y que ahora es una mujer de edad mediana.

Claudette está tensa. Sus manos tiemblan y me dice: "Tu prima me contactó."

Siento como si ella hubiera tomado un cuchillo, me lo hubiera clavado y me hubiera atravesado el estómago. Estoy sangrando pero sigo viva. Me dejo caer en la silla. Es la misma reacción que tuve hace años cuando la encontré engañándome con esta misma prima. Los músculos de mi cuello se ponen tiesos. Me quedo sin habla mientras Claudette me mira inerte.

"¿Así que esto todavía continúa entre ustedes dos?" le digo finalmente.

Simula inocencia. Conozco muy bien esa expresión y su mueca infantil.

"No hay nada Marina, ella me buscó."

"¿Por qué no eres honesta y me dices la verdad?"

"Marina, te juro que no habíamos vuelto a hablar hasta hoy." La oigo temerosa y evasiva como alguien culpable tratando de convencerme de su inocencia.

"¿Cómo puedes engañarme así, después de que vine de tan lejos para verte?"

"Marina, no es nada. No tienes por qué preocuparte."

¿No preocuparme al ver la cara de mi prima en la pantalla? Quizá está tratando de engancharse con mi prima porque le dije que no la llevaría conmigo a los Estados Unidos o porque está desesperada por tener compañía, alguien que se encargue de ella.

Tengo que irme de ahí. Ella se está yendo al infierno y yo no me iré con ella.

"Voy a caminar un rato" le digo y azoto la puerta al salir.

Me voy a ver a Eduardo.

"No sabía que Elisa era tu prima" me dice.

"Ella es también la razón por la cual Claudette y yo terminamos. ¿Qué sabes de ella?"

"No quise decir nada pero sí pensé que había algo entre ellas. Han estado hablando diario por Skype durante horas."

"¿Diario? ¿Por horas?" Eso es más de lo que nosotras hablamos. Parece que Claudette ha estado jugando conmigo.

"Antes de que llegaras tú, yo creía que Elisa había sido el gran amor de Claudette. Ella me dijo que Elisa siempre había estado enamorada de ella y que se había convertido en aeromoza para poder buscarla por todo el mundo. Ha estado diciendo que va a vender su casa en México para venirse a Suiza a vivir con Claudette."

Mientras Claudette y yo hacíamos planes, mi prima también los estaba haciendo.

"No puedo creer que Elisa haría eso. Debe de estar loca, ni siquiera tiene trabajo." Ahora veo que es capaz de dar ese paso ya que ha estado obsesionada con la fantasía de Claudette durante todos estos años.

Claudette se da cuenta que estoy empacando.

"¿Por qué estás haciendo eso?"

"Me voy a quedar con Eduardo esta noche y en la mañana me voy a Roma." Con un suspiro entrecortado dice: "¿Por qué? No me puedes hacer esto."

"Claro que puedo."

"Marina, por favor, vamos a hablar." Su súplica que antes fue tan atractiva, ahora es el ruego de una mujer en decadencia.

"¿Qué es lo que vamos a hablar? Me traicionaste antes y lo estás haciendo otra vez con la misma persona mientras estoy aquí en tu casa."

"Tú eres la que me importa, Elisa es una buena amiga. Marina, te juro que eso es todo."

"Espero que sea cierto, por su bien."

"Marina, te quiero a ti, sólo a ti. No quiero que te vayas. ¿O es que me encuentras tan poco atractiva ahora que estoy vieja y enferma?"

"Claudette, cuando te vi y escuché todos tus problemas, quise ayudarte a que te pusieras bien.

Es tu falta de honestidad lo que no puedo soportar."

"Lo único que hice fue hablar con ella por Skype."

"Nunca podrás decir la verdad. Sé que has estado hablando con ella diario por horas."

"Podemos intentarlo" me dice. "¿Recuerdas todo lo que hubo entre nosotras?"

"¿Por qué querría recordarlo?"

Hace años me causó mucho dolor terminar con Claudette. Ahora lo que siento es coraje por permitir que me enganchara otra vez la misma persona que me había traicionado antes.

Una vez que una persona engaña y miente, siempre será mentirosa y traicionera.

La dejo sentada en una silla. "No entiendo que hice para que te enojaras" balbucea.

Separándome De Mi Madre

San Diego
2004-2005

Mi mamá y yo estamos sentadas en el pequeño patio de su casa. El agua corre en la fuente y se escuchan unos ligeros sonidos. El aire está impregnado con el aroma de las rosas de su jardín. El ambiente tranquilo está en armonía con mis sentidos.

Tiene ochenta y cinco años pero su piel todavía se ve fresca y rosada. Una vez al mes, va sin falta al salón de belleza a pintarse el pelo de un tono café rojizo. Su cuerpo es esbelto, tiene buena postura y su caminar es ligero. Con su conjunto de pantalones blanco y azul, se ve diez años más joven. Todavía le importa su apariencia y escoge su ropa como cuando iba a trabajar.

Su mente se le está yendo poco a poco. Al principio, se le olvidan las cosas y se repite constantemente. Pensamos que es por la edad y hacemos chistes de su memoria. Al llegar a mi casa, encuentro veinte mensajes de ella: *Debes de saber que... Te tengo que decir que... No estoy segura si ya te llame para contarte que...* Cuando me visita pone su bolsa en lugares raros como en la despensa o el refrigerador. Tenemos que buscar por toda la casa para encontrarla. En una ocasión, íbamos camino al aeropuerto cuando descubrimos que había dejado sus dientes postizos en su casa. Al darse cuenta, le entró pánico y tuvimos que regresar por ellos. "Mami," le digo "es como irte sin tu ropa interior. ¿Qué no te hacían falta?"

"Creo que me estoy volviendo olvidadiza," dice.

¿Olvidadiza mi mamá? ¡Nunca! A ella no se le olvidaba ningún detalle.

Pasé por una serie de emociones. Al principio, negación; después, frustración al verla tan despistada. Me enojo con ella, conmigo, con

Dios o el destino que está causando que se convierta en una sombra de lo que fue. Me siento impotente para ayudarla a pesar de todos mis conocimientos como terapeuta. Finalmente, siento tristeza.

Extraño su lengua afilada y algo que jamás pensé que extrañaría, su mente controladora. Daría lo que fuera por tener otra discusión o pleito con ella. Eso significaría que sería ella misma otra vez. Esa parte ya se fue. Puede llevar una conversación breve y vaga y después, su mente se cierra. Parece estar en buen estado de ánimo y de la nada hace un comentario totalmente fuera de contexto.

"Marina, nunca te entendí" dice después de haber estado callada por diez minutos.

Miro sus ojos oscuros con ese brillo tan particular que hace parecer como si tuviera un conocimiento nuevo.

"Mami," mi voz se quiebra "he esperado casi toda mi vida para escucharte decir esto."

"Tú eres una persona seria" me dice.

Trato de hacer que se quede con ese pensamiento antes de que se lo lleve el viento.

"¿Por qué nunca me entendiste?" Trato de refrescar su memoria.

"Siempre has sido muy complicada" dice.

"Tú trataste de controlar mis pensamientos y mis acciones." Tengo que anclar su mente vacilante antes de que se le vaya.

"Hice lo que pensé que era mejor para ti" dice en tono defensivo, más a su estilo.

"¿Por qué me alejabas a las mujeres cuando estaba explorando mis sentimientos hacia ellas?"

"¿Qué mujeres?" me pregunta. "Mireya era la que más me gustaba." Ella era su amante.

"Te casaste con un buen hombre y tuviste tres hijos preciosos con él" me dice.

"Tú me presionaste para que me casara porque era lo correcto."

"¿Por qué me culpas? Tú caminaste al altar con él" dice en el tono perdido de una mente que está fallando.

"Tienes razón mami, nunca me entendiste."

"Tú nunca te entendiste, Marina. Querías estar con mujeres, después con hombres y después de nuevo con otra mujer."

¿Cómo le puedo contestar? Ella debería saber lo que es estar tanto con un hombre como con una mujer.

No puedo ganarle, ni aún ahora. Siempre ha sido solamente lo que ella dice. ¿Cuántas veces traté de confiar en ella? Pero lo ignoraba y continuaba hablando de cosas sin importancia.

Hubiera querido decirle cuánto la admiraba por ser tan trabajadora. De ella aprendí disciplina. Siempre decía: "Es por tu bien." En aquellos días no lo entendía. Se necesita disciplina para manejar los problemas en la vida.

"Mami, los momentos más felices de mi infancia fueron cuando estaba contigo." Su cara se suaviza con una sonrisa.

"¿De verdad? Nunca me lo imaginé."

"Tu carisma, tu sonrisa. Quería besarte y abrazarte cuando te veía pero tú me decías: Déjame en paz, ya es suficiente."

"Eras muy *pegoste*," me dice. "¿Qué no dormimos en la misma cama hasta que fuiste grande?" En ese momento su mente se fue y ya nunca pudimos tener una verdadera conversación otra vez.

* * *

Mi mamá está en el hospital, desahuciada. Su vida depende de todos esos tubos en su cuerpo y del alimento líquido que le suministran. Está tan pálida que pareciera que los tubos más que ayudarla fueran vampiros chupándole la vida. Los círculos oscuros debajo de sus ojos anuncian que el final está cerca.

Cuando respira, su pecho apenas se mueve. Aparecen líneas en su rostro. Estoy siendo testigo de su tortura. Parada junto a las enfermeras, observo mientras buscan sus venas, lastimándola con cada inyección. Mi cuerpo se estremece respondiendo a su agonía cuando grita.: "*¡Ay, ay, ay, ya no más!*"

Dardos invisibles atraviesan mi ser. Tienen que limpiar las heridas en sus pies infectados debido a la diabetes. Su cara se tuerce con la misma agonía que he visto en las pinturas de los infiernos.

¿Cuánto tiempo más la torturarán y para qué? Su mente ya casi se fue. Déjenla ir.

Mira hacia arriba y su cara refleja paz. Se enfoca en un punto fijo más allá de mí, más allá de las paredes. Sus labios se abren otra vez. Llama a su mamá y a su papá que murieron hace tiempo. "Vengan aquí conmigo." Llama a su cuñada que murió hace cincuenta años y a su hermana que se fue hace dos años. "Meli, estoy cansada, me quiero ir contigo."

"Roberto, Roberto." De sus cinco hijos es al único que llama. Nunca se lo dijimos pero él murió el año pasado.

¿Es esto lo que pasa cuando el final está cerca? ¿Podrá ver a todas esas personas? ¿Vendrán por ella? Espero que sí, pues así no estará sola.

Pero… ¿qué es la muerte? ¿Una liberación? Es la nada… es donde no hay más dolor ni pérdidas. Estoy segura que a lo largo de nuestras vidas, todos pensamos en la muerte en ciertos momentos. Es parte de la condición humana, una neurosis que se aparece cuando esta-

191

mos deprimidos o cuando nos encontramos cerca del final de nuestro camino.

¿Es acaso la muerte el descubrimiento de algo más grandioso que esta existencia? O, ¿será otra parada en nuestro camino hacia una nueva reencarnación?

Mientras ella está callada y parece dormir, recuerdo hace mucho tiempo después de que mi papi murió, cuando era yo muy pequeña, que mi mamá me dejaba sola. Yo me sentaba en la ventana hasta muy tarde en la noche, viendo la calle esperando que ella llegara a la casa. Abrazaba su pijama contra mi pecho y olía su aroma fuerte y elegante.

* * *

Estoy sentada en una incómoda silla de hospital. El doctor me pide permiso para retirarle los antibióticos porque no le están funcionando. Tomo la decisión de que lo haga.

¿Estoy preparada para verla morir? Sí. Está sufriendo mucho y se siente desamparada. Ella, que siempre fue tan fuerte, esta vez no se recuperará.

Tal vez mis hermanos no estén de acuerdo con mi decisión pero ellos no están aquí para ver que ella ya se ha ido. Yo sí he estado a su lado durante su deterioro. Empecé el duelo hace dos años cuando su mente empezó a fallarle.

A través de los años, mi cariño por ella se fue manchando con el coraje de sentir su control sobre mí, de tener que hacer lo que ella quería y no lo que yo quería. Las dos éramos fuertes y nos retábamos la una a la otra. Erróneamente, siempre pensé que trataba de controlar mi vida y no me daba cuenta que ella siempre estuvo ahí cuando la necesité.

Me puso a estudiar baile y me apoyó en mis representaciones teatrales. Me exigió que fuera una estudiante sobresaliente. Me enseñó a ser una mujer trabajadora. Cuando estaba enferma y no podía con algunas situaciones, me enseñó a vencer los obstáculos. Y, lo más importante, me enseñó la auto-disciplina. Finalmente reconozco que mi mamá fue mi modelo, mi ejemplo a seguir.

En los últimos años, mi corazón se abrió hacia ella y aprendí a ser paciente. Quizás empecé a comprender la forma en que trabajaba su mente y la verdad acerca de su propia batalla sexual después de que me convertí en una mujer fuerte e independiente, con mis propias opiniones o tal vez fue después de haber sido esposa, madre y mujer de negocios exitosa.

"Mami, ahora que ya no estás aquí, espero que me perdones por revelar tus secretos. Aparentaste ser lo que no eras y escondiste tu verdadero yo. Sé que tuviste que hacerlo porque la sociedad que tanto valorabas te hubiera ultrajado y rechazado. Preferiste permanecer en privado aunque parecieras tan abierta con todos. Me acuerdo que decías: *la ropa sucia se lava en casa, no en público.* Espero que dondequiera que estés, finalmente puedas ser tú misma."

Mi Lucha Por Ser Auténtica Con Mi Identidad Bisexual

San Diego
2011

"Es la valentía del espíritu humano y la implacable persistencia de la vida alrededor de nosotros lo que me da fe." Oriah Mountain Dreamer *

Hoy bailé para sacudirme las horas de terapia ayudando a individuos y parejas a sanar sus heridas, sus confusiones y sus secretos. Algunas veces su energía negativa se me pega como una llaga que necesito limpiar y eliminar antes de que se convierta en un tumor.

Mi sanación está en el baile. Me lleva a otro mundo de alegría, creatividad y plenitud. El jazz es mi pasión. Me muevo suavemente a su ritmo, ejecutando vueltas con gracia y equilibrio. Estas expresiones de danza me brindan una gran confianza. Soy la reina del salón de baile. Proyecto mis emociones a través de la danza.

Al igual que un escritor tiene el espíritu en la mente, un bailarín lo tiene en el cuerpo. Después de bailar me siento más poderosa. Me doy permiso para entrar a los rincones oscuros de mi mente. Es mi tiempo para reflexionar, meditar y sobre todo comprender las complejidades de mi vida y descubrir las profundidades de mi pasado.

Contemplo mi historia de vida como bisexual y cómo se fue desarrollando; mi lucha inicial por ser yo misma y estar con quien yo quisiera, fuese hombre o mujer; las influencias y presiones sociales que me impidieron vivir mi verdadera identidad hasta que alcancé una edad madura; las experiencias que me han demostrado que escogí un camino muy difícil.

Con frecuencia los bisexuales que queremos ser auténticos con nuestra identidad bisexual, pagamos un precio personal muy alto por ello.

Se requiere de valentía y como dice mi hijo: "de tres testículos" para vivir plenamente la bisexualidad. Hay que lidiar con el estigma ligado a nuestra preferencia sexual.

Desafortunadamente todavía hay falsos conceptos sobre los bisexuales. La gente nos encasilla en la categoría de *gay* o de *no gay*.

Generalmente somos marginados porque nos ven como degenerados y somos discriminados por ignorancia o intolerancia.

Al igual que en el pasado y en algunos casos hasta el día de hoy los *gays* han preferido ocultar su homosexualidad. La mayoría de los bisexuales tienen que hacer lo mismo la mayor parte de sus vidas.

Yo he sentido afecto tanto por hombres como por mujeres. ¿Por qué tendría que haber distinción de género?

Lo que me mueve es el espíritu de la persona, es ahí donde encuentro una conexión profunda.

Cuando amé a una mujer, hubo una profunda conexión emocional, una necesidad de perderme con ella, de poseerla y llenar su vacío y mis necesidades emocionales. Con un hombre, me sentí segura y aceptada. Disfruté estar con él en el mundo heterosexual, salir con él en público, estar a su lado mostrándonos afecto abiertamente y teniendo conversaciones provocativas. Me gustaba sentirme abrazada por sus brazos fuertes.

Mis relaciones con mujeres fueron emocionalmente más intensas y más difíciles de soltar.

Para mí, el placer físico y el sexo pueden ser espirituales cuando hay sentimientos de por medio. El sexo le da significado a la vida. Yo he logrado expresar mis emociones más a través del sexo que con palabras. Estas conexiones pertenecen a las complejidades del pasado. Con frecuencia tenemos que resistir el dolor emocional y las pérdidas para disfrutar de la libertad que viene con la experiencia y la edad.

Ahora estoy sola y hago lo que quiero, en lugar de seguir el ritmo de otra persona.

Necesitamos visualizar un mundo que celebre el amor en cualquier forma, orientación sexual o expresión de género.

Entre más bisexuales se den a conocer abiertamente, más conocimiento e información serán proporcionados sobre esta identidad. Tal vez entonces veremos un cambio de actitud hacia otros como yo.

Actualmente no estoy en una relación, ni quiero estarlo. Pueden ser agotadoras y sofocantes. Ahora cuando conozco a un hombre atractivo o a una mujer, no representa un problema para mí como, tristemente, lo era en mi juventud. Me conozco y me entiendo y eso se traduce en paz. Más que nada, prefiero hacer mis cosas, mi trabajo como terapeuta, mi familia, mis libros y mi baile, siempre mi baile.

Seguiré bailando. Esa es mi última conexión con la alegría de mi juventud.

Las sombras del pasado se alejan de mí. Las arrojo al aire, las pateo en el vientre, las cacheteo, las golpeo, las piso hasta convertirlas en nada y las arrojo al espacio.

La paz me invade. Retengo los momentos de felicidad, los guardo, los nutro, los mantengo, los aprecio y los recuerdo con placer. Después de todo, es mi espíritu único y libre, el que debe recobrarse de las turbulencias a las que me llevó mi vida.

Mitos y Verdades Sobre La Bisexualidad

La sexualidad fluye en continuidad, no es "estática", pero más bien es un proceso que puede fluir, cambiando a través de nuestra vida. Como dice la activista bisexual de Boston Robyn Ochs, " la bisexualidad es el potencial de involucrarse sexual y/o románticamente con miembros de cualquier género."*

Mito: *Los bisexuales son promiscuos.*
Verdad: La gente bisexual tiene una variedad de comportamientos sexuales. Algunos tienen parejas múltiples; otros en etapas de su vida con diferentes parejas. La promiscuidad no es más prevalente en la población bisexual que en otro grupo de gente.

Mito: *Los bisexuales están atraídos por igual a los dos sexos.*
Verdad: Los bisexuales tienden a favorecer al mismo sexo o al opuesto, mientras reconocen su atracción hacia los dos sexos.

Mito: *Bisexual significa tener al mismo tiempo amantes de los dos sexos.*
Verdad: Bisexualidad solo significa el potencial para involucrarse con los dos sexos. Esto puede ser sexualmente, emocionalmente, en realidad o en fantasía. Algunos bisexuales tienen amantes al mismo tiempo; otros con diferentes géneros en varias etapas de su vida. La mayoría de bisexuales no necesitan ver a los dos géneros para sentirse realizados.

Mito: *Los bisexuales no pueden ser monógamos.*
Verdad: La bisexualidad es una orientación sexual. Es independiente del estilo de vida, monógamo o no monógamo. Los bisexuales son capaces como cualquiera de comprometerse en una relación de largo plazo, con una pareja que aman. Los bisexuales viven una variedad de estilo de vidas, así como gays y heterosexuales.

Mito: *Los bisexuales están negando su homosexualidad o lesbianismo.*
Verdad: La bisexualidad es una orientación legítima, que incorpora homosexualidad. La mayoría de bisexuales se consideran parte del termino genérico "gay." Muchos están activos en la comunidad gay, política y socialmente. Algunos usan el término de "lesbiana bisexual"

para aumentar nuestra visibilidad en los dos temas.

Mito: *Los bisexuales están en transición.*
Verdad: Algunas personas pasan por un periodo de transición de bisexualidad en camino para adaptar la identidad de lesbiana/ gay o heterosexual. Para muchos, la orientación de bisexualidad permanece oculta largo tiempo. En verdad estamos descubriendo que la homosexualidad puede ser un periodo de transición para la gente bisexual.

Mito: *Los bisexuales propagan el sida a las comunidades lesbianas y heterosexuales.*
Verdad: Este mito legitimiza la discriminación contra bisexuales. Este membrete "bisexual" solo se refiere a orientación sexual. No dice nada de comportamiento sexual. El sida ocurre en gente de todas las orientaciones sexuales y se contrae por tener sexo sin protección, compartir agujas y transfusiones de sangre contaminadas. La orientación sexual no causa sida.

Mito: *Los bisexuales están confundidos sobre su sexualidad.*
Verdad: Es natural para bisexuales y gays pasar por un periodo de confusión cuando están en el proceso de definirse. Cuando la gente está oprimida y constantemente escucha "tú no existes", la confusión es una reacción apropiada hasta que se definen y encuentran un ambiente de apoyo.

Mito: *Los bisexuales se pueden esconder en la comunidad heterosexual cuando las cosas se ponen difíciles.*
Verdad: El "pasar" o negar la bisexualidad, es tan doloroso y dañino para un bisexual como para un gay Los bisexuales no son heterosexuales, y no se identifican como tales.

Mito: *Los bisexuales no son gay.*
Verdad: Somos parte de una definición genérica de "gay" Los que no son gay nos amontonan a todos juntos. Los bisexuales han perdido sus trabajos y han sufrido la misma discriminación legal que los gays.

Mito: *Las mujeres bisexuales te dejarán por un hombre.*
Verdad: Las mujeres que se sienten incomodas o confusas por su atracción hacia el mismo sexo pueden usar el sello de bisexual. Un verdadero bisexual reconoce su atracción hacia el mismo sexo y el sexo contrario. Bisexuales y gays tienen la capacidad de meterse otra vez en el closet. Gente que no se puede comprometer, puede usar a

una persona de cualquier género para dejar una relación.

Es importante recordar que bisexuales, gays, lesbianas y heterosexuales han sido rotulados por una sociedad homofóbica, bifóbica, heterosexista, para apartarnos unos de otros. Todos somos únicos. No tenemos que ajustarnos a una categoría en particular. Algunas veces tenemos que usar estos rótulos por razones políticas o para aumentar nuestra visibilidad. Nuestra autoestima aumenta cuando aceptamos y reconocemos las diferencias y la belleza en nuestra diversidad

– Sharon Forman Sumpter
"Myths/Realities of Bisexuality"

Notas De Terapia

BARRERA UNO

Somos libres de escoger nuestros caminos, pero algunas veces tomamos decisiones sin pensar en sus consecuencias. Nuestras acciones pasadas permanecen como parte de nosotros. Son parte del tapiz de nuestras vidas. Las consecuencias viven y continuamente nos impactan. No podemos deshacer lo que hemos hecho en el camino, que ha creado dilemas y retos, pero podemos aprender a aceptar las consecuencias. Podemos crecer y aprender de ellas.

Es importante aceptar el flujo y cambios de la vida en lugar de detenernos en la tristeza, remordimiento o culpa por acciones pasadas. Podemos poner nuestras energías en otros caminos y experiencias y crear una energía positiva y satisfactoria.

BARRERA DOS

El abuso sexual de niños por mujeres es un tema con el que la mayoría de los padres o tutores no están familiarizados. Rara vez es reportado o aceptado, o es minimizado por falta de conocimiento del público. Las mujeres tienden a usar coerción en lugar de fuerza física. La investigación de mujeres predadoras de abuso sexual indica que muchas sufren de baja autoestima, comportamiento antisocial y pobre habilidad para manejar problemas y desórdenes traumáticos. Con frecuencia las víctimas no entienden que lo que les pasó fue abuso sino hasta años después, cuando son adultos.

BARRERA TRES

Para un pequeño, la pérdida de un padre es extremadamente difícil, porque es perder un mentor, la persona que lo puede guiar hacia la madurez., el niño puede sentir que la pérdida de un padre le ha quitado a la persona que hay dentro de él y ha removido una parte integral de la persona que pudo ser.

Experimentar la pérdida de un padre a cualquier edad es traumático, pero particularmente perturbador para niños pequeños. Esa muerte los priva no solo de la guía y amor que ese padre les hubiera dado, sino también de la sensación de seguridad que la presencia continua de un padre otorga en el hogar. Con frecuencia el niño se siente terriblemente vulnerable, especialmente cuando la muerte lleva a la familia a cambiar de localidad.

La investigación psicológica ha demostrado que la edad de la persona afecta su habilidad de lidiar con la muerte de un padre. La psicóloga clínica Maxine Harris habla del largo impacto de la muerte temprana de un padre o madre. La pérdida de un padre antes de ser adulto tiene un profundo efecto en el resto de la vida de una persona. Puede afectar el desarrollo de su personalidad con el padre sobreviviente y las personas significativas en su vida.

BARRERA CUATRO

El incesto emocional es uno de los más traumáticos y dañinos. Es frecuente en nuestra sociedad, pero se ha discutido muy poco. Ocurre cuando un niño se siente responsable por el bienestar emocional del padre o madre y él o ella no tienen límites saludables. Puede ocurrir con uno o los dos padres, del mismo sexo o el sexo contrario, cuando las necesidades emocionales no son satisfechas por la pareja adulta. Este tipo de abuso puede tener efectos devastadores en las relaciones del adulto-niño con su propia sexualidad y género. Afecta su habilidad de tener relaciones íntimas exitosas como adulto.

La analista Jungian Marion Woodman describe el incesto emocional como un vínculo sin límites, donde el padre o la madre usan al niño como espejo para llenar sus necesidades en lugar de apoyarlo en su desarrollo emocional.

BARRERA CINCO

Algunas veces el niño o adolescente continuamente se queja de malestar o, dolor, del cual el doctor no encuentra la causa. El dolor o malestar, sin embargo, es real para el que lo sufre. Quejas físicas sin ninguna base médica aparente pueden ser el reflejo de estrés, así como de nerviosismo en una situación social, un ambiente demandante en la escuela, separación de los padres o alguna situación estresante.

El estrés afecta la mente y el cuerpo, y tiene efecto en algunas enfermedades. Puede influir en cómo una persona percibe los síntomas de una enfermedad y cómo maneja la enfermedad y la razón para recuperarse.

Somatoform disorder es el término usado en el Manual de Diagnóstico de Enfermedades Mentales (DSMIV) para describir un grupo de desórdenes caracterizado por síntomas físicos que no pueden ser explicados por una condición neurológica o médica en general, o como efecto directo de una substancia o un desorden mental.

Para quien tiene *somatoform disorder* los resultados de los exámenes son normales o no explican los síntomas. Para tratar esta enfermedad es imperativo ver las causas internas escondidas en el

inconsciente. Cuando se maneja efectivamente, así como en psicoterapia, la enfermedad retrocede o entra en remisión y el paciente
experimenta un gran alivio.

BARRERA SEIS

Los niños que son abusados sexualmente se enfocan en una excesiva
estimulación sexual que interrumpe su desarrollo sexual normal. Se
les niega la oportunidad de aprender sobre la sexualidad a su propio
paso, y el despertar sexual está a la par con sentimientos de temor,
confusión o dolor.

Los niños abusados sexualmente se confunden con su sexualidad. Forman asociaciones negativas entre sexualidad y dar y recibir
afecto. Además, se trastoca el desarrollo normal de sentimientos y
comportamientos.

El clima emocional en el cual las "lecciones" son enseñadas puede
crear miedo y ansiedad en los niños, que todavía no son capaces de
comprender los variados aspectos del despertar sexual.

BARRERA SIETE

Los niños y adolescentes que han sido abusados sexualmente pueden
sufrir una serie de problemas psicológicos, desde moderados hasta
severos, de corto y largo plazo. Estos problemas incluyen depresión,
ansiedad, culpa, disfunción sexual, apartarse y actuar impulsivamente,
dependiendo de la severidad del incidente.

Las víctimas de abuso sexual también pueden desarrollar miedo
y ansiedad hacia el sexo opuesto o mostrar comportamientos sexuales inadecuados. Es importante para ellos dejar ir la culpa que sienten
por el abuso. La psicoterapia continua les hará sentirse mejor y continuar con una vida normal.

Hay una creencia social de que quienes han sido abusados en su
niñez están "dañados" o no son capaces de vivir una vida normal,
pero, por el contrario, muchos adultos sobrevivientes han encontrado
formas de resistir los efectos del abuso. Aprenden estrategias para
ayudarse a sanar y son exitosos en todos los estratos de la sociedad.

BARRERA OCHO

Cuando una relación amorosa termina puede causar una herida al
ego de una persona, una sensación de fracaso y un debilitado sentido
de valor de sí mismo. Sobre todo si la persona amada es la que deja
o rompe el vínculo. Esto es verdad sobre todo cuando se trata de la
pérdida del primer amor. Hay preguntas de qué fue lo que salió mal
y miedo al futuro. Esta pérdida puede resultar en búsquedas de amor
con cualquiera que demuestre afecto, y eso a veces está fuera de lugar

o es dañino para la estabilidad emocional.

Nietzsche escribió: "El amor es el estado en donde el hombre ve cosas completamente diferentes de lo que realmente son."

Leo Biscaglia dice, "El corazón es el lugar donde vivimos nuestras pasiones. Es frágil y fácil de romperse, pero maravillosamente elástico. No tiene caso en tratar de engañarlo, pues depende de nuestra honestidad para su sobrevivencia."

BARRERA NUEVE

La vulnerabilidad Emocional es un estado en que el cerebro es capaz de percibir y comunicar emociones de regreso a la mente consciente y capaz de comunicar libremente estas emociones a otra persona, aun sin hablarlo. El deseo de intimidad sexual (tocarse, abrazarse y acariciarse) es normal. Se ha demostrado que el "sentirse bien" aumenta el flujo de oxytocina, dopamina y serotonina, mientras disminuye la hormona relacionada al estrés. La vulnerabilidad emocional hace este estímulo necesario para la validación del ser.

Madres Controladoras – Falta de Limites

Una madre no tiene, idea de, dónde empieza y dónde termina, ni de dónde el niño empieza y termina. Percibe al niño como una extensión de sí.

Si el niño es una extensión de la madre y no se separan, las necesidades del niño pueden ser ignoradas o descartadas. Como resultado, el niño termina enredado con la madre, que llena sus necesidades emocionales. La madre trata de controlar las necesidades emocionales del niño y usa métodos extremos para restringir su libertad de elegir.

BARRERA DIEZ

El término "culpa católica" es usado para describir los sentimientos de culpa o arrepentimiento o conflicto que ocurren cuando una persona ha sido criada en la fe católica y se le ha dado un mensaje claro de qué tipo de comportamientos son aceptables y cuáles no. La homosexualidad, o amar al mismo sexo, está prohibido.

Esto no quiere decir que la gente que ha sido criada en una fe diferente no se sienta culpable por estas preferencias. La indoctrinación católica en la infancia puede adherirse a toda la vida. La "culpa católica" puede influenciar nuestro comportamiento y causar remordimientos aunque no practiquemos el catolicismo.

BARRERA ONCE

La primera relación lesbiana puede ser el primer paso hacia la bisexualidad abierta y un punto de partida en la vida de una persona, especialmente si es la primera relación sexual, la que coloca el cimiento de la futura sexualidad. Si este vínculo se rompe, puede resultar en sentimientos de confusión sexual, desilusión y enojo hacia la persona o evento que causó esta ruptura.

La madre narcisista no acepta las decisiones de vida de su hija si se desvía de lo que ha visualizado para ella. Prefiere que la hija se convierta en una con ella, hasta que no exista ninguna diferencia entre las dos.

Una madre narcisista:
- Quiere hacer a su hija a su propia imagen y que sea una extensión de ella misma
- La madre narcisista tratará de eternizar la dependencia de su hija, al punto que no le permite desarrollar su propia identidad.

BARRERA DOCE

Vivimos en una sociedad que desde que somos muy pequeños nos ha enseñado a ver con desdén lo raro y a favorecer lo ordinario. Y manda un mensaje claro de que hay que ser *como todos*: heterosexual. Los hombres deben de querer mujeres y las mujeres, hombres. En esta sociedad tan liberal, el heterosexismo es todavía un sistema de actitudes, prejuicios y discriminación en favor de las relaciones sexuales con el sexo opuesto. Esto incluye la presunción de que todo mundo es heterosexual o que las relaciones con el sexo opuesto son la norma y por lo tanto son superiores.

Pero también hay sentimientos negativos hacia uno mismo por la homosexualidad. Causa un severo malestar o falta de aceptación hacia nuestra propia orientación sexual. La etiqueta de *homofobia interna* algunas veces se aplica a comportamientos conscientes e inconscientes, como represión extrema y negación a la par con forzados comportamientos externos de hetero-normal con el propósito de sentirse o de aparecer "normal" o "aceptado."

BARRERA TRECE

Una doble vida se convierte en destructiva cuando esta mentira toma una vida propia, de acuerdo con la doctora Saliha Afridi, psicóloga clínica de la Comunidad Clínica Lighthouse en Dubai. Aunque muchos individuos pueden llevar una vida doble por años, esta mentira impacta especialmente en las relaciones. Cuando nos presentamos siendo o haciendo algo que no somos, estamos creando un engaño en la relación. Esto puede ser devastador, porque no estamos viviendo nuestra verdad,

Así que no somos felices.

El ser auténtico con uno mismo algunas veces lastima a algunas personas y puede poner a la relación fuera de balance.

BARRERA CATORCE

Profesionales de salud mental y autoridades religiosas en los años sesentas llamaban al homosexual pervertido, inmoral y enfermo.

Para un padre homosexual, el miedo de perder a sus hijos en una batalla de custodia legal era un tema muy real. Era un reto para una pareja lesbiana que deseaba un hijo. En esos días, en México, la única forma de concebir era tener sexo con un hombre. Gustara o no, escoger a un hombre para ser el padre de esa criatura era una decisión difícil. Y era importante, por el bien del niño, el conocer los genes del donador.

BARRERA QUINCE

En nuestra cultura, generalmente se asume que una persona es heterosexual (suposición errónea) u homosexual (basado en apariencia o indicios de comportamiento). La bisexualidad no pertenece a ninguna de estas categorías y con frecuencia es negada o ignorada. Cuando es reconocida, generalmente es vista como parte heterosexual y parte homosexual, en vez de ser una identidad en sí misma.

Mucha gente piensa que tener una orientación bisexual es ser gay o lesbiana, y no todos los bisexuales han aceptado su identidad sexual. La orientación sexual es definida principalmente de acuerdo a nuestra atracción y no a nuestro comportamiento. Algunas personas de orientación bisexual toman una decisión consciente de limitar su actividad sexual a personas de un solo género y aun así son consideradas bisexuales por ellas mismas y por otros.

Los bisexuales son de alguna manera una población escondida. No se ha hecho mucha investigación en el tema; por lo tanto no es posible determinar qué tan común puede ser. Una persona bisexual es capaz de tener una profunda relación de compromiso con más de una persona simultáneamente debido a que su bisexualidad es constante.

BARRERA DIECISEIS

La traición en cualquier etapa del ciclo social resulta en angustia biopsicosocial extrema, más allá del evento mismo. Interrumpe el modelo mental establecido de la persona y conforme a ello ve, responde y comprende a su medio ambiente y a eventos de vida. Desestabiliza los contratos psicológicos que ocurren y en los cuales uno confía. Niega importantes aspectos de estrategias viables con las cuales las personas manejan sus eventos de vida.

La traición de un amante, particularmente en el caso de que sean del mismo sexo, puede resultar en que en el futuro la persona en cuestión evite tener relaciones con alguien de su mismo sexo. La confianza se rompe y la decepción es tan aguda que la habilidad de amar a otra persona del mismo sexo se pierde.

Un trauma psicológico resulta de un evento o eventos tan extraordinarios que ofenden el modelo mental por el cual una persona ve, comprende y responde a su medio ambiente y viola su(s) contrato(s) psicológico(s) con otros. Esta violación resulta en un sufrimiento bio-psicológico.

El efecto combinado de homofobia y sexismo ha hecho que las mujeres reconozcan su homosexualidad menos que los hombres, que escondan sus sentimientos y que no vivan su sexualidad abiertamente.

Otras lesbianas, por su homofobia interna, están conscientes de sus verdaderos sentimientos hacia mujeres, pero creen en el mito de "es solo una fase." Piensan que se les pasará o esperan que si se casan y tienen hijos esos sentimientos podrán ser reprimidos.

BARRERA DIECISIETE

Debido al acondicionamiento y porque a las mujeres se les ha dicho que sólo podrán ser sexuales en relación con el hombre, algunos gay y lesbianas no están conscientes de su sexualidad hasta ya tarde en sus vidas, cuando se enamoran de alguien del mismo sexo. Puede pasar después de haber estado casados por muchos años en una relación heterosexual.

Hasta hace poco, las mujeres han sido oprimidas por un sistema que rechaza la homosexualidad y solo las acepta en ciertos roles: esposas, madres, delgadas, bellas, etc.

Los efectos combinados de homofobia y sexismo significan que las mujeres actuarán sus sentimientos o saldrán del closet menos que los hombres.

Otras lesbianas, por su homofobia interna, están conscientes de sus verdaderos sentimientos por mujeres, pero creen que es un "mito" o una fase. Piensan que pasará y esperan que casándose y teniendo hijos podrán reprimir sus sentimientos. Algunas lesbianas se quedan en los matrimonios por el bien de los hijos o por miedo de perder la familia. Tienen relaciones lesbianas y no aceptan que probablemente son bisexuales y les atrae el mismo sexo.

BARRERA DIECIOCHO

"La bisexualidad en la mujer es una identidad; no una fase" dijo Sharon Jason. La bisexualidad entre las mujeres no es sólo una fase, de acuerdo a la nueva investigación que siguió a setenta y nueve mujeres no-heterosexuales durante una década. Se descubrió que las mujeres bisexuales continúan sintiendo atracción por ambos sexos a través del tiempo.

"Ser bisexual es una orientación precisa, no una etapa temporal", dice el estudio que hizo Lisa Diamond, profesora asociada de psicología y del estudio de género en la Universidad de Utah. Fue publicado en Enero de 2008, en un ejemplar de *Psicología del desarrollo*, un periódico de la Asociación de Desarrollo Psicológico.

Diamond condujo entrevistas en persona por todo el estado de Nueva York con mujeres que se identificaron como lesbianas, bisexuales o sin título, pero no como heterosexuales de dieciocho a veinticinco años. Después continuó el contacto con ellas por teléfono cada dos años.

"Por esta razón, estos descubrimientos son más consistentes con el modelo de bisexualidad como una identidad estable y no como un estado transitorio", dice el estudio.

Diamond sugiere que bajo las circunstancias adecuadas, la mayoría de las mujeres poseen la capacidad de experimentar deseos sexuales por ambos sexos.

Encontró que las mujeres bisexuales se describen a sí mismas como bisexuales o sin título pero no se identifican como lesbianas o heterosexuales.

El estudio también desacredita el estereotipo de que las mujeres bisexuales no son capaces de comprometerse en una relación monógama porque siempre están pensando en el deseo por el sexo opuesto.

BARRERA DIECINUEVE
Bisexualidad innata (o predisposición a la bisexualidad) es un término introducido por Sigmund Freud, basado en el tratado de su asociado Wilhelm Fleiss, que expone que todos los humanos hemos nacido bisexuales pero que a través del desarrollo psicológico (que incluye los factores internos y externos) nos convertimos en mono sexuales, mientras que la bisexualidad permanece en un estado latente.

Existen investigaciones científicas modernas que sugieren que la biología influye en la orientación sexual.

Investigaciones acerca de cómo la orientación sexual está determinada por la genética u otros factores prenatales juegan un rol importante en los debates políticos y sociales sobre homosexualidad y también levantan temores sobre perfiles genéticos y pruebas prenatales.

BARRERA VEINTE
En 1995 la profesora *shakespeareana* de Harvard, Marjorie Garber, realizó un caso académico sobre la bisexualidad y viceversa, *La bisexualidad* y *el erotismo de la vida diaria*, donde discute que la

mayoría de la gente sería bisexual si no fuera por "represión religiosa, repugnancia, negación, flojera, timidez, falta de oportunidad, elección prematura, falta de imaginación o una vida llena de experiencias eróticas con una sola persona o un solo género".

Alfred Kinsey fue el primero en crear una escala para medir la continuidad de la orientación sexual heterosexual y homosexual. Estudió la sexualidad humana y afirma que la gente tiene la capacidad de ser heterosexual u homosexual, aunque este rasgo no esté presente en las circunstancias actuales.

BARRERAS VEINTIUNO, VEINTIDOS Y VEINTITRÉS

Hay dos diferencias significativas que distinguen las relaciones lésbicas de otras. Primero, las dos compañeras son mujeres; género-relacionado, dinámica intra-psíquica que caracteriza a la pareja. Segundo, la relación lleva como carga la tensión del símbolo ilegítimo en los ojos de la cultura dominante.

La pareja tiene que buscar la forma de manejar el estigma. Estos dos factores pesan en la tendencia de absorberse en la relación. La compleja relación y conexión madre-hija puede dotar a las mujeres con una capacidad mayor para relacionarse que la que tienen los hombres. Como resultado, las mujeres tienen más dificultad para experimentar la separación y una gran tendencia hacia la fusión. Debido a estos factores se distinguen de otras relaciones.

En el inicio de la relación, se busca la absorción de las células. Las dos personas son claramente individuos separados pero se atraen hacia sí para estar juntas.

Los principales medios para facilitar la absorción son: tocarse, un profundo contacto visual y hacer el amor.

Más adelante en la relación, si surge un enredo, éste reemplaza el fluir de la conexión y separación y los dos individuos pueden desarrollar una identidad fusionada. Las diferencias individuales se pueden suavizar tanto que una o las dos personas abandonan una parte del yo, que no se acomoda con las otras. La negación de las diferencias solamente puede existir cuando están juntas. En un extremo, una de las personas no es capaz: de pensar y actuar en formas que la otra no lo haría, ni siquiera cuando están separadas.

Algunas veces, en relaciones heterosexuales, una mujer se puede sentir insatisfecha en su capacidad de relacionarse emocionalmente. Esa es una de las quejas que las mujeres heterosexuales presentan en terapia de pareja.

En una relación lésbica, hay dos mujeres con una gran capacidad para relacionarse, pero también con una gran tendencia a absorberse y perder sus límites. Al principio la relación puede ser profundamente más satisfactoria, pero después puede impedir la autonomía.

BARRERA VEINTICUATRO

Traer a un niño al mundo es una gran responsabilidad. Los niños que son el resultado de parejas del mismo sexo tienen que tener un cimiento fuerte para poder tener una mejor oportunidad de lograr una vida exitosa y feliz.

Ser abiertos y libres sobre la calidad de padres y el tipo de relación ayudará a los niños a ajustarse a la situación y a tener más confianza en sí mismos.

Ocasionalmente, cuando los padres se separan, los niños se pueden perder con uno u otro.

La criatura es la que sufre las consecuencias porque uno de los padres y parte de la familia están inaccesibles para ella. Es sacada de su medio ambiente, en el cual se podía desarrollar y prosperar. La mitad de su identidad se pierde. Especialmente si se trata de una niña, pierde la seguridad de la familia, donde se ha sentido segura y querida.

Algunas veces viene al mundo una vida inocente por razones equivocadas.

Esto puede tener un largo impacto en esa vida inocente. La pareja puede pensar que la niña puede ser un ancla que traerá profundas ataduras en la relación; sin embargo, generalmente eso no pasa. El ancla es falsa.

BARRERA VEINTICINCO

La memoria emocional convierte al pasado en una expectativa del futuro. Si no estamos conscientes de ello, puede ser tanto una bendición como una maldición.

Una bendición, porque confiamos a diario en nuestra memoria emocional implícita para navegar a través de toda clase de situaciones, sin tener que pasar por el lento proceso de ver qué está pasando. Verbal y conceptualmente sabemos qué hacer y lo sabemos rápido. Es fácil tomar como garantía la maravillosa eficiencia y rapidez con que entramos y nos guiamos por ese conocimiento. Una maldición, porque convierte las peores experiencias de nuestro pasado en emociones reales que persisten y se sienten en el presente y en nuestro sentido del futuro.

BARRERA VEINTEISÉIS

La diferenciación de uno mismo es la habilidad de separar nuestro intelecto propio y nuestro funcionamiento emocional del de la familia. La diferenciación es el proceso de liberarnos de nuestra familia para definirnos. Eso significa ser capaz de tener diferentes opiniones y valores que los miembros de la familia, pero quedar emocionalmente conectado a ellos. Significa tener la capacidad de reflexionar tranquilamente en una interacción conflictiva y después actuar el rol propio en ella escogiendo una respuesta diferente. Las personas que tienen un nivel alto de "diferenciación propia", reconocen que necesitan a otros, pero dependen menos de ellos para su aceptación y aprobación. No adoptan las actitudes de los que están a su alrededor. Adquieren y mantienen sus principios y no se dejan influenciar en sus relaciones.